디지털 스피치시대의
유쾌한 **프레젠테이션**

민영욱, 송승철 | 공저

북포스

 | 저자 프로필 |

민영욱

성균관대학교 언론정보대학원에서 커뮤니케이션학을 공부하고 한국스피치&리더십센터를 운영하며
대외적인 활동을 활발하게 펼치고 있다. 연세대학교 사회교육원 교수, 중앙공무원교육원 교수,
원광대학교 특강교수 및 기업체 명강사로 맹활약하고 있다.

송승철

경희대학교 언론정보대학원 전략커뮤니케이션학과에서 석사를 마쳤다.
현재는 아이캔 스피치&리더십센터 원장, 서울사이버대학교와 원광디지털대학교 스피치트레이닝
겸임교수 그리고 한양대학교 사회교육원 I CAN 성공스피치과정에서 지도교수로 활동하고 있다.

이 밖에 두사람은 KBS VJ특공대, MBC 시사매거진, SBS 인생대역전, EBS 명강사 특강 등 많은 프로그램에
출연하였으며, KT, 국세청, 서울시청, 현대백화점, CJ그룹, 한국인재개발원, 대구디지털산업연구원, KTF, LG,
우리은행, 국민은행, 한국의사협회, 이랜드, 롯데건설, 한국담배인삼공사, 포스코, 삼성생명, 중앙공무원교육원,
국정원, 원광대학교, 제주대학교, 동국대학교, 계명대학교, 경기대학교, 서울여자대학교, 수원대학교,
숙명여자대학교, 부산대학교, 고려대학교 등에 출강하였다.

저서

「성공하려면 유머와 위트로 무장하라」, 「성공하는 사람들의 토론의 법칙」, 「유쾌 통쾌한 대화의 달인」,
「나만의 블루오션 전략-화술편」, 「파워스피치」, 「파워 프레젠테이션 스킬」 등이 있다.

디지털 스피치 시대의
유쾌한 프레젠테이션

초판 1쇄 찍은날 : 2008년 2월 22일
초판 1쇄 펴낸날 : 2008년 2월 28일

지은이 : 민영욱, 송승철

펴낸곳 : 북포스
펴낸이 : 방현철

출판등록 : 2004년 2월 3일 제313-00026호
주소 : 서울시 마포구 합정동 414-18 4층 402호
전화 : 02-337-9888
팩스 : 02-337-6665
전자우편 : bhcbang@hanmail.net

ISBN 978-89-91120-18-1

값 14,800원

 머리말

사람은 말을 한다. 그러므로 존재한다. 독일의 철학자 하이데거는 "언어는 존재의 집이다"라고 하였다. 말은 인간이 갖는 위대한 무기요, 가장 중요한 자본이요, 삶의 커다란 힘이다. 그래서 우리의 속담에도 '힘센 아들보다 말 잘하는 아들을 낳으라'고 했다.

요즘 학교나 회사에서 토론 스피치와 프레젠테이션이 그 어느때 보다도 중요시 되고 있다. 그럼에도 불구하고 많은 사람들이 이러한 스피치 프레젠테이션을 해야하는 상황에 자신이 없다는 것이다.
미국의 조셉 로버트는 "말이란 안경알과 같아서 깨끗이 닦지 않으면 모든 것을 흐리게 만든다"고 했다. 즉, 멋진 스피치나 설득력있는 프레젠테이션은 연습과 훈련을 통해서 만들어 지는 것이다.

우리는 이 책에서 초보자에서 전문가에 이르기까지, 스피치의 보석같은 이론과 최신 버전의 파워포인트 기획구성 기법을 아주 쉽게 소개했다. 이 책의 특징은 말을 잘할 수 있는 스피치기법과 프레젠테이션 작성기법을 동시에 끝낼 수 있다는 장점을 갖고 있다.

우리가 원하든 원하지 않든 간에 '5分 스피치', '10分 프레젠테이션'에 조직의 흥망과 개인의 성패가 달려있다는 것이다. 지난번 강원도의 동계올림픽 유치 실패가 최종 프레젠테이션 전략의 실패라는 얘기도 있다. 그런만큼 스피치 프레젠테이션이 국가경쟁력인 시대이다.

부디, 디지털 스피치 시대의 유쾌한 프레젠테이션 기법으로 이 땅에 모든 사람들이 명(名) 스피커, 명(名) 프레젠터가 되시길 간절히 소망한다.

지은이 민 영욱, 송 승철

문의전화 : 02-737-3477
홈페이지 : www.speech365.com

문의전화 : 02-533-1317
홈페이지 : www.icanspeech.com

 **추천사**

요즘 대학에서도 프레젠테이션 능력이 매우 중요하다. In-put도 중요하지만 Out-put
도 중요하기 때문이다. 이 책은 프레젠테이션 교본서로 참 좋은 것 같다.
- 연세대 의과대학 외래교수 황수관 박사 -

지금 우리는 스피치 커뮤니케이션이 매우 중요한 시대에 살고 있다. 이 책에는 두 사람
의 현장 경험과 노하우가 생생히 담겨있다. - 성균관대 이상철 교수 -

오랫동안 교육현장에서 스피치 프레젠테이션 최고 전문가로서 왕성하게 활동하고 계신
민영욱, 송승철 두 원장님의 공동저서여서 믿음이 절로 간다. 부하 직원들에게 강추할
예정이다. - 중앙 공무원 교육원 양영숙 서기관 -

이제 피티(PT)는 직장 생활의 필수다. 프레젠테이션을 잘 하는 것도 커다란 경쟁력이
되고 있다. 프레젠테이션의 성패는 전달기술에 있다고 단언하는데 이 책이 유익한 것은
검증된 스피치 기법들이 풍성하다는 것이다. - KBS 프로듀서 황제연 -

프레젠테이션을 잘 할 수 있는 마땅한 지침서가 없어 갈증을 느꼈던 차에 시작부터 마
무리까지 프레젠테이션의 모든 것을 명쾌하게 제시한 이 책을 접하게 된 것은 개인적으
로 정말 탁월한 선택이 아닌가 싶다. - KT 솔루션파트 이창호 팀장 -

차 례 C · O · N · T · E · N · T · S

Part 1

성공 스피치 프레젠테이션

기업의 생존과 경쟁력, 그리고 직장 생활에 있어서 프레젠테이션의 필요성과 올바른 프레젠테이션의 조건들을 제시한다. 아울러 비주얼 정보를 집약한 디지털 프레젠테이션을 소개하고 프레젠테이션을 수행할 때 고려해야 할 필수 원칙들을 소개한다.

명(名) 프레젠테이션 시대

◎ 우리를 고민하게 하는 프레젠테이션의 실체

(1) 환경에 따라 의미가 다른 프레젠테이션

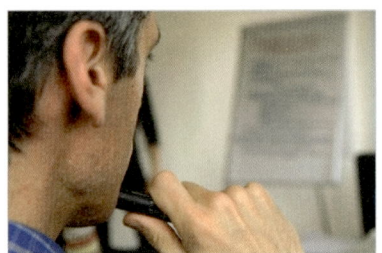

"○○씨, 이번 12월 7일, 13 : 0 0. 내년도 제품 기획 건으로 회의실에서 프레젠테이션 하기로 정해졌어. 참가자는 ㅁㅁ부장과 △△과장. 아무쪼록….." 등이라고 지시가 내려진 적은 없었는가?
이럴 때, 당신은 어떻게 할 것인가?
프레젠테이션하는 것을 본 적은 있어도, 자신이 직접 해야 한다면 어디서부터 손을 대어야 좋을지 덜컥 걱정되지 않은가?

오늘날, 직장인이라면 프레젠테이션으로부터 자유로운 사람은 그다지 많지 않다. 평소의 대화와 달리 여러 사람을 상대로 하는 프레젠테이션을 해야 된다면 준비부터 그 실행까지 '어떻게 하면 프레젠테이션의 목적을 달성하고 비즈니스에 성공할 수 있을까?' 하고 당사자로서는 깊은 고민에 빠지게 된다.

우리를 이렇게 고민하게 만드는 프레젠테이션의 실체는 무엇인가?
많은 청중들 앞에서 좀 더 프레젠테이션을 능숙하게 해서 성공하려면, 최소한 그 정의만은 잘 알아두어야 할 것이다. 다만 이 질문에 대한 대답은, 대답하는 사람이 처해진 '환경'에 따라 의미가 다른 답이 나올 것 같다. 예를 들면, 학교의 교사나 교수의 경우는 다음과 같이 대답할 것이다.

> 프레젠테이션은 발표하는 것이다

그렇다면, 비즈니스맨의 경우라면 어떻게 대답할까?

교직자의 경우, 처음부터 자신의 이야기를 경청하려고 의욕에 넘친 학생들을 상대로 수업이나 강의를 하고 있는 상황에 늘 처해있고, 항상 그렇게 하기 때문이다.

이와는 달리, 비즈니스맨들은, 처음부터 자신의 이야기를 긍정적으로 들어 주지 않는 사람들을 상대로 자신의 이야기를 납득시킴은 물론, 나아가 마음을 변화시키지 않으면 비즈니스를 성립시키기 어려운 상황에 놓여 있기 때문이다.

(2) 프레젠테이션의 현실적 정의

우리나라에서는 흔히 프레젠테이션을 '발표', '제시'라는 말로 풀이한다. 프레젠테이션은 한 사람의 프레젠터(presenter, 발표자)가 자신의 생각이나 경험, 아이디어를 다수의 청중을 상대로 일방적으로 전달하는 커뮤니케이션으로, 그 내용은 프레젠터에 의해 사전 준비되고 한정된 시간 내에 해야 된다는 점이, 대화처럼 주고받는 쌍방향 커뮤니케이션과 다른 주요한 특징이다.

실제로 우리가 행하는 모습으로 정의를 내리면, 프레젠테이션은 발표자가 다른 사람들에게 자신의 의견, 의지, 학설 또는 상품 등에 관하여 말이나 시청각 자료 혹은 영상을 이용하여 설명하고, 제안하거나 발표하는 행위라고 할 수 있다.

프레젠테이션의 대표적인 예를 분류하면 다음과 같다.

- 교육이나 호소의 프레젠테이션 : 강의 · 강연 · 연설
- 비즈니스 목적의 프레젠테이션 : 조직 내 회의에서의 보고 · 브리핑 · 발표, 고객을 상대로 사업계획의 제안이나 신제품 발표 등
- 학술회의 프레젠테이션 : 이를 '아카데믹 프레젠테이션'이라고도 부른다.
  – 세미나, 심포지엄, 포럼 등.

위의 분류는 목적이나 내용에 따른 분류이지만, 방법론적 측면과 실제로 행하는 입장에서 본다면 프레젠테이션을 하는 시간과 참석 인원에 따라 오랄프레젠테이션과 영상프레젠테이션, 스몰프레젠테이션과 빅프레젠테이션으로 구분하는 편이 좋다.

통상적으로 어느 정도 틀을 갖춘 프레젠테이션에는 10분~15분 정도의 프레젠테이션과 20분~60분의 프레젠테이션으로 나눌 수 있다. 주어진 시간에 따라 프레젠테이션 하는 방법이 다르기 때문인데, 프레젠테이션은 시간이 짧을수록 어렵고 테크닉을 필요로 한다. 시간이 긴 경우는 다소의 실수도 만회가 가능하지만, 시간이 짧은 경우는 그렇지 못하다. 또한, 청중이 얼마나 되느냐에 따라 장소가 결정되고, 장소에 따라 방법도 달라진다.

◉ 프레젠테이션 시대

최근, 기업이나 관공서 등 비즈니스 현장을 비롯하여 우리 사회에서 프레젠테이션 상황을 접하는 기회가 부쩍 증가하고 있으며, 이는 그 만큼 개인에게 프레젠테이션 능력이 요구되고 있다는 것이다. 그렇다면 도대체 그 이유는 무엇일까?

하루가 멀다 하고 발전하는 IT 기술의 발전과 경제의 글로벌화로, 신제품조차 1년도 못가 퇴물이 되는 등 기업 간의 경쟁은 극심해지고 있으며, 이에 따라 고객의 취향도 빠르게 변화하고 있어 '신속한 정보처리'가 기업의 사활이 되고 있다.
이러한 환경변화에 따른 기업 내부에서도 각종 회의를 통하여 새로운 정보나 기획안 내지 정책 결정이 단시간 내에 조직 전체에 전달되어야 하기 때문에 '커뮤니케이션이나, 프레젠테이션 문제'이 경영에서 차지하는 비중이 점차 확대되고 있는 것이다.

다른 한편으로, 프레젠테이션은 기업 '외부'의 커뮤니케이션에서도 중요한 기능을 하고 있다. 예를 들어, 투자 유치, 신제품 설명회나 제안 영업, 수주(受注) 경쟁 등의 경우에는 거래처나 관계자와의 커뮤니케이션을 한층 강화하기 위해 영업(수주) 프레젠테이션이 필수이며, 기업은 이에 비중 있는 역량을 집중하고 있다. 그래야만 투자자를 끌어드리고 판매나 영업을 통해 기업이 생존할 수 있기 때문이다.
개방화 시대의 공공기관도 예외는 아니다. 민주화의 노력, 그리고 정당정치의 발전과 지방자치제의 실시, 무엇보다도 국민의 의식도 자기의 권리를 적극적으로 주장하는 것이 일반화됨에 따라, 공공기관도 변화의 물결을 피할 수 없게 되었다.
정부를 비롯한 공공기관도 일방적으로 밀어붙이는 과거의 권위주의적 행정에서 벗어나, 공청회 등을 통해 이해관계자를 비롯한 국민의 의견을 수렴하고, '행정 PR'을 통해 국민을 설득하는 행정으로 전환하지 않을 수 없게 되었다. 또한 내부의 상급자를 상대로 여러 공무원이 참석한 가운데, 업무 추진 계획 및 상황을 보고하는 프레젠테이션이 일반화 되고 있다.

🔵 프레젠테이션 능력 테스트

누가 머릿속에 있는 것을 알 수 있겠는가!

어떤 사람이 어떤 능력을 가졌는지 속속들이 알 수 없기 때문에 사람 능력 중 외부에 드러난 것으로 판단할 수밖에 없는 것이 사회이다. 머릿속의 지식과 기술이나 뛰어난 아이디어가 많아도, 자신의 의사를 논리적으로 체계화하여 효과적으로 다른 사람에게 전달하는 프레젠테이션을 할 수 없다면 능력 발휘를 제대로 할 수가 없으며, 다른 사람들로부터 부정적인 평가를 받게 될것이다.

지금 당신이 자동차를 운전하고 있다고 상상해보자.

목적지까지 도착하기 위해서는 교통 상황과 각종 계기판을 보고 이해하여 올바로 판단할 수 있는 능력(Ability)과, 기계를 조작할 수 있는 기술(Skill)을 가지고 있어야 한다. 또한 안전한 운행을 위한 여러 가지의 노력(Effort)을 기울여야 성공적으로 운행을 마칠 수 있다. 발표, 즉 프레젠테이션도 이와 마찬가지다.

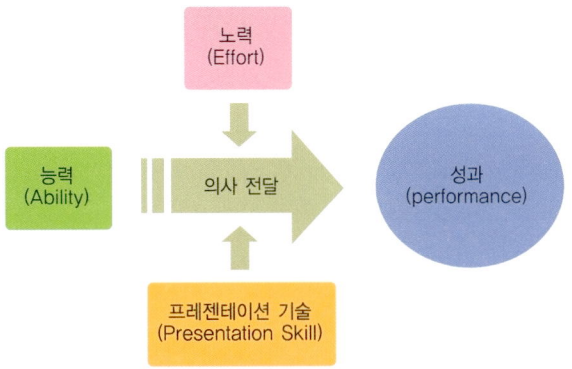

누구나 말은 할 수 있다. 그러나 말을 할 수 있다는 것과 효과적으로 커뮤니케이션을 하는 것은 차이가 있다. 성과는 단순히 능력만 있어서 성취될 수 있는 것이 아니다. 능력을 표현하는 기술이 있어야 하고 또한 노력이 있어야 한다.

개인 생활과 직장 생활의 어느 분야든지 성공하려면, 효과적인 프레젠테이션을 할 수 있는 능력을 향상시키는 것이 우선적으로 갖추어야 할 '과제'가 된다. 따라서 자신의 프레젠테이션 능력을 점검하고 이를 향상시키는 노력을 해야 할 것이며, 다음의 표를 체크해보면서 자신의 프레젠테이션 능력을 점검해보고 무엇이 취약한지 살펴 보완 하도록하자.

프레젠테이션 능력 테스트		
항목	그렇다	그렇지 않다
① 말하려는 목적을 분명히 하고 말하는 편인가		
② 충분히 상대의 입장을 예측하고 말하는 편인가		
③ 말할 줄거리를 체계적으로 구성할 수 있는가		
④ 상대에 맞추어 알기 쉽게 표현할 수 있는가		
⑤ 평소 상대에게 호감을 주는 편인가		
⑥ 상대의 반응을 살피면서 말하는 편인가		
⑦ 구수하게 이야기를 잘 하는 편인가		
⑧ 자기의 말에 상대를 끌어들이는 편인가		
⑨ 다수인 앞에서 떨지 않고 말하는 편인가		
⑩ 말을 하는데 고음과 저음 처리를 잘 하는가		

※그렇다 7개 이상 우수함, 6~5개 보통, 4개 이하 많은 노력 요함

◯ 프레젠테이션은 나를 알리는 기회

에이브러햄 링컨(Abraham Lincoln)은 "내가 준비되어 있다면 기회는 나에게 주어질 것이다"라고 준비와 기회의 중요성에 대해 말하였다. 조직 내에서 두각을 나타내고 성공의 문으로 한 단계 올라서려면 조직의 리더에게 알려지는 것이 무척 중요하다. 그 기회가 여러 사람이 모인 자리나 조직의 핵심 간부가 참석한 회의에서의 프레젠테이션인 것이다. 주위에 성공한 사람들을 잘 관찰해보라. 성공한 사람들의 대부분은 이 기회를 잘 활용한 사람들이다.

육군대장 출신인 '콜린 파월(Colin Powell)' 미국 전 국무장관은 뛰어난 프레젠테이션 능력으로 오늘날의 성공의 발판을 삼았다고 한다. 그가 소령으로 월남전에 파병되었을 때의 일화이다. 군사령관 앞에서 전투상황을 프레젠테이션하는 기회가 왔을 때, 시각자료와 스피치를 효과적으로 사용해서 군사령관과 사단장에게 그

능력을 인정받았다고 한다. 그는 먼저 차트 위에 전투상황을 표시하는 지도와 베트콩의 포진 상황, 아군의 전력과 인원배치, 그리고 후방 보급부대와 연락방법을 일목요연하게 준비했다고 한다. 그는 발표할 때 차트를 보지 않고 설명했고, 무기의 종류와 인원수는 기억해서 말했다고 하며, 질문에 대해서는 거침없이 답변을 했다고 한다. 흑인이라는 불리한 여건에도 불구하고 이 성공적인 프레젠테이션으로 상사의 주목을 받아 출셋길을 달리게 되었다고 한다.

포춘지가 선정한 미국 500개 기업들의 부회장들에 대한 Bennett and Olney의 조사에 의하면 97.7% 부회장들이 '커뮤니케이션 기법'이 그들이 최고경영층으로 승진하는데 중요한 역할을 하였음을 증언하였다고 한다.

02 Chapter

성공 프레젠테이션의 조건

◌ 다른 사람을 상대로 하는 프레젠테이션

프레젠테이션하는 모습을 살펴보자.

프레젠테이션은 '독백'이 아니다. 한 사람 이상의 다른 사람이 반드시 있다. 다른 사람에게 자신의 정보와 의지를 피력해야한다. 서로 말을 주고받는 것이 아니라, 프레젠터 '혼자서' 주로 말을 하고, 청중은 가만히 그의 말과 행동을 보고 들을 뿐이다. 청중이 말할 수 있는 기회는 질의응답이 허용된 경우에만 가능한 것이 보통이다. '화상 회의'를 제외하고는, 한 자리에서 얼굴을 맞대고 하지 않는 것은 프레젠테이션이라고 할 수 없다. 말하는 것뿐만 아니라 '서로 본다는 것'에서 음성 전달뿐만 아니라 프레젠터의 다양한 노력이 요구된다.

프레젠테이션에서 가장 중요한 것은 메시지와 그 전달방법이다.

메시지 전달은 '기호', 즉 언어(문자와 말)와 그림, 신체 언어(body language)와 같은 비언어의 형태로 이루어진다. 따라서 프레젠터는 청중의 반응을 '피드백 (feedback)'하며 그에 맞추어 메시지를 전달하여야 한다. 이 과정에 여러 '장애' 요소가 개입되어, 전달이 잘 안되는 '잡음'이 발생하기도 한다. 이와 같은 프레젠테이션을 이루는 요소를 한 눈에 볼 수 있도록 정리해보면 다음의 표와 같다.

구성요소	내용
① 프레젠터(presenter)	말하는 사람
② 메시지(message)	말하는 내용
③ 경로(channel)	전달방법(통로, 매체)
④ 수신자(receiver)	듣는 사람(청중)
⑤ 잡음(noise)	커뮤니케이션을 방해하는 것
⑥ 피드백(feedback)	수신자의 반응을 발신자가 파악

◯ 전달 효율이 높아야 하는 이유

프레젠테이션이 끝나고 자리에 일어나 돌아가는 청중의 얼굴을 보면, 그 성공여부를 한눈에 알 수 있다.

시간을 다투는 비즈니스 현장이나 시간이 제한된 교육현장 등에 있어서 프레젠테이션은 복잡하고 어려운 내용, 즉 정보를 알기 쉽게 표현하고, 보다 높은 '전달 효율'을 실현할 커뮤니케이션 법이 요구된다.

아무리 질 좋고, 높은 가치의 정보를 가지고 있어도, 전달 효율이 나쁘면 '총계(total)'로서 청중 또는 상대에게 이해되어지는 정보량은 반비례하여 적어진다.

발신자의 내용 × 전달 효율 = 수신자의 이해

이와 같이, 커뮤니케이션에 있어서 중요한 것은 발신자가 말한 정보량이 아니라, 최종적으로 수신자에게 전달된 정보량이라는 것을 분명히 알아야만 한다.
그래서 프레젠터가 스스로 잘 했다고 느껴도 청중이 납득하지 못하면 그 목적을 달성하지 못하는 문제가 생기는 것이다.

실패를 부르는 프레젠터

• 능력 혹은 시간 부족 등 변명을 늘어놓는 태도를 취한다.
• 프레젠터가 말하고자 하는 의도와 청중의 요구가 엇갈린다.
• 메시지가 진부한 내용이며, 새로운 것이 없다.
• 프레젠터가 주장하고자 하는 바가 분명하지 않다.
• 프레젠테이션 내용 전개가 논리적이지 못하고 횡설수설한다.
• 음성의 변화가 없이 단조롭게 말한다.
• 시각자료가 산만하고 복잡하다

전달 효율이 높은 프레젠테이션의 목표는 거창하고 어려운 것이 아니다. 프레젠테이션은 주로 청중에게 영향을 주기 위해 하는 것이므로, 청중에게 쉽게 접근하는 방법이 필요하고 프레젠터가 뜻하는 바(목적)를 명확하고 구체적으로 제시할 필요가 있다. 잘 생각해보면 너무도 쉬운 다음의 3가지이다.

- 흥미로운 소재로 재밌게 말한다.
- 풍부한 예시로 설득력을 높인다.
- 유익한 내용을 짜임새 있게 말한다.

◯ 성공 프레젠터의 7가지 역량

프레젠터가 청중의 호응과 갈채를 받고 보람을 느낄 수 있는 성공적인 프레젠테이션을 하기 위해서는 전달 효율을 높이기 위한 다음과 같은 7가지 역량을 갖추어야 할 것이다.

첫째, 의사전달과 메시지의 목표 등 목적을 명확히 하고 목표에 맞추어 전달 방법을 정해야 한다.

둘째, 메시지가 어떻게 청중에게 수용되고 해석될 것인가를 알기 위해 청중의 태도 · 신념 · 상황 등 청중의 수준을 이해해야 한다.

셋째, 청중보다 주제에 대한 전문적 능력을 갖추고, 주제에 대한 자신 있는 말과 행동으로 뒷받침해야 한다. 바꾸어 말하면, 청중이 들을만한 가치, 즉 새롭거나 깊이가 있는 정보가 담겨져 있어야만 한다.

넷째, 전달되는 정보 흐름의 양과 질을 적정 수준으로 조절해야 한다. 시간제한이 있거나 청중의 신체적 리듬, 그리고 집중력을 감안하여야 한다.

다섯째, 전달 내용은 청중이 이해할 수 있는 적절한 말, 제스처, 이미지 컷 등을 사용해야 한다. 정보를 어떻게 표현하느냐가 청중의 관심, 이해와 수용에 영향을 미친다.

여섯째, 청중으로부터 적절한 피드백을 얻을 수 있도록 유도해야 하며, 의도했던 의미가 정확히 전달되었는지를 확인해 보려는 시도가 있어야 한다. 이른바 청중의 관심과 집중을 유도하는 전략이 있어야 할 것이다.

일곱째, 청중과 상호 신뢰하는 풍토를 조성하도록 해야 한다. 프레젠테이션이 시작되기 전이나 끝난 후에도 프레젠터의 정보전달에 신뢰감을 주는 메시지를 전달한다. 뭔가 부족하거나, 시간 때우기, 깊이 없는 내용, 책임질 수 없는 의지표명은 청중이 받아드리지 않음은 물론, 오히려 비난의 대상이 될 수 있으며, 결국 능력이 없는 사람이나 믿을 수 없는 사람으로 내몰리게 된다.

시선을 사로잡는 디지털 프레젠테이션

03
Chapter

◯ 비주얼 정보의 중요성

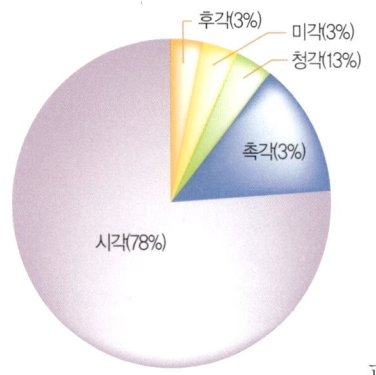

후각(3%)
미각(3%)
청각(13%)
촉각(3%)
시각(78%)

루즈 슈워츠(Ruth Schwarza)의
감각의 인식 비율

우리는 온몸으로 의식·무의식으로 정보를 받아드린다. 사람이 정보를 받아들이는 인체의 기관은 미각·후각·촉각·시각·청각의 오감(五感)이다. 물론 사람이 처한 상황에 따라 주로 어느 기관을 사용하는지의 차이는 있으나, 그 중에서 맡은 역할이 제일 큰 것은 시각이고 다음이 청각 순이다.

사람은 잠을 자지 않는 이상 눈을 뜨고 있다. 눈은 호기심이나 관심을 갖게 하며, 정보를 저장해서 기억하는 시간도 시각에 의한 정보가 가장 오래간다. 즉, 귀로 듣는다는 것보다 눈을 통한 정보의 이해가 빠르고 오래 기억에 남는다. 연극 무대를 상상해보라. 프레젠터는 연기를 하는 말과 행동으로 정보를 전달하는 배우인 셈이다.

Note

지식 습득의 약 85%는 시각적 자극으로부터 온다. 청각과 시각적 자극이 합해 질 때 지식 습득은 커진다. 우리가 메시지를 청취만 한 경우는, 3시간 뒤에는 70%만을 기억하고 3일 뒤에는 10%만 기억한다. 시각적인 방법에 의한 메시지는 3시간 뒤에 72%, 3일 뒤에는 35%를 기억한다. 그러나 청각적, 시각적 방법이 합해 졌을 때는 85%, 65%를 각각 기억한다.

말과 몸짓으로만 정보를 전달하면 아무래도 설명하기 위해 말이 길어지고 청중도 이해하기가 쉽지 않을뿐더러, 이른바 '감'이 잘 오지 않는다. 정보를 그림으로 보여주거나 화면으로 보여주면 여러 말을 안 해도 단번에 청중은 쉽게 이해할 수 있다. 프레젠테이션을 할 때 보조 자료로 '시각자료'를 활용하는 이유가 바로 여기에 있다. 연구 결과에 따르면, '시각 자료를 사용한 경우와 그렇지 않는 경우를 비교하면, 그 차이는 무려 43% 정도가 된다고 한다.

시각자료에는 여러 가지가 있지만 보다 실감나게 하는 것은 각종 그림이나 도표 등의 컬러풀한 이미지가 담긴 '비주얼(Visual, 영상)'은 다양한 색채로 청중의 눈을 자극해서 관심을 갖게 하며 집중하게 만든다.

최근, 웬만한 기업의 회의나 사업설명회, 각종 세미나에서 프레젠테이션을 첨단 장비를 통해 영상을 보여주면서 프레젠테이션을 진행하는 것이 일반화되고 있다. 심지어 어떤 프레젠테이션에서는 오히려 영상이 주가 되고 스피치는 부연설명하는 말에 불과한 경우도 있다. 이러한 추세를 볼 때 기존에는 단순히 보조 자료였던 시각화 자료들이 프레젠테이션에서 차지하는 비중은 더욱 높아졌다고 볼 수 있다.

디지털 프레젠테이션의 현재

지금은 IT 기술의 발전으로 누구나 컴퓨터를 이용하여 머릿속에 그렸던 아이디어를 재빠르고 깔끔하게 문서나 화면에 정리하여 활용할 수 있게 되었다.

이것을 가능하게 한 것은 무엇보다도 '프레젠테이션 툴(tool)'의 등장이다. 이 툴은 '마이크로소프트' 회사의 파워포인트, '한글과컴퓨터' 사의 한컴 슬라이드 등을 위시한 프레젠테이션용 소프트웨어이다.

이 프레젠테이션 소프트웨어가 직장이나 가정에 많이 보급되어 간단하게 콘텐츠를 만들고, 프로젝터나 스크린 등 영상기기를 사용하여 훌륭한 시각 효과를 주며 청중의 눈과 귀를 사로잡는 '디지털 프레젠테이션(digital presentation)' 시대를 열게 하였다.

프레젠테이션 수행 전에 고려해야 할 3가지 요소

프레젠테이션을 수행하기 앞서 프레젠터는 아래의 3가지를 먼저 고려해야 한다.

> • 어떻게 프레젠테이션 내용을 구성할 것인가?
> • 그것을 파워포인트로 어떻게 만들 것인가?
> • 그것을 어떻게 실행할 것인가?

첫째, 3개의 기술 중에서, 제일 어려운 것이 '어떻게 프레젠테이션 내용을 구성할 것인가'이다. 프레젠테이션 자료의 작성은 집을 짓는 작업과 비슷하다. 집을 지을 때는 우선 처음에 건축주의 의향을 듣고, 토지의 형상이나 주위 환경을 조사하고, 그러한 결과를 토대로 설계도를 작성한다. 그리고 완성된 설계도를 기초로 골격

Note

디지털 프레젠테이션이라는 것은 PC와 프레젠테이션 소프트웨어를 이용하여 작성된 '콘텐츠(contents)', 즉 디지털 콘텐츠를 프로젝터(projector)를 이용하여 스크린에 투영하거나, PDP나 LCD 등의 평면 디스플레이에 투사하여 진행하는 프레젠테이션을 말하는데, 비주얼 프레젠테이션이라고 한다.

만들기, 마지막으로 내장을 완성한다. 프레젠테이션 내용 작성도 이와 같은 방법으로 하면 되는 것이다. 내용을 만드는 방법을 알고 그에 따라 만들어 가면 견실한 내용을 만들 수 있다. 이 요소는 프레젠테이션 내용 작성뿐만 아니고, 기획서나 보고서 등과 같은 '문서 작성'에도 적용할 수 있다.

둘째, 앞의 기술로 윤곽이 잡힌 프레젠테이션 내용을 만들었으면, 비주얼 자료를 만들어야 한다. 파워포인트 작성 전, 해당 원고가 완성되어 있다는 전제하에 이것을 '어떻게 파워포인트로 작성하면 좋을까?'를 고민하는 것이 두 번째 고려해야 할 요소이다. 청중을 생각하고 내용에 맞는 디자인 작업이 중요하다. 그래픽을 만드는 파워포인트의 기능은 여러 가지인데, 조금 복잡하지만 전부 익혀야 활용할 수 있다.
기능을 모두 활용한다고 해도 문제는 또 있다. 디자인을 할 때에는 색채나 미적 감각이 요구 된다는 것이다. 다른 사람의 프레젠테이션을 자주 접하다보면 디자인 감각을 높일 수 있을 것이다.

셋째, 앞의 두 가지 사항은 '머릿속의 아이디어를 어떻게 구체화할 것인가?', 즉 메시지를 만드는 요소들이 필요했다. 그러나 세 번째는 목소리와 몸을 사용해서 청중을 향해 프레젠테이션 자료를 모두 '실행'하는 부분이다. 비유하자면, 극작가가 각본을 만들면 배우가 연기를 해야 한다. 아무리 비주얼 자료와 그에 담긴 내용이 훌륭하더라도 실행하는 기술이 부족하면 프레젠테이션은 실패할 확률이 높다. 실제로 이 사항이 부족한 사람이 매우 많다. 특히 여러 사람 앞에 서야 하는 불안감 때문이다. 이를 극복하지 못하면 '초보' 프레젠터 티를 벗어나지 못한다. 이 기술은 지식만으로 되는 것이 아니고 '경험'으로 단련되는 것임을 알고 프레젠테이션 기회를 자주 갖고, 교육과 연습을 통해 강화시켜야 한다.

Part 2

성공 스피치 테크닉

프레젠테이션의 기본이 되는 스피치의 중요성과 스피치에 앞서 나타나는 불안요
소를 해소하는 요령, 청중들에게 정확한 발음으로 전달하는 훈련과 다양한 목소리
연출법을 등을 소개하고 있다. 또한 비즈니스 현장에서 수행되는 비즈 프레젠테이
션의 종류와 그에 따른 6가지 원칙을 제시한다.

불안감을 극복하는 테크닉

발표불안증의 정체

프레젠테이션 실행의 출발은 '여러 사람' 앞에 서는 것이다. 누구나 말을 할 때 불안하면, 입이 제대로 열리지 않거나 생각을 제대로 표현할 수 없다. 많은 사람들 중에는, 프레젠테이션을 하기 위하여 여러 사람 앞에 서는 것만으로 얼굴이 상기되어 버린다고 말하는 사람도 적지 않다.

특히, 직장에서 대내외적으로 중요한 프레젠테이션을 수행해야 한다면 긴장하는 것은 당연하다. 그렇다고 긴장한다고 해서 불안감을 표출할 수도 없는 노릇이다. 실전 경험이 부족한 '초보' 프레젠터가 넘어야 할 1차 관문은 '발표불안증의 극복'이고, 이를 먼저 뛰어 넘어야 한다.

발표불안증이란 무엇인가?

실전 경험이 많지 않은 프레젠터는 주도면밀한 준비로 임했음에도 불구하고, 앞에 나서면 순간적으로 불안증에 빠져, 목소리가 잘 나오지 않거나 설명이 도중에 막혀 횡설수설하며, 지나치면 행동도 부자연스러워진다. 이런 현상을 이른바 발표불안증이라고 한다. 불안증에 사로잡히면, 사람에 따라 다소 차이가 있지만 아래와 같은 현상들을 호소한다.

> "얼굴이 화끈거리고 빨개집니다."
> "목소리가 떨리거나 말을 더듬습니다."
> "다리가 후들거립니다."
> "이야기할 내용이나 순서가 생각이 나지 않습니다."

이런 증세가 성격적 결함이 아닌가 심각하게 걱정하는 사람도 있으나, 대부분의 발표불안증은 대인공포증과 같은 성격적 결함에서만 나오는 것은 아니다.

그렇다면 이러한 현상은 왜 일어나는가?

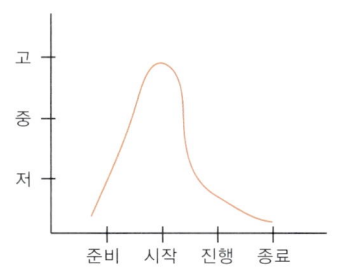

이러한 현상은 프레젠테이션을 해야 하는 상황의 중요성을 인식하기 때문에 생겨난다. 즉, 프레젠테이션을 잘해야 된다는 '중압감' 과 청중의 반응이 어떻게 나올까 하는 '불확실성' 이 작용하여 생겨나는 것이다.

이러한 불안한 심리는 4단계의 과정을 거치게 된다. 프레젠테이션을 준비할 때부터 점차 느껴지기 시작해서, 실행의 직전이나 시작을 전후해서 그 불안의 정도가 최고조에 달하며, 현장에서 실행 해나가는 동안 상황에 적응하게 되고, 어느 정도 실행이 종료될 때쯤이면 모든 불안 심리로부터 벗어나게 되는 과정을 거친다.

발표불안증을 겪으면 프레젠테이션을 제대로 진행할 수 없다. 특히 자신감이 위축되어 청중에게 어필하기는커녕, 조롱거리가 되거나 심지어 줄줄 외워두었던 내용조차 잊어먹기도 한다. 그렇다면 어떻게 이 불안증을 극복하고 자신감으로 가득 찬 프레젠테이션을 수행할 수 있을까.

◯ 발표불안증은 평소에 해결하자!

비교적 편안한 친목회 같은 사적 모임에서도, 앞에 나와 '한 마디' 하라고 사회를 보는 사람이 요청하면 거부를 하거나 차례가 오기 전에 살짝 숨어버리는 사람들이 있다. 그것은 스스로의 마음에 제한을 가하는 것이다.

그렇다고 언제까지나 뒷전에 물러나 하고 싶은 말을 하지 못하고 있어야 하는가? 회의나 팀 미팅에서 못하겠다고 뒷전에 물러나 입을 다물고 있으면 있을수록 다른 사람보다 뒤처지게 된다는 것을 알아야 할 것이다. 아울러 주위 사람들이 능력이 없다고 간주해버릴 수도 있으며, 앞에 나가서 하긴 해야 된다고 생각만하고 실행에 옮기지 않으면, 온전한 프레젠테이션을 수행하기 어렵다.

그러므로 평상시에 여러 사람들 앞에서 말하는 것에 익숙해져야 한다. 사람들 앞에서 이야기를 할 기회가 있으면 놓치지 말고 적극적으로 해야 한다. 존 에릭슨 (Jone Ericsion)은 "나는 할 수 있다"라고 스스로에게 말하면 놀라운 힘을 발휘한다고 했다.

특히, 과감해지는 것도 하나의 방법이다. 자신을 어디까지나 자신감으로 가득찬 프레젠터인 것처럼 말하고 행동하는 것이다. 또한 사람으로부터 부탁받는 것을 기다리지 말고 스스로 적극적으로 진행해 나가도록 하자. 이렇게 용기있게 행동에 옮기면, 어느 새 자신 있게 말하고 있는 스스로를 발견하게 될 것이다.

사람들의 눈과 평가표로부터 자유로워지자. '사소한 것에 목숨걸지 말사. 크게보면 세상의 모든 것은 사소하다' 라고 생각한다.

◯ 준비과정에서 극복하기

- 전문가임을 자각한다.
- 성공을 상상한다.
- 거듭해서 연습한다.

당신이 몸담고 있는 분야에서는 이미 당신은 '프로' 이다.

만약, 누군가가 당신에게 프레젠테이션을 의뢰해 왔다면 응해야 한다. 거기에는 당연히 그만한 이유가 존재한다. 당신에게 의뢰한 사람은 그 화제에 관해서는 당신을 '전문가' 라고 생각하고, 전문가인 당신의 이야기를 듣고 싶어 하기 때문이다. 그러므로 당신은 좀 더 자신을 가져야 하며, 자신의 능력과 프레젠터로서의 스스로를 믿어야 한다. 그러면 그 자신감이 당신의 이야기에 반영되고 신뢰감있게 청중에 전해진다.

프레젠테이션을 준비하면서 머릿속에 실행하고 있는 자신의 모습과, 안정되게 이야기 하고 있는 자신의 모습을 그려보라. 움츠리면 아이디어가 떠오르지 않는다. 나의 능력을 보여주겠다는 각오를 하면, 새로운 용기와 자신감이 당신을 이끌게 될 것이다. 즉, '진인사대천명(盡人事待天命)' 의 자신감이 생기게 되는 것이다. 최선을 다해서 연습을 거듭할수록 청중에게 전하는 '테크닉' 이 아니라, 전하고 싶은 '메시지 그 자체' 에 초점을 맞춰 말 할 수 있게 된다. 그리고 연습은 다음과 같이 하면 효과적이다.

① 실행할 때에 참고할 '실행개요서' 를 준비한다. 이를 보면서 막히지 않을 정도로 연습을 한다.
② 서론을 암기한다. 서론을 잘 풀면 불안도 금방 가셔버린다.

③ 몸 전체가 비치는 큰 거울 앞에서 제스처를 써가며 자신의 모습을 보며 연습을
　한다.

연습을 하면서 정열을 토해내는 자신의 소리를 들어
보라. 열심히 듣는 사람 앞에 서 있는 자신의 멋진
모습으로 그려보라. 어느새 당신의 신체는 지금 당
신이 마음에 그렸던 이미지로 반응하고 있을 것이
다. 행동은 그 사람의 생각을 반영하는 거울이다. 실
패를 생각하기보다 성공을 생각하고, 떨림을 걱정하
기보다 도전적 설레임으로 패러다임을 전환하자. 긍
정주의자는 그 자체가 승리이다. 절대 확신, 절대 긍
정하라.

⦿ 실행 직전에 극복하기

> • 장소의 분위기와 사람들에게 적응한다.
> • 호흡이라는 진정제를 활용한다.
> • 긴장을 푸는 동작을 한다.

프레젠테이션을 해야 할 현장에 먼저 와서 연단을 둘러보며 음향이나 조명 장비
등을 점검하고, 시청각 장비를 작동해보면서 회의장의 분위기를 익혀둔다. 장소에
적응하게 되면 자연히 불안감도 적어지게 마련이다. 또한, 거래처를 상대로 하는
경우와 같은 소규모 프레젠테이션에서는 청중이 모인 회의실에 들어가 자기소개
를 하며 악수를 하고, 미소를 띠며 상대를 살피는 것이다. 별것 아닌 것 같지만, 서
로의 긴장과 경계심을 푸는데 큰 도움이 된다.

호흡에 변화를 준다. 복싱선수가 라운드의 종이 울리기 전 크게 심호흡하고 마우
스피스를 무는 것과 같이, 실행시간 직전 '복식호흡'으로 신체적 리듬을 조절하게
되면 긴장도 풀리고 불안증도 많이 진정된다.

그리고 몸을 움직여 유연하게 한다. 다음과 같은 몸동작을 반복해 보는 것도 좋다.

Note
복식호흡은 배로 숨을 쉬는 것
으로, 숨을 들이쉬면 아랫배가
나오고, 내쉬면 아랫배가 들어
가는 호흡법이다.

① 어깨와 등을 똑바로 하고 앉은 다음, 배를 당겨 심호흡을 천천히 반복하며 마음을 안정시키도록 한다.
② 목을 부드럽게 하기 위해 머리와 어깨에 힘을 빼고, 천천히 좌우상하로 움직여 본다.
③ 입과 턱을 부드럽게 하기 위해, 혀와 턱을 상하좌우로 반복하며 입운동을 한다.

◌ 실행 중에 극복하기

- 불안감조차 내 편이라고 믿는다.
- 청중도 성공을 바라고 있음을 확신한다.
- 불안감을 오픈시킨다.
- 시각자료를 활용하여 분산시킨다.
- 실행시의 해소 테크닉을 활용한다.

불안 정도가 심한 사람은 막상 앞에 나가면 심장이 두근두근, 무릎이 후들후들 떨리거나 손바닥이 땀투성이가 되고, 입 안이 건조해질 것이다. 이는 지금부터 새로운 상황에 적응하기 위해, 신체가 그 준비를 하고 있는 상태라고 보면 된다. 이러한 현상을 무조건 없애야 한다는 생각보다는 오히려 긍정적으로 이해하면서 불안감을 극복하는 것이 좋다. 즉, 쓸데없이 몸의 현상에 사로잡히는 것을 차단하고, 빨리 인식을 바꿔 '불안감은 내 편이다' 라고 믿고 유창하게 이야기를 하는 것에 집중하도록 한다.

또한, 당신이 두려워하는 청중은 당신의 성공을 바라고 있다고 생각을 전환해 보자. 청중 대다수는 프레젠터가 제공하는 정보 내용을 이해하고 자신에게 플러스가 되기를 원해 참가한 것이다. 즉, 유익한 내용을 전달하길 원하는 프레젠터와  프레젠테이션에서 플러스가 되는 내용을 얻고 싶어 하는 청중은 말하자면 동일한 목표를 향해 가는 '팀 메이트' 와 같은 존재인 것이다.

비주얼 프레젠테이션인 경우나 그렇지 않은 경우에 영상자료나 시각자료를 사용하는 것은 직접적인 목적이 있지만, 청중의 시선을 스크린이나 시각자료로 돌릴 수 있기 때문에 발표불안증의 완화에도 큰 도움이 된다. 예를 들어, 청중과 스크린을 번갈아 보게 되면 청중의 시선을 보는 부담도 점차 누그러지게 되고, 여기에 집중하게 되면 실패에 대한 부담이나 불안증에 대한 고민 같은 심리상태에 대한 '자의식'이 약화된다. 시작할 때와 진행할 때에는 '실행 시의 해소 테크닉'을 익혀 적용하면 멋지게 피티(PT)를 할 수 있을 것이다.

실행 시 해소 테크닉

❶ 연단에 올라가면 청중의 눈길을 피하려고 하지 말고, 청중을 미소를 띠며 둘러본다. 그리고 천천히 말한다.
❷ 하체가 후들거리면, 양발의 엄지발가락에 힘을 준다. 이때에는 어깨에 힘을 빼야 한다.
❸ 청중의 시선을 빔프로젝터 스크린으로 유도한다.
❹ '너무도 훌륭하신 여러분을 뵈니까 무척 떨리는군요!'라고 하며 자신이 긴장하고 있다는 사실을 솔직히 청중에게 표현한다.
❺ 진행 도중에 갑자기 말문이 막혔을 때에는, 막히기 직전의 한 말을 요약하고 다음 말로 연결하도록 한다.

02
Chapter

프레젠터의 발음과 목소리

🔘 자신의 목소리를 체크해보자

목소리는 머릿속에 들어 있는 정보를 다른 사람에게 전달하는 표현도구이다. 즉 오디오 시스템의 '스피커'에 해당하는데, 그 성능이 떨어지면 듣는 사람조차 매우 힘들다. 목소리는 프레젠테이션 효과에도 큰 영향을 미치며, 나아가 프레젠터의 '이미지'를 결정짓는 중요한 요소가 되기도 한다. 낮은 목소리로 억양 없이 시종일관 말하는 사람을 '소극적이며 내성적인 사람' 이라고 생각하며, 말이 너무 빨라 도저히 발표 내용에 집중할 수 없는 속도로 말하는 사람을 '성격이 급한 사람' 이라고 여기곤 한다.

다른 사람들이 부담을 느끼는 목소리

- 쉰 소리나 목이 잠긴 소리
- 지나치게 큰 목소리나 작은 목소리
- 발음이 부정확한 목소리
- 말을 더듬거리는 목소리
- 강약이나 리듬감이 없는 목소리
- 차갑고 날카로운 목소리

남성이 여성 목소리에 가까운 소리를 내거나, 여성이 지나치게 허스키한 목소리를 내는 경우도 마찬가지다. 앞의 유형과 다르지만, '저', '예', '아시다시피' 라는 말을 빈번하게 사용하는 사람들이 있다. 그 사람은 스스로는 의식 못하지만, 청중의 귀에 거슬리는 말버릇인 것이다.

사람마다 음색, 즉 목소리가 다르다. 일상생활에서는 물론이고 프레젠테이션도 기본적으로 목소리는 남이 듣기 거북하지 않는 맑은 음성이 좋다.

주변 사람에게 자신의 목소리와 말버릇을 물어보라.

아울러 자신의 목소리가 어떤지 녹음하고 들어보라. 자신이 듣는 소리와 녹음기 스피커에서 나오는 소리가 분명히 다를 것이다. 녹음기 스피커에 나오는 소리가 남이 듣는 목소리인데, 목소리는 선천적으로 형성되지만, 향상시키려고 마음만 먹는다면 얼마든지 변화시킬 수 있다. 성악가나 가수도 연습과 훈련을 통해서 변화되고 단련되지 않는가?

◯ 건강한 목소리를 만들자

- 성량이 풍부하고 세련된 목소리을 내야 한다.
- 고음과 저음을 자연스럽게 구사할 수 있어야 한다.

(1) 이상적인 프레젠터의 목소리

물론 평상시 대화할 때의 목소리와 프레젠테이션 할 때의 목소리는 차이를 두어야 한다. 프레젠터로서 청중을 향한 이상적인 목소리는 성량이 있는 굳건한 목소리다. 즉, 목소리에 내용에 대한 확신과 의지가 실려 있어야 설득력을 가질 수 있다.

성량과 음정은 밀접한 관련이 있는데, 얼마나 소리를 높여야 할까?

여러 청중을 상대로 말을 할 때에는 평소 대화의 소리보다 2~3배 크게 소리를 내야 한다. 예를 들면, 음계(音階)상으로 평소의 목소리는 보통 '레, 미'에 해당하는데, 프레젠테이션의 경우에는 이보다 한 두 음계를 올린 '파나 솔'를 기본 목소리로 삼아야 할 것이다.

역동적인 프레젠테이션을 하려면, 고음과 저음을 자연스럽게 구사할 수 있어야 한다. 평소에 거의 고음을 사용할 기회가 없기 때문에 고음이 잘 나오지 않는 사람들이 많다. 큰 소리로 15분 정도 말해보라. 숙달되지 않은 사람은 힘이 부친다는 걸 느끼게 될 것이다. 특히, 초보 프레젠터는 여러 사람들 앞에 서면 평소보다 오히려 목소리의 톤이 대개 낮아진다.

(2) 복식 호흡의 장점

목소리를 개선하려면 어떻게 해야 할까?

목소리는 공기가 성대를 통과하면서 나는 소리이다. 호흡을 개선하면 목소리를 개선할 수 있다. 좋은 목소리를 내려면 주로 '복식호흡' 연습을 하는 것이 좋다.

> 우리는 평소 가슴으로 숨을 쉬는 '흉식호흡'을 하는데, 복식호흡은 쉽게 말하면 폐와 함께 아랫배를 이용해서 배를 부풀렸다, 집어넣었다 하는 방법이다.
> 복식호흡으로 목소리를 낼 때에는 숨을 깊이 들이마시고 공기를 한꺼번에 내보내지 말고 천천히 내쉰다. 이 때 몸을 똑바로 세우고 입을 크게 벌리고 연습을 한다.

이런 연습을 5~10분씩 하루에 두 번 정도 해보라. 그러면 보다 굳건한 소리를 낼 수 있다. 고음을 자유자재로 내려면, 복식호흡으로 입을 크게 벌리고 저음에서 고음으로 '아~' 하고 소리를 내는 연습을 하도록 한다.

하나의 문장을 '도레미파솔라시도'의 음계에 따라 처음에는 '도'로 발성하고 다음에는 '레'로, 순차적으로 높은 '도'까지 발성해 본다. 이 발성연습을 꾸준히 하면, 유연한 성대를 갖게 함은 물론 공명(共鳴)을 좋게 한다.

또한 낭독 트레이닝으로 '신문 사설'을 크게 소리 내어 읽어 보라.

이 연습을 할 때에는 숨을 80~90% 정도 들어 마신 다음 말과 말 사이에 호흡을 조절하면서 간격을 둔다. 1~2개월 꾸준히 반복하다 보면 어느새 목청에 힘이 붙고 활력 있는 음색을 가질 수 있을 것이다. 신문 사설로 발성연습을 하면 시사적 상식과 논리적 사고도 덤으로 얻게 될 것이다.

Note

모음은 허파에서 나오는 호흡이 성대를 자극하여 입안의 장애 없이 나는 소리로 지속적으로 발성할 수 있으며 음악적 요소를 지니고 있다.

○ 발음은 분명하게 하자

발음이 분명하지 못한 사람들은 대다수가 한 구절의 끝 부분을 얼버무리는데, 이것도 습관이다. 평소의 말버릇이 프레젠테이션을 할 때 무의식으로 나오기 때문이다. 사투리를 쓰는 사람도 마찬가지다. 또한 외국에서 오랫동안 살았던 사람은 정확한 우리말 발음에 익숙하지 못하다. 사투리나 외국식 발음도 청중에게 그리 좋게 들리지는 않는다. 이것을 고치려면, 꾸준히 연습을 해야하며, 다음의 세 가지 사항을 참고하자.

첫째, 녹음해서 들어보며 문제점을 발견하거나 다른 사람에게 도움을 청해 발음을 교정해야 한다. 문제되는 발음을 발견했으면 '거울'을 보면서 입 모양과, 입술 동작을 살피면서 정확한 발음이 나오도록 한다. 또한 발음하기 어려운 단어를 선정하여 연습을 하되, 습관이 될 때까지 해야 할 것이다.

둘째, 평소에 '여유'를 가지고, 깊은 목소리로 침착하게 이야기하는 습관을 가져야한다. 서둘러 발음하거나 콧소리를 내거나 지나치게 흥분해서 숨찬 목소리로 이야기를 하게 되면 발음이 불분명해지기 때문이다.

셋째, 평소 말을 할 때에는 특히 문장의 끝 부분을 얼버무리지 말고, 완전히 끝날 때까지 분명하게 발음한다. 뉴스를 전하는 아나운서는 '~니다' 부분을 명확히 발음하고 있음을 확인해보라. 그렇다고 해서 문장의 끝에 힘을 주라는 것은 아니며, 억양은 대화하듯이 하되 끝까지 분명하게 발음하도록 해야 한다. 이를 위해 수필이나 시집을 낭독하면, 발음도 좋아지고 낭독의 즐거움에 푹 빠지게 될 것이다.

목소리도 연출할 수 있다

03
Chapter

◯ 대화하듯이 하는 목소리 연기

라디오의 성우 목소리를 들어 보면, 희로애락을 목소리로 표현하는데, 성우들은 목소리로 '연기(演技)'를 하기 때문이다. 프레젠터도 이와 같이 내용이라는 시나리오에 맞추어 목소리에 적절한 감정을 실어야 한다.

청중에게는 '얘기하듯이' 자연스러운 목소리로 말하는 것이 프레젠테이션에 효과적이다. 자연스러움은 프레젠터와 청중 간의 거리감을 없애주며, 그들에게 긴장을 풀어주고 좀 더 집중하게 해주며 호소력도 크다. 여기에서 자연스럽다는 것은 내용에 의도와 감정을 실어 목소리를 내는 것, 익숙한 노래를 부르는 것과 같다.

오디오 시스템의 앰프에는 조절하는 버튼이 많은데, 마찬가지로 사람의 목소리에도 6가지 조절 요소가 있다. 이것들을 적절히 사용하여 내용에 맞추어 목소리 연출을 해야 한다.

- 크기(volume) : 크게 또는 작게 한다.
- 빠르기(rate) : 완급을 조절한다.
- 길이(duration) : 긴소리와 짧은소리를 구분한다.
- 높이(pitch) : 소리와 음정의 높낮이를 조절한다.
- 힘주기(emphasis) : 내용에 따라 강세를 준다.
- 쉬기(phrasing) : 문장과 문장사이에는 쉰다.

◯ 속도 조절의 기술

뉴스를 전하는 우리나라의 아나운서는 1분에 300~350자를 말할 수 있다고 한다. 뉴스를 시청한 뒤 그 내용을 다른 사람에게 전하라고 하면, 정확하게 내용을 기억해서 다시 전달할 수 있는 사람은 거의 없고 대충 내용을 요약해서 전할 수 있을 뿐이다. 프레젠테이션을 할 때는 뉴스를 전하듯 빨리 전하는 것은 바람직하지 않다. 기본적으로 청중이 듣기 편한 속도, 듣고 이해할 수 있는 속도로 이야기해야 한다.

기본적인 말의 속도는 10분에 2백자 원고지 15장 정도가 적당하다. 빠르기는 이 기준보다 얼마나 많은 말을 하느냐를 가리킨다. 프레젠터가 빠르게 말하면 내용 전개도 빨라지기 때문에 생동감을 주긴 하지만, 청중이 듣기에 급급해서 생각할 겨를이 없게 되고, 들어야 할 메시지를 놓칠 수도 있다. 반대로 느리게 말하면, 전개조차 느슨해져 분위기가 처지게 된다.

프레젠테이션 도중에 청중들의 분위기가 처질 때에는 좀 더 빠르게 말하고, 중요한 부분일 때에는 조금 천천히 말하면 청중들의 청취도가 높아진다. 따라서 목소리 완급 조절로 탄력성을 주면 청중을 쥐었다 놨다할 수 있다.

우리가 외국 영화를 볼 때도 영화 자막을 보다가 다 읽지도 못하고 다음 자막이 나오는 경우가 있다. 마찬가지로 디지털 프레젠테이션을 실행하는 경우, 스크린과 말이 일치되어야 한다. 적어도 디지털 프레젠테이션은 스크린에 나타난 내용이 표시되어 있는 동안, 청중이 음미하면서 '2회' 정도 읽을 수 있는 간격을 주면서 말을 하고 다음 슬라이드로 넘어가야 한다.

높낮이로 동의를 유도하자

목소리의 '높낮이'는 소리의 억양을 만들어 낸다. 우리말은 영어와 달리 단어를 발음할 때 악센트에는 별로 유의하지 않는다. 하지만, 문장의 끝을 올린다든지 내리든지 하는 것처럼 문장 전체를 발음할 때는 높낮이에 조심해야 한다.

예를 들어, 설득에 대한 '동의'를 요구하는 의도에서 "우리는 …해야 합니다. 그렇지 않습니까, 여러분!"라는 문장에서 '여러분'을 올리는 경우이다.

목소리의 '길이'는 한 음절을 얼마나 오래 끌며 발음하느냐를 뜻하는데 영어와 달리 우리말에서 그다지 큰 문제가 되지 않지만 발음의 '정확성'과 관계된다. 가령, 말:(言)과 말(馬)처럼 표기가 같은 말이라도 소리가 길고 짧음에 따라 전혀 다른 뜻의 낱말이 되는 경우에 주의해야 한다. 이런 단어의 경우 긴 소리와 짧은 소리를 구분하여 정확하게 발음할 필요가 있다.

Note

예를 들어 '자유가 아니면 죽음을 달라' 와 같이 동격의 10% 정도는 뒤의 것보다 반드시 앞의 것을 강조하는 경우가 있다. 그러나 의미상으로 부득이한 경우에는 프레젠터의 의도에 맞추어 강조하도록 하는 것이 좋다.

Note

이 경우의 예를 들면, '내일 내가 한다', '내일 내가 한다', '내일 내가 한다' 처럼 밑줄을 그은 부분을 강하게 말하면 의미가 달라지는 경우이다.

⭕ 중요한 메시지를 심어주는 강세

목소리 사용에 있어서 '힘주기' 또는 강세란, 특정한 음절이나 단어 또는 구(句)를 다른 것들보다 힘주어 말하는 것이다. 강조라고 하면 소리를 크게 내는 '높임강조' 만을 생각하지만, 오히려 중요한 부분을 보통 보다 목소리를 더욱 낮추어 표현하는 '낮춤강조' 의 테크닉도 있다.

청중의 머리에 주요 메시지를 심어주는 강세를 주는 데도 테크닉이 있다.
원칙적으로 말의 한 구절이나 전체는 보통으로 표현하고 그 중에서 자신이 강조하고자 하는 중요한 단어나 구에 강세를 주어야 한다. 이러한 원칙 하에서 첫째, 명사·동사·부사·형용사 등을 강조하고 비교적으로 대명사·조사·조동사·접속사 등은 약하게 발음하도록 한다. 둘째, 같은 단어나 어귀의 반복과 같은 동격(同格) 표현을 할 때, 동격의 90% 이상은 강조를 위한 수사이기 때문에 앞의 것보다 '뒤의 것' 을 강조해야 효과적이다. 셋째, 어디에 강세를 두느냐에 따라 의미가 달라지는 경우에는 문장의 어느 위치에 놓여 있느냐에 따라 강세를 주어서는 안 되고, 내용상 얼마나 중요하냐에 따라 강세를 주도록 해야 한다. 잘못하면 청중이 오해를 할 수도 있다.

⭕ 말과 말 사이의 공백 테크닉

말 할 때의 '쉬기' 란 목소리를 내지 않고 잠시 멈추는 시간의 길이를 뜻하는데, 프레젠테이션을 할 때에는 적절하게 말과 말 사이에 '공백' 을 두어야 한다.
말을 하다가 잠깐 쉬는 것도 보디랭귀지의 일종으로 극적인 효과나 강조, 전환을 위해 필요하다. 잠시 쉬면 청중은 '다음 말은 무엇일까' 하는 호기심과 집중을 유발한다.

청중의 이해를 돕고 내용의 앞뒤를 명확히 구분할 수 있도록 잠시 쉬기를 해야 한다. 프레젠터의 입장에서도 잠시나마 청중이 잘 듣고 있는지 파악하기 위해 쉴 필요가 있으며, 한숨 돌린다는 것과 같이 속도를 조절할 수 있다.

그러나 너무 자주 쉬기를 반복한다거나, 오랫동안 쉬면 청중들은 프레젠터가 내용을 잘 이해하지 못하고 있다거나 자신이 없는 것으로 오해할 우려가 있으므로 흐름이 끊기지 않도록 해야 한다. 이를 위하여 개요서에 쉬는 부분을 표시하고 그 때 잠시 여유를 가져보는 것도 요령이 될 것이다.

쉼의 테크닉

- 의미상으로 보아 한 어귀를 단위로 띄어서 말하고 한 어귀 내에서의 단어와 단어는 붙인다.
- 일반적으로 단어와 단어 사이에는 쉬는 시간을 가장 짧도록 하고, 구성단위가 점점 커갈수록 쉬는 시간을 길게 한다.
- 서론과 본론, 그리고 본론과 결론 사이에서는 쉬기를 가장 길게 하여 청중이 이를 분간하도록 한다.

04 Chapter 비즈 커뮤니케이션의 기본 원칙

◯ 비즈 커뮤니케이션과 프레젠테이션

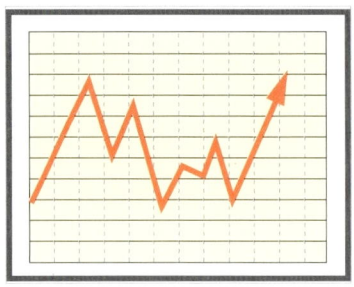

프레젠테이션은 대개 비즈니스에서 실행되는 것이 보편적이며, 사적인 커뮤니케이션과 달리 비즈니스 성공이란 측면에서 매우 설득적 요소가 강하고 비교적 정형화되어 있다는 특성이 있다.

비즈 커뮤니케이션의 주요 형태로서는 다음의 두 가지가 있다.

(1) 내부 직무수행과 관련한 커뮤니케이션

기업 내에서 직무를 수행할 때 발생되는 모든 커뮤니케이션을 '대내적인 커뮤니케이션'이라고 한다. 이것은 기업의 사업목적 및 계획을 수행하기 위해서 행해지는 기업 조직원들 사이의 커뮤니케이션이다. 이 과정에서 여러 형태의 프레젠테이션이 전개된다.

예를 들어, 상사가 하급 직원에게 업무와 관련한 지시나 명령뿐만이 아니라 구두 의견 교환을 포함하지만 다수의 직원을 집합시켜 기업의 목표를 주지시키는 프레젠테이션도 있다. 또한 실적보고나 연구결과 발표, 업무계획 등 직원들이 업무와 관련하여 상사에게 보고를 하기 위하여 보고서나 기획서를 작성하고 이를 프레젠테이션으로 수행하기도 한다. 공동의 문제 해결을 위한 회의 형태의 커뮤니케이션에서도 현상파악, 대안제시 등에 프레젠테이션을 활용하여 회의의 목적을 달성하기도 한다.

(2) 대외 직무수행과 관련한 커뮤니케이션

대외적인 직무수행과 관련된 커뮤니케이션이란 자신이 몸담고 있는 조직 외의 다른 기업의 사람이나 그룹, 일반 소비자 대중 등 주로 직무와 관련되어 커뮤니케이션을 하는 경우를 말한다. 여기에는 기업이 제품이나 서비스를 직접 판매하는 것과 관련된 판매원의 프레젠테이션, 신제품 발표회, 투자유치회 등이 대표적인 예이다.

비즈 커뮤니케이션의 6Cs 원칙

비즈니스 커뮤니케이션의 기본원칙은 학자에 따라서 5Cs, 6Cs, 7Cs로 구분하지만, 그 내용상으로 보면 동일한 내용을 단지 세분화시키고 있을 뿐이다. 여기서는 Rittman과 Gonzalez의 6Cs를 중심으로 설명한다. 비즈니스 문서나 구두 표현은 다음과 같은 6개의 C로 시작되는 내용들을 반드시 고려해야 한다.

(1) 간결성(Conciseness)

전달 효율이 높은 커뮤니케이션을 하려면, 무엇보다도 아이디어를 분명하게 표현하기 위해서 간단하고 정확한 단어를 사용해야 한다. 즉, 보고서나 기획서의 독자나 프레젠테이션 청취자가 이해할 수 있는 단어를 선택하는 것이다. 어떤 사람들은 길고 어렵고 이상한 단어를 사용함으로써 자신의 실력을 높이 평가받으려고 노력을 하지만 그러한 방법은 권장할만한 방법이 아니다.

대개 보고서나 기획서 작성이나 구두 표현 시에 선배로부터 내려온 기존의 용어나 문장을 기계적으로 답습하여 반복표현의 진부한 인상을 준다면, 주목을 끌기도 힘들뿐더러 전달하려는 메시지를 오히려 약화시킨다. 심플한 단어 선택은 풍부한 독서와 수준높은 경청을 통해 얻어짐을 명심하자.

(2) 명료성(Clearness)

정보가 되는 메시지가 잘 조직되어서 상대가 쉽게 포인트를 골라 낼 수 있게 해야 하며, 언어를 독자나 청중의 수준에 적응시켜야 한다. 무엇보다도 상대방의 입장에서 전달을 생각해야 한다. 상대방의 입장이란 클라이언트나 청중을 우선으로 생각하는 것이다.

의미가 다양한 단어는 사용에 주의해야 하며, 군더더기나 장황한 말은 피해야 한다. 동일한 의미를 전달함에 있어서는 긴 구문보다는 짧은 단어가 더 효과적이다.

또한 표현 시에 사람들은 생각이 빨리 나지 않으면 '음', '그런데', '아시다시피' 등 첨가하는 말을 자주 사용한다. 만일 프레젠터가 너무 많이 이런 표현을 사용하면 청중들은 그것의 숫자를 세기 시작하고 메시지는 곧 잊게 된다.

(3) 예절성(Courtesy)

예절성이란 타인을 배려하는 것이다. 가급적 표준어를 구사해야 하며 저속한 비유를 하거나 비속어를 사용해서는 곤란하다. 또한 프레젠테이션을 할 때, 에티켓을 지켜야 한다. 이러한 것들을 제대로 지키지 않으면 상대방을 부정적으로 자극하게 된다. 대립이 있는 이슈에 관한 내용일 경우, 감정을 자극할 수 있는 단어는 중립적이거나 긍정적인 표현으로 바꾸어 표현하는 것이 부정적 자극을 사전에 예방할 수 있다.

(4) 결합성(Cohesiveness)

결합성이란 메시지가 잘 조직되어 논리적으로 전달되도록 하는 것을 말한다. 이른바, 서론-본론-결론의 흐름이 자연스럽게 전개되어야 한다. 이를 위하여, 분량이나 시간배분도 적당해야 한다. 다음과 같은 방법으로 생각을 조직하는 것이 좋다.

첫째, 주요 아이디어를 개관한다.
둘째, 아이디어를 질서 있게 배열한다.
셋째, 주요한 아이디어를 문장으로 전환한다.
넷째, 아이디어를 단락으로 전환한다.
다섯째, 단락을 수정하고 다듬는다.

(5) 완전성(Completeness)

커뮤니케이션에서 관련된 정보나 추가적인 정보 등 필요한 상세한 사항을 제공하여야 한다. 이를 위하여 육하원칙(who, what, when, where, why, how)을 포함하여 기술하고 모호한 표현은 피한다. 메시지를 논리적으로 작성하고 사실 확인과 정확한 내용, 그리고 완성된 프레젠테이션 자료에 대하여 오류가 없는지 철저히 교정을 보아야 한다. 만약 제출하거나 배포된 문서가 1페이지 이상인 경우에는 순서대로 철하여야 하고, 동봉물이나 첨부물이 있다면 독자나 청중이 알 수 있도록 그 서류가 무엇이며 왜 포함이 되어있는지를 확실히 명시하여야 한다.

(6) 정확성(Correctness)

문서나 프레젠테이션 원고 등을 작성함에 있어서 기술내용, 방향제시, 지시사항을 정확히 작성해야 한다. 불필요한 해석을 예방하고 좀 더 전달 효율을 높이기 위해서이다.

첫째, 개별단계를 문장이나 단락으로 구분한다.
둘째, 항목별로 번호를 붙이는 것이 좋다.
셋째, 선택한 단어와 일치시킨다.
넷째, 도해, 지도, 다이어그램, 차트 등을 명확하게 표시한다.
다섯째, 양식의 표본이나 서류를 첨부시킨다.

사소한 것 같지만, 깔끔하고 체계를 갖춘 제안서나 배포자료와 같은 서류는 작성자와 작성자가 속해 있는 회사에 대한 이미지로 연결된다. 클라이언트나 청중은 이것을 보고 그 회사의 조직이 짜임새가 있는지, 대중적 감각이 탁월한지, 작성자의 수준이 높은지를 판단하게 된다.

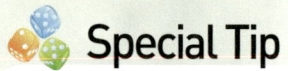
Special Tip

기획서와 프레젠테이션의 차이

프레젠테이션은 기획서와 다르게 슬라이드 형태로 내용을 확실히 단락 짓는다. 또한 한 장에 담긴 정보의 양이 적다. 따라서 내용을 간단하게 절제할 수 있다. 반면에 기획서는 한 장의 종이에 담긴 정보량이 프레젠테이션보다 훨씬 많다. 한 장의 용지 안에서 어디쯤에다 단락을 맺을지에 상당한 고민이 따른다.

■ 프레젠테이션

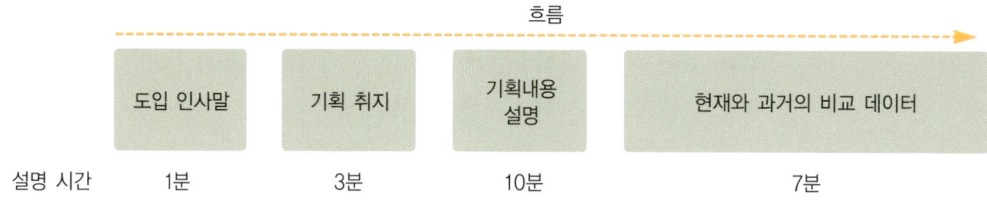

- 프레젠테이션에서는 슬라이드의 매수와 설명 시간을 일치시킬 필요가 없다.
- 슬라이드 1장에 많은 시간을 할애하여 설명해도 상관없다.
- 말을 통한 설명으로 자유롭게 구성할 수 있다.

■ 기획서

기획서는 내용과 지면의 볼륨이 일치한다.

표지	기획 취지	기획내용 설명	현재와 과거의 비교 데이터

기획서는 전하고 싶은 내용의 양이 지면의 볼륨과 기본적으로 일치한다. 예를 들면, 한마디로 강조하고 싶은 부분에 무게를 두기 어렵다. 또한 문장과 그림을 너무 크게 하면 전체가 쓸데없이 길어진다.

Part 3

파워포인트 실무 활용

프레젠테이션 활용의 필수 툴인 마이크로소프트 파워포인트 2007의 기본 사용법과 매뉴얼들을 익혀볼 수 있도록 하였다. 파워포인트의 핵심 툴을 통해 청중에게 전달하고자 하는 프레젠테이션 의 내용들을 기능적으로 구현하며, 비주얼 프레젠테이션의 활용도를 높여 전달효율을 극대화 할 수 있도록 해보자.

파워포인트 인터페이스 & 툴 이해하기

○ 슬라이드를 만들고 개체를 삽입하는 작업

비주얼 자료를 만들기 위해 컴퓨터 앞에 앉아 '파워포인트의 기능'을 익혀보자. 사람이 편리하게 사용하라고 만든 도구이므로, 어려워할 필요는 없다. 자주 클릭해보며 시도해본다면 쉽게 배울 수 있다.

파워포인트는 머릿속에 구상한 내용을 다양한 문자와 그래픽과 차트 등으로 쉽게 도식화할 수 있도록 해주는 '프레젠테이션용 그래픽 프로그램'이다. 물론 용도에 따라 '화면 슬라이드', '온라인', 'OHP 필름', '35mm 슬라이드', '종이 유인물' 등의 다양한 출력(output)으로 프레젠테이션을 수행할 수 있다.

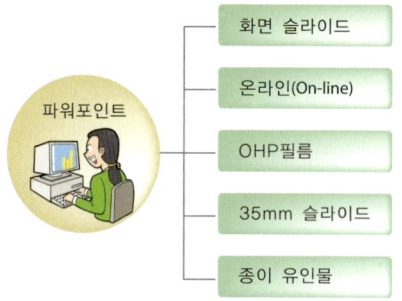

파워포인트 2003과 2007 버전은 메뉴 상에 큰 차이가 있다. 2007 버전에서는 새로 도입된 [리본 메뉴]라는 편리한 사용자 인터페이스를 통해 이전 버전 보다 뛰어난 프레젠테이션 자료를 신속하게 만들도록 변화를 가져왔다. 또한 전체적인 모양과 분위기가 간편해지고 복잡한 대화상자를 선택하는 대신 사용자가 '찾아보고, 선택하고, 클릭'할 수 있도록 바뀌었다.

파워포인트 작업은 슬라이드 위주로 이루어지며, 여러 슬라이드가 모여 하나의 프레젠테이션 '파일'을 완성하게 된다.

기본 단위라고 할 수 있는 슬라이드에는 텍스트, 글머리 기호, 차트, 그림 등의 '개체(object)'를 삽입하고 꾸밀 수가 있다. 이 개체들은 문서 개체, 시각적 개체, 멀티미디어 개체 등으로 분류할 수 있다. 문서 개체는 슬라이드의 제목과 하위 제목, 머리글 문자 등이 있으며, 시각적 개체는 사진, 클립아트, 차트와 그래프 등이 있다. 또한 멀티미디어 개체에는 소리와 영상이 있다. 요컨대, 프레젠터의 의도에 맞게 여러 개체를 슬라이드에 넣고 효과를 주는 작업이 우리가 하고자 하는 프레젠테이션의 비주얼 자료 만들기인 것이다.

◯ 파워포인트의 주요 인터페이스

파워포인트 2007을 열면 처음에 메뉴와 각종 창이 화면에 나타난다[그림1]. 상단에는 [Microsoft Office] 버튼, [빠른 실행도구 모음], [리본 메뉴], [도움말]이 있으며, 중앙에 [슬라이드 및 개요 창], [작업 창], [슬라이드 노트 창]과 맨 아래에는 [작업표시줄]과 [보기] 버튼이 있다.

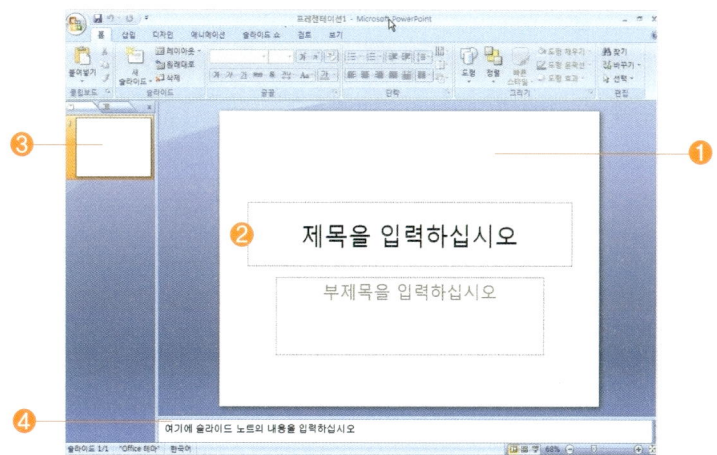

[그림1] 파워포인트의 인터페이스

(1) 창의 종류

먼저 파워포인트의 '창'부터 살펴보자.

슬라이드 창[그림1의 ❶]은 주로 직접 작업을 하게 되는 창으로, '개체 틀'(점선 테두리,[그림1의 ❷]이 포함되어 있으며, 여기에 텍스트를 입력하거나 그림, 차트 및 기타 개체를 삽입하여 슬라이드를 완성할 수 있다.

슬라이드 탭 및 개요창[그림1의 ❸]에는 문서의 개요나 슬라이드 창에 표시되는 전체 크기의 각 슬라이드가 '축소판'으로 표시된다.

[개요] 탭을 선택하면 슬라이드의 텍스트를 표시하고, [슬라이드] 탭을 선택하면 각 슬라이드의 축소판 그림이 표시된다. 다른 슬라이드를 추가한 다음 슬라이드 탭에서 축소판 그림을 클릭하여 해당 슬라이드를 슬라이드 창에 표시할 수 있다. 또는 축소판 그림을 끌어 프레젠테이션의 슬라이드를 다시 정렬할 수 있다. 아울러 슬라이드 탭에서 슬라이드를 추가하거나 삭제할 수도 있다.

슬라이드 노트 창[그림1의 ❹]은 프레젠터가 현재 슬라이드에 대한 발표 내용을 상세하게 적어넣을 수 있는 창이다. 프레젠테이션을 할 때 슬라이드 노트를 청중에게 전달하거나 발표자 보기로 슬라이드 노트를 참조할 수 있다.

(2) Microsoft Office 버튼

[Microsoft Office] 버튼은 이전 버전의 '파일 메뉴'를 대체하며 프로그램의 왼쪽 상단 모서리에 위치한다[그림2]. 이 버튼을 클릭하면 이전 버전의 Microsoft

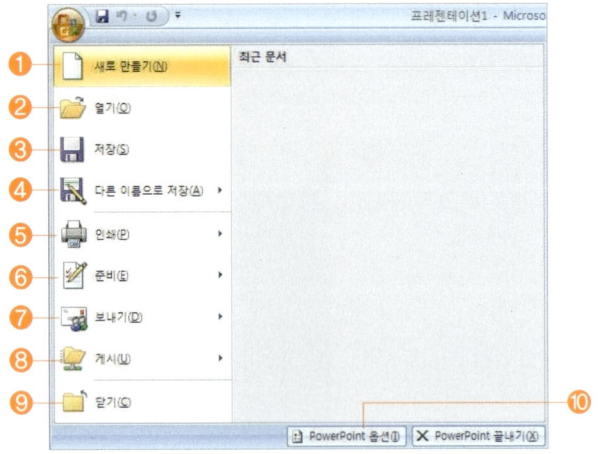

[그림2] Microsoft Office 버튼

Office에서 사용할 수 있었던 파일의 열기, 저장, 인쇄 등 기본 명령들을 사용할 수 있으며, 2007 Office 버전에서는 마침 및 공유 등의 추가 명령도 사용할 수 있다. 또한 이 버튼의 메뉴 아래 [PowerPoint 옵션]에서 프로그램을 사용하는 옵션을 지정, 변경할 수 있다.

[Microsoft Office] 버튼의 주요 메뉴

❶ **새로 만들기** : 새로운 파워포인트 파일을 만든다.
❷ **열기** : 저장해 놓은 파워포인트 파일을 연다.
❸ **저장** : 편집중인 슬라이드를 파워포인트 파일로 저장한다.
❹ **다른 이름으로 저장** : 다른 이름으로 저장 대화 상자의 옵션을 클릭하여 파일을 원하는 파일 이름 및 형식으로 원하는 위치에 저장할 수 있다.
❺ **인쇄** : 인쇄 미리 보기를 하거나 현재 열려있는 파일의 슬라이드를 인쇄한다.
❻ **준비** : 문서배포를 준비하기 위하여 옵션을 정할 수 있다.
❼ **보내기** : 문서복사본을 다른 사람에게 '전자메일' 이나 '인터넷 팩스'로 보낼 수 있다.
❽ **게시** : 문서를 다른 사람에게 배포하는 방법을 지정할 수 있다.
❾ **닫기** : 현재 작업 중인 파일을 닫는다.
❿ **PowerPoint 옵션** : 맞춤법 및 문법 검사를 해제 또는 설정, 기본 보기 또는 기본 인쇄 설정을 선택하거나, 자동 서식 설정을 변경, 프로그램 전체에 적용되는 기타 옵션을 설정하려면 여러 범주 중 하나를 클릭하여 PowerPoint 설정을 변경할 수 있다.

(3) 빠른 실행 도구 모음

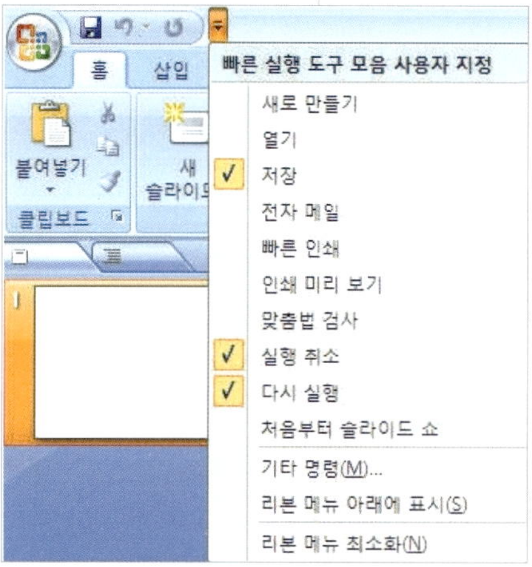

프레젠테이션을 만들 때는 반복적으로 자주 수행하게 되는 작업이 몇 가지 있다. 이러한 작업을 수행할 때 [빠른 실행 도구 모음]을 사용하면 편리하다.[그림3] 참조. 빠른 실행 도구 모음은 리본 메뉴의 왼쪽 상단에 표시되는 작은 버튼 그룹이며 여기에는 저장, 실행 취소, 반복 또는 다시 실행 명령이 들어 있다. 그리고, 명령을 추가하여 빠른 실행 도구 모음을 사용자 지정할 수도 있다.

[그림3] 빠른 실행 도구

(4) 리본 메뉴와 탭

'리본 메뉴'는 프레젠테이션을 만들기 위한 통합 조정 도구로서, 자주 사용하는 명령을 눈에 잘 띄는 위치에 배치한 것이다. 리본 메뉴에는 '탭'이 있는데, 탭에는 '기본 탭'과 개체 작업을 할 때 나타나는 '상황별 탭'이 있다. 각 탭은 프레젠테이션을 만들 때 수행하는 각각의 작업 유형에 맞게 만들어져 있다. 탭 버튼은 논리적 '그룹' 단위로 정렬되어 있으며, 각 그룹에서 가장 자주 사용되는 버튼이 '가장 큰 버튼'으로 표시된다.

기본 탭은 리본 메뉴에 항상 표시되며, 모두 7개로 구성되어 있다. 여기에는 홈 탭을 비롯하여 다음과 같은 탭들이 있다.

① **홈 탭** : 파워포인트를 열면, '홈 탭'이 있는 창이 나타난다. 가장 자주 사용하는 명령은 리본 메뉴의 첫 번째 계층이나 홈 탭에 모여 있다. 단추로 표시되는 이러한 명령은 복사 및 붙여넣기, 슬라이드 추가, 슬라이드 레이아웃 변경, 텍스트 서식 지정 및 배치, 텍스트 찾기, 바꾸기를 비롯하여 자주 수행하는 작업을 지원한다.

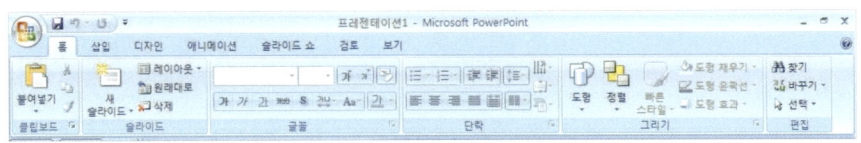
[그림4] 홈 탭

② **삽입 탭** : 표, 그림, 다이어그램, 차트 및 텍스트 상자부터 소리, 하이퍼링크, 머리글, 바닥글에 이르기까지 다양한 '개체'를 슬라이드에 삽입하기 위한 모든 명령이 있다. 여기서 슬라이드, 표, 그림, Microsoft® SmartArt™ 그래픽, 차트, 도형, 하이퍼링크, 동영상, 소리, 다른 프로그램의 파일 및 기타 요소 등을 삽입할 수 있다.

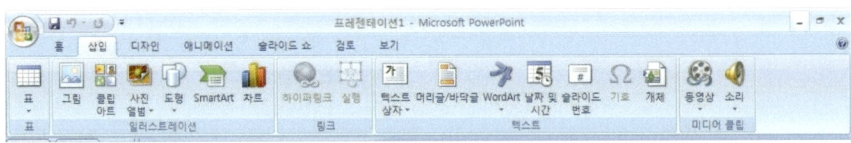
[그림5] 삽입 탭

③ **디자인 탭** : 전체 프레젠테이션에 배경 디자인, 색, 글꼴 및 특수 효과를 적용할 수 있다. 여기서 배경 디자인, 글꼴, 색상표가 포함된 전체적인 슬라이드 모양을 선택한 다음 모양을 사용자 지정할 수 있다.

[그림6] 디자인 탭

④ **애니메이션 탭** : 각종 애니메이션 효과를 넣을 수 있다. 기본값 외에 사용자가 임의로 지정한 애니메이션 및 슬라이드 전환을 적용할 수 있다.

[그림7] 애니메이션 탭

⑤ **슬라이드 쇼 탭** : 쇼를 실행하기 전의 준비 작업을 수행할 수 있다. 슬라이드를 모두 실행한 후, 재구성한 쇼를 설정하고 설명을 녹음할 수 있다. 펜 색을 선택하거나 재생을 시작할 특정 슬라이드를 선택할 수 있다.

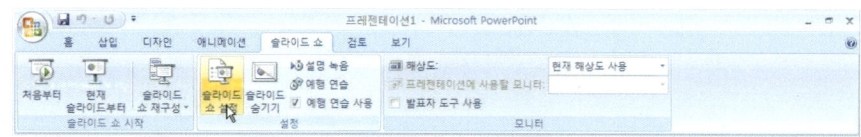

[그림8] 슬라이드 쇼 탭

⑥ **검토 탭** : 맞춤법 검사와 리서치 서비스가 있다. 팀 구성원에게 주석을 사용하여 프레젠테이션을 검토하도록 한 다음 구성원이 작성한 메모를 검토할 수 있다.

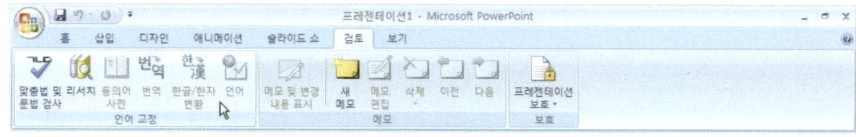

[그림9] 검토 탭

⑦ **보기 탭** : 각종 보기 명령이 있으며, 눈금선을 설정하거나 열려 있는 창의 모든 프레젠테이션을 정렬할 수 있다.

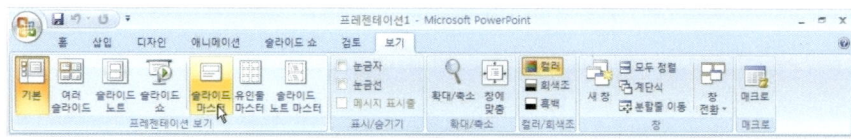

[그림10] 보기 탭

(5) 실행 취소, 다시 실행 또는 반복 버튼

화면 상단에는 유용하게 사용할 수 있는 몇 가지 버튼이 있다.

① **실행 취소** : 이 버튼은 마지막 변경 내용을 취소시킨다. 실행 취소할 작업에 대한 스크린 팁(버튼이나 하이퍼링크 등의 개체 위에 마우스 포인터를 올려놓으면 나타나

는 짧은 설명)을 보려면 포인터를 버튼 위에 놓는다. 실행 취소할 수 있는 다른 최근 변경 내용에 대한 메뉴를 보려면 실행 취소의 오른쪽에 있는 화살표를 클릭한다.

② **다시 실행 또는 반복** : 방금 실행한 작업에 따라 마지막 변경 내용을 반복하거나 다시 실행한다.

(6) 도움말 버튼

도움말을 보려면 [도움말] 버튼이나 '바로 가기 키'인 F1 키를 누른다. 여기서 도움말을 검색할 위치를 지정할 수 있으며 온라인, 오프라인 또는 프로그램의 특정 범주로 검색 범위를 제한할 수도 있다.

(7) 보기 버튼

작업을 하면서 보기를 자주 변경해야 하는데 기본, 여러 슬라이드 및 슬라이드 쇼 보기 버튼을 사용할 수 있으며, 창의 오른쪽 아래에 있다.

◌ 도구(tool)의 기본 사용법

앞서 보았듯이 파워포인트의 창은 각종 '창'과 '메뉴', '도구'로 구성되어 있다. 따라서 사용자의 파워포인트의 스킬 수준은 이 툴(tool)들을 얼마나 능숙하게 다루느냐에 달려 있다. 이 도구들의 옆이나 아래의 화살표를 클릭을 하면, 대개 그 도구의 대화상자가 나타나는데 그 상자에서 세부사항을 선정하고 [확인]을 누르면 그 명령이 적용된다.

(1) 상황별 탭

파워포인트에서 사용자가 어떤 작업을 수행하려고 할 때 그에 맞는 도구가 자동으로 제공되는 도구가 있다. 그 중에 하나가 특정 유형의 작업을 수행할 때, '리본 메뉴'에 나타났다가 사라지는 '다른 색(그림1에서 그리기 도구가 주황색으로 표시된다)'의 탭이다.

필요할 때에 나타나 상황에 맞는 탭이라고 하는데, 이러한 탭에는 그림 및 그래픽과 같은 항목에 사용할 수 있는 '특수 도구'가 포함되어 있다. 이러한 탭은 해당 탭이 지원되는 요소 안에 '포인터'가 있을 때만 표시된다.

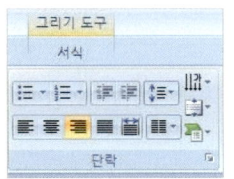

[그림1] 상황별 탭

예를 들어, 슬라이드에 도형을 삽입할 때에는 '그리기 도구'의 '서식 탭'을 이용하고, 표를 삽입할 때에는 '표 도구'의 '디자인 탭'과 '레이아웃 탭'을 이용하면 된다.

(2) 스타일 갤러리 보기

'탭' 중에는 스타일을 예시하는 '스타일 갤러리'가 있다. 이 갤러리에는 다양한 스타일이 포함되어 있지만, 이 중 몇 가지만 표시된다. 예를 들어, 디자인 탭의 테마 그룹을 보면 9가지의 테마 스타일을 보여주고 있다. [그림2] 참조. 이는 신속하게 선택하여 작업을 할 수 있도록 하는 창이다.

[그림2] 디자인 탭의 테마 그룹

보이지 않는 다른 것을 선택하기 위하여, [자세히] 화살표 버튼을 클릭하면 모든 선택 항목이 있는 [갤러리]를 볼 수 있다.

(3) 고급 옵션 사용

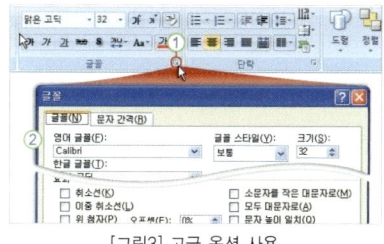

[그림3] 고급 옵션 사용

탭은 명령과 옵션을 그룹 내에 모두 표시하기에는 너무 많아서, 처음에는 가장 자주 사용하는 명령만 표시된다. 자주 사용하지 않는 명령이 필요할 경우에는 그룹 아래쪽 모서리에 나타나는 대각선 화살표 버튼을 클릭하면 추가 옵션이 표시된다.

이 화살표는 슬라이드에서 특정 그룹의 명령이 필요한 작업을 수행할 때 해당 그룹에 표시된다. 예를 들어, 슬라이드의 텍스트 개체 틀 안쪽을 클릭하면 홈 탭에서 텍스트 작업과 관련된 명령이 있는 모든 그룹에 이 화살표가 표시된다.

(4) 바로가기 메뉴

슬라이드 상의 어떤 개체를 선택하고 마우스 오른쪽을 클릭하면, 각종 도구나 명령이 들어 있는 메뉴가 나타난다. 가령, 개체 틀에 문자를 입력할 때 넣을 위치를 클릭하면 바로가기 메뉴가 나타난다 [그림4] 참조.

[그림4] 바로가기 메뉴

Note

마우스 포인터를 갤러리의 축소판 그림 위에 놓으면 해당 도형이나 애니메이션 효과가 적용되었을 때의 결과가 나타난다. 결과가 마음에 들지 않으면 취소할 필요 없이 다른 축소판 그림 위로 포인터를 이동해 보고 최종적으로 적용할 축소판 그림을 클릭하면 된다.

○ 슬라이드를 보는 방법

작업에 들어가기 전에 슬라이드나 프레젠테이션 파일을 보는 법을 알아두어야 할 것이다. 작업의 원활한 진행과 그에 따른 점검을 위해서라도 프레젠테이션을 실행하기 전에 슬라이드를 보면서 미리 체크하는 것이 바람직하다.
파워포인트에는 '기본 보기', '여러 슬라이드 보기', '슬라이드 쇼 보기', '슬라이드 노트 보기'가 있다.

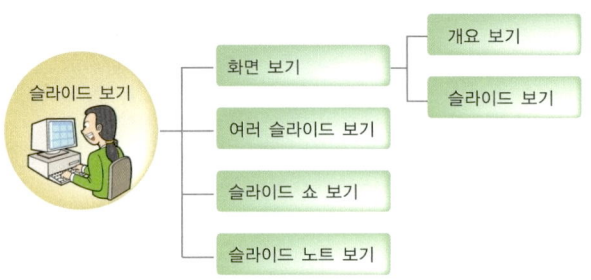

① ② ③
[그림1] 보기 변경

작업창 좌측 하단 구석에 [그림1]과 같은 [기본 보기], [여러 슬라이드 보기], [현재 슬라이드로부터 슬라이드 쇼] 3가지 형태의 화면보기 버튼이 있다. 이 버튼을 누르면 보기 전환을 할 수 있다.

슬라이드 작업 중에는 '기본 보기'를, 확인하기 또는 리허설(예행연습)이나 프레젠테이션 당일에는 '슬라이드 쇼 보기'를 이용하도록 한다. 메모를 하기 위해서라면 '슬라이드 노트 보기'를 이용하면 편리하다.

여기에는 확대/축소 슬라이더와 슬라이드를 확대하거나 축소한 후 다시 창 크기에 맞추는 버튼도 포함되어 있다. '보기 탭'에서도 슬라이드를 볼 수 있고 슬라이드에 적용된 마스터를 볼 수가 있다.

새 프레젠테이션을 만들자

02
Chapter

이제 프레젠테이션 파일을 만들 때, 일반적으로 수행하는 기본적인 작업을 살펴보자. 파워포인트 작업은 새 프레젠테이션을 열고 리본 메뉴의 탭과 도구를 사용하여 슬라이드에 개체 요소를 삽입한 후, 원하는 스타일을 만들어 슬라이드 쇼를 해보고, 저장 또는 인쇄할 수 있도록 준비하거나 연습하는 것이다.

○ 새 프레젠테이션 시작하기

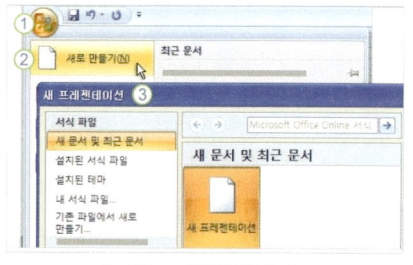

[그림1] 새 프레젠테이션 창

프레젠테이션 파일을 만들려면, 우선 새로운 파일을 만들어야 한다. 파워포인트 '창'의 맨 위쪽의 [Microsoft Office] 버튼 [그림1]의 ①을 클릭한 후, 나타난 메뉴에서 [새로 만들기]를 클릭한다. [그림1]의 ②. 그러면 [서식 파일]의 옵션이 생성되며[그림1]의 ③참조, 이 옵션에는 다양한 방법으로 프레젠테이션을 시작하는 방법이 나타난다.

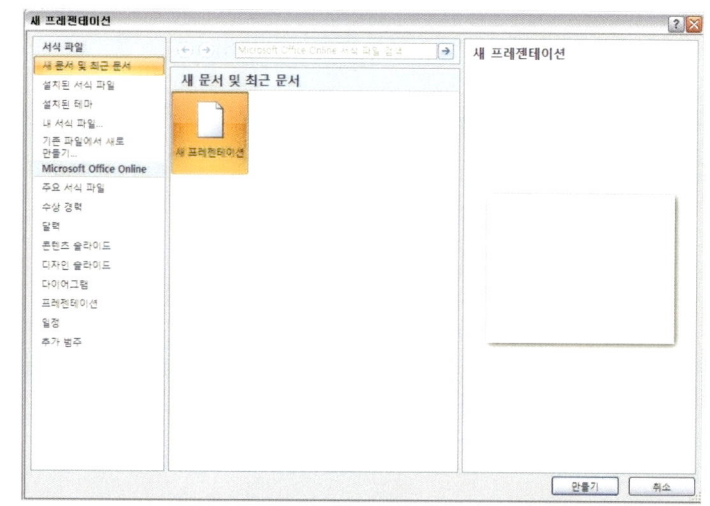

[그림2] 새 프레젠테이션 옵션

앞의 [그림2]에서 보는 바와 같이 '새 문서'로 완전히 새로운 프레젠테이션을 시작하거나, [설치된 서식 파일] 또는 [설치된 테마]를 사용할 수 있다. 그 외 [내 서식 파일] 또는 [기존 파일에서 새로 만들기]와 같이 기존 파워포인트 파일을 기초로 프레젠테이션을 만들 수가 있다. 인터넷에 연결되어 있는 경우에는 Microsoft Office Online에서 제공하는 서식 파일도 표시되는데, 이를 이용할 수도 있다.

만들기를 했으면, [저장] 버튼을 눌러 나타난 대화상자에서 파일 이름 상자에 프레젠테이션의 이름을 입력하거나 기본 파일 이름을 그대로 유지한 다음 [저장]을 클릭한다.

◯ 슬라이드 추가

하나의 프레젠테이션 파일은 여러 슬라이드로 이루어진다. 따라서 새 파일을 만들면 자동으로 슬라이드가 삽입되고, 이어서 작업을 하려면 슬라이드를 추가해야만 한다. 슬라이드는 작업 의도에 따라 자유자재로 추가하고 바꿀 수가 있다. 가능한 작업은 다음과 같으며, 이 작업들은 [홈 탭]에서 할 수 있다.

- 추가하기/삭제하기
- 순서 바꾸기
- 복사하기/붙여넣기

슬라이드는 그 성격에 따라, '제목 슬라이드'와 '본문 슬라이드'로 나눌 수가 있다.

(1) 제목 슬라이드 만들기

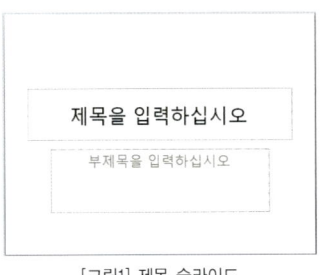

[그림1] 제목 슬라이드

[Microsoft Office] – [새로 만들기]를 클릭해서 [새 프레젠테이션]을 선택했다면, [그림1]에서 보듯이 기본적으로 '제목 슬라이드'가 나타난다. 이 슬라이드에는 '제목'과 '부제목'이라는 '텍스트 틀'이 포함되어 있다.

[그림2] 슬라이드 탭

(2) 본문 슬라이드 만들기

제목이라는 문서의 표지와 같은 제목 슬라이드가 만들어졌다면, 다음에는 문서의 내용이 되는 본문을 만들어야 할 것이다. 본문이 되는 슬라이드를 작성하기 위해서는, 슬라이드를 새로 삽입해야만 한다.

[그림3] 제목 및 내용 슬라이드

삽입하려면 '홈 탭'의 '슬라이드 탭'에서 [새 슬라이드 아이콘]을 클릭한다. [그림2]의 ① 참조. 그러면 자동으로 [그림3]과 같은 기본이 되는 레이아웃을 가진 '제목 및 내용 슬라이드'가 나타난다.

◯ 레이아웃 선택하기

(1) 레이아웃의 중요성

문서 작성프로그램인 '한글'이나 'MS워드'와는 달리, 파워포인트에서는 슬라이드의 '개체 틀'에만 문자, 그림 등의 '개체'를 입력할 수 있다. 이 개체를 넣는 작업이야말로 바로 파워포인트를 사용하는 가장 핵심적인 작업이다. 여기서 말하는 '개체 틀'이란, 점선이나 빗살무늬 테두리가 있는 상자로, 대부분의 슬라이드 레이아웃에 포함되어 있다.

레이아웃이란, 슬라이드에서 '개체'라는 요소가 배치되는 '모양' 또는 '슬라이드 축소판 그림'을 말한다. 바꾸어 말하면, 레이아웃은 '슬라이드 마스터'의 한 부분으로 제목, 글머리, 기호, 목록 등의 텍스트와 표, 차트, 그림, 도형, 클립아트 등의 슬라이드 내용을 배치하는 개체 틀이 포함되어 있는 것이다. 레이아웃의 선택은 디자인과 밀접한 관련이 있지만, 독자나 청중에게 이해하기 쉽게 하는 등 내용 못지않은 효과를 발휘하므로 아주 중요하다.

파워포인트 2007에서는 다음의 [그림1]에서 보는 바와 같이 11가지의 레이아웃을 제공하고 있다. 이 중에서 '제목 슬라이드'와 '제목 및 내용 슬라이드' 레이아웃이 가장 기본적인 것이다.

Note
파워포인트에서 임의로 명명한 것으로 각 레이아웃에 따라 용도를 알 수 있다.

기본 레이아웃 외의 변형 레이아웃은 [구역머리글], [콘텐츠 2개], [비교], [제목만], [빈 화면], [캡션이 있는 콘텐츠], [캡션이 있는 그림], [제목 및 세로 텍스트], [세로 제목 및 텍스트] 능이 제공된다.

[그림1] 표준 레이아웃

(2) 레이아웃의 선정 및 변경

Note

새 슬라이드에 이전 슬라이드와 같은 레이아웃을 지정하려는 경우 슬라이드 옆의 화살표를 클릭하지 않고 새 슬라이드만 클릭하면 된다.

새 슬라이드를 추가할 때마다 해당 슬라이드의 레이아웃을 선택할 수 있고, 아무 것도 없는 빈 레이아웃을 선택할 수도 있다. 슬라이드를 삽입하기 전에도 레이아웃 선택이 가능하며, 레이아웃의 선정 작업은 다음과 같이 한다.

'홈 탭'에서 슬라이드 아이콘 아래의 [새 슬라이드]를 클릭하면 선택할 수 있는 레이아웃의 갤러리 [그림1]가 표시되며, 여기서 적절한 것을 선정하도록 한다. 추가할 각 새 슬라이드에 대해서도 이 절차를 반복한다.

Note

적당한 표준 레이아웃이 없다면, 새 레이아웃을 추가하고 사용자가 임의로 지정할 수 있는데, 이는 「슬라이드 마스터」로 작업하기에서 따로 설명한다.

[그림2] 레이아웃 변경

이를 변경하려면 [레이아웃] 버튼을 누르고, 나타난 갤러리에서 선정한 후 바꾸면 된다. 다시 기본 설정으로 돌아가려면 [원래대로] 버튼을 누른다. [그림2] 참조.

(3) 슬라이드 복사, 정렬, 삭제

내용과 레이아웃이 비슷한 두 개의 슬라이드를 만들 경우, 두 슬라이드가 공유할 서식과 내용을 모두 갖춘 슬라이드 하나를 먼저 만든 다음에 별도의 슬라이드를 최종 마무리 전, 해당 슬라이드를 복사하면 작업시간을 줄일 수 있다. 복사를 하려면, '슬라이드 탭'에서 복사할 슬라이드를 마우스 오른쪽 버튼으로 클릭한 다음 '바로 가기 메뉴'에서 [복사]를 클릭한다. 그 다음에는 '슬라이드 탭'에서 슬라이드의 새 복사본을 추가할 위치를 마우스 오른쪽 버튼을 클릭한 다음, '바로 가기 메뉴'에서 [붙여넣기]를 클릭하면 복제된 슬라이드가 생성된다.

슬라이드의 순서를 정렬시키려면, 슬라이드 탭에서 이동할 슬라이드를 클릭한 다음 원하는 위치로 끌어 놓는다. 슬라이드를 삭제하려는 경우에는 슬라이드 탭에서 삭제할 슬라이드를 마우스 오른쪽 버튼을 클릭한 후 바로 가기 메뉴에서 슬라이드 삭제를 클릭한다.

⚪ 개체 틀의 조정

레이아웃을 선택하였다면, 그 안에는 몇 개의 개체 틀이 포함되어 있다. 즉, 개체 틀은 점선 테두리가 있는 상자로서 모든 슬라이드 레이아웃에 포함되어 있다. 이러한 상자가 있어야만 제목, 본문 텍스트 또는 SmartArt 그래픽, 차트, 표, 그림 등의 개체를 삽입할 수 있다.

개체 틀은 크기나 위치를 조정하거나 포함된 텍스트의 글꼴, 대/소문자, 색, 간격 등을 변경할 수 있다. 그리고 프레젠테이션의 단일 슬라이드나 여러 슬라이드에 나타나는 개체 틀을 변경할 수도 있다. 단일 슬라이드에 나타나는 개체 틀을 변경하려면, 변경할 개체 틀을 클릭한 후에 다음과 같이 실행하면 된다.

① 크기를 조정하려면 크기 조정 핸들 중 하나를 가리키고 마우스 포인터가 양방향 화살표로 바뀌면 핸들을 끈다.
② 위치를 변경하려면 테두리 일부를 가리키고 포인터가 십자형 화살표로 바뀌면 개체 틀을 새 위치로 끌어 놓는다.
③ 개체 틀에 포함된 텍스트의 글꼴, 크기, 대/소문자, 색 또는 간격을 변경하려면 텍스트를 선택한 다음 홈 탭의 글꼴 그룹에서 원하는 옵션을 선택한다.

기본 레이아웃의 개체 틀 가운데에는 다음과 같은 몇 가지 개체 아이콘[그림1]이 있다. 이러한 아이콘을 클릭하여 표, 차트, SmartArt 그래픽, 그림 파일, 클립아트 또는 비디오 파일과 같은 종류의 내용을 삽입할 수 있다. 이 레이아웃과 같은 경우에는 아이콘을 무시하고 바로 텍스트를 입력할 수도 있다.

[그림1] 개체 아이콘

서식파일 및 테마 적용하기

03
Chapter

파일을 만들 때에는 프레젠테이션 전체의 모양을 생각해 보아야 한다. 어떤 톤의 프레젠테이션으로 할 것인가? 어떤 모양과 느낌이 청중의 관심을 높이고 내용을 분명하게 전달할 수 있을까? 반드시 고려해야만 한다. 프레젠테이션 전체를 고려한 세련된 디자인을 만드는 일은 초보 프레젠터에게는 좀 버거울 수 있다. 이럴 때에는 '서식파일' 및 '테마' 등을 기본으로 작업하는 것이 보다 익히기 쉬울 것이며, 시간이 부족한 사람들에게도 편리한 기능이 된다.

서식파일 및 테마는 프로그램 설치 시에 제공되기도 하며, 사용자가 임의로 추가할 수도 있다. 서식파일은 내용을 포함하여 비교적 형태를 갖춘 프레젠테이션 구성용으로 쓰이지만, 테마는 프레젠테이션의 디자인 부분을 다양하게 갖추고 있다.

◯ 서식파일 적용하기

서식파일은 완성된 프레젠테이션의 테마, 레이아웃 및 기타 요소에 대한 정보가 들어 있는 파일이다. 이른바 내용 등 모든 틀이 갖추어진 모델이 되는 프레젠테이션 파일인 것이다. 파워포인트 2007에서는 기본적으로 6가지 서식파일을 제공하고 있으며, Office Online을 통해서 서식파일을 검색하여 선택하도록 하고 있다. 한편, 서식파일은 사용자가 임으로 추가할 수도 있다(추가하는 파일이 메뉴 창에 보이는 [내 서식 파일]이 된다).
여러 서식파일에서 프레젠테이션의 목적에 맞는 내용을 선택하면, 자동적으로 미리 준비된 내용과 구성, 스타일 및 슬라이드 옵션으로 신속하게 슬라이드가 만들어 진다. 물론 서식파일의 내용, 텍스트 및 디자인을 프레젠터가 의도하는 것으로 수정하거나 변형해야 한다.

서식파일을 이용하여 새 프레젠테이션을 시작하려면, [Microsoft Office] – [새로 만들기]를 클릭한 후, 나타난 메뉴에서 [설치된 서식파일]을 선택한다. 나타난 '갤

Note

러리'에서 서식파일을 선택하고[그림1], [만들기] 버튼을 누르면, 내용과 형태를 갖춘 여러 슬라이드들이 생성된다.

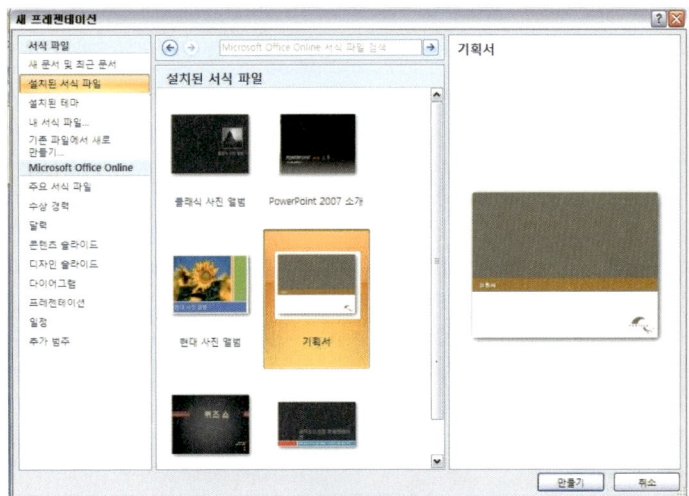

[그림1] 설치된 서식파일

프레젠테이션에 테마 적용하기

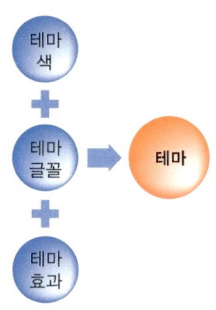

이전에는 프레젠테이션 서식을 지정할 때 표, 차트 및 그래픽이 서로 어울리게 하기 위해 색이나 스타일 옵션을 각기 선택해서 작업 시간이 오래 걸렸다. 하지만 파워포인트 2007에서는 프레젠테이션의 전체적인 모양을 쉽게 변경할 수 있는 매우 다양한 디자인 테마를 제공하고 있다.

'테마'는 서식파일의 일종으로, 슬라이드의 디자인적 측면에서 프레젠테이션의 모양과 느낌을 결정하는 요소이다. 구체적으로 테마를 정의하면, 색, 글꼴 및 효과의 특별한 조합을 사용하여 파일 전체에 고유하고, 통일된 모양을 제공하는 디자인 요소 집합인 것이다. '테마 글꼴'과 '테마 색' 및 '테마 효과'는 함께 테마를 구성한다. 이른바, 테마는 파일의 요소에 적용되는 시각 특성 집합이다.

원하는 테마를 선택하면 파워포인트에서 나머지 작업을 알아서 처리한다. 즉, 마우스 클릭만으로 슬라이드와 슬라이드 요소의 배경 디자인, 개체 틀 레이아웃, 색 및 글꼴 스타일을 일괄 적용할 수 있다. 또한, 테마를 적용하면, '빠른 스타일 갤러리'가 해당 테마에 맞게 변경되며, 프레젠테이션에 새로 삽입하는 SmartArt 그래픽, 표, 차트, WordArt, 텍스트 등이 모두 자동으로 선택한 테마에 맞춰진다. 이러한 테마 기능은 슬라이드의 글꼴, 배경, 디자인 효과 등에 통일성을 유지하게 해줌으로써 청중에게 보다 안정감을 주며, 내용을 집중하게 만든다. 파워포인트 2007에서는 설치 시에 기본적으로 23가지 테마를 제공하고 있으며, 추가적으로 Office Online을 통해서 테마를 검색하여 선택하도록 하고 있다.[그림1] 참조.

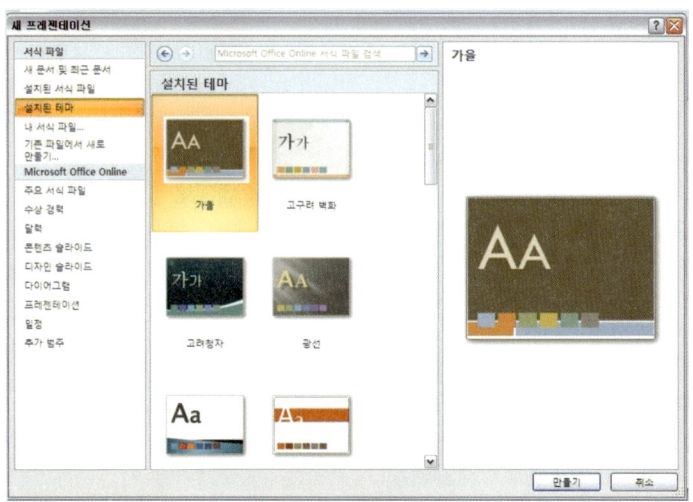

[그림1] 설치된 테마

(1) 테마의 적용

'새 프레젠테이션'의 '설치된 테마'를 사용하여 만든 프레젠테이션의 각종 레이아웃에 자동으로 선택된 테마가 적용된다. 테마를 선택하면 [그림2]와 [그림3]에서 보는 바와 같이 테마 적용 전의 레이아웃에 자동으로 배경이 들어간 것을 볼 수 있다. 또한 테마를 적용하면 배경과 어울리는 글꼴의 모양과 색상이 정해져 있을 것이다. 테마를 이용하여 새 프레젠테이션을 시작하려면, [Microsoft Office] - [새로 만들기]를 클릭한 후, 나타난 메뉴에서 [설치된 테마]를 선택한다. [그림1] 참조. 그리고 '갤러리'에서 테마를 선택하고 [만들기] 버튼을 누르면, 테마가 적용된 슬라이드가 생성된다.

[그림2] 테마 적용 전의 레이아웃

[그림3] 테마 적용 후의 레이아웃

(2) 테마의 변경

테마를 적용하여 새 프레젠테이션을 만들었다고 해도, 언제든지 다른 테마를 적용하여 쉽게 프레젠테이션의 모양을 변경할 수 있다. 테마를 변경하면 배경은 물론 배경 이외의 색, 제목 및 본문 텍스트 글꼴, 선 및 채우기 스타일, 테마 효과 등이 변경된다. 이 경우에는 '디자인 탭'의 [테마 그룹]에서 적용할 테마를 클릭해서 선정하면 된다.

[그림4] 테마그룹의 갤러리

Note

특정 테마를 적용하면 현재 슬라이드가 어떻게 보일지 미리 보려면 해당 테마의 축소판 그림에 포인터를 놓는다. 다른 테마의 축소판 그림을 보려면 축소판 행 옆에 있는 화살표를 클릭한다. 실제로 테마를 적용하기 전에 결과를 미리 볼 수 있으므로 결과가 마음에 들지 않을 경우 작업을 취소해야 하는 번거로움이 없을 것이다. 축소판 그림 바깥쪽으로 포인터를 이동하면 미리 보기가 끝난다.

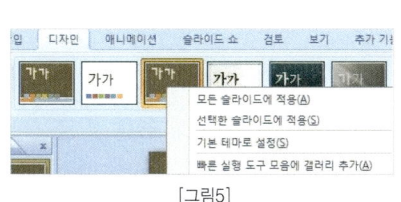

[그림5]

스타일 갤러리에는 사용할 수 있는 테마가 9가지이지만[그림4], 테마 그룹 오른쪽의 [화살표]를 클릭하면 더 많은 테마 옵션과 프레젠테이션에 현재 사용된 테마 및 Office Online에서 제공하는 또 다른 테마에 대한 링크 등의 정보가 표시된다.

여기서 테마 위에 마우스 오른쪽 버튼을 클릭하여 나타난 대화상자에서 모든 슬라이드에 적용할 것인지, 아니면 선택한 슬라이드에만 적용할 것인지를 선택해야 한다. [그림5] 참조.

Note

이때에도 갤러리의 선택 항목 위에 마우스 포인터를 놓으면 슬라이드에서 해당 항목이 적용된 모양을 미리 볼 수 있다.

(3) 선택한 테마 수정하기

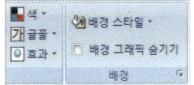

[그림6] 테마 수정도구

선택한 테마만 가지고도 온전한 디자인을 만들 수 있지만, 프레젠터가 테마를 약간 수정할 수도 있다. 즉, 기본값으로 제공된 핵심 테마를 활용하여 다양하게 사용자 지정 테마를 만들 수 있다. 특히, 테마 색의 변경은 테마 변경을 제외하고 작업에서 가장 눈에 띄게 적용할 수 있는 변경 사항이 된다.

[디자인 탭]에서 테마를 수정할 경우에 사용할 수 있는 도구[그림6], 즉 색, 글꼴, 효과, 배경스타일과 그에 따른 갤러리가 있다. 이때 선택 항목에는 기본 제공 테마의 모든 것과 현재 테마에 적용된 것이 표시되어 있어 비교하여 다른 것을 선정하기 쉽다.

(4) 테마의 저장과 삭제

'디자인 탭'의 '테마 그룹'의 [자세히] 버튼을 클릭하여 나타난 메뉴의 [현재 테마 저장]을 선택하고, 테마를 다른 문서에 적용할 수 있도록 저장하면 사용자 지정된 테마가 Document Themes 폴더에 저장되며, 사용자 지정 테마의 목록에 자동으로 추가된다. Document Themes 폴더에서 문서 테마를 삭제하면 사용자 지정 테마의 목록에서 자동으로 제거된다.

슬라이드에 멋진 배경 깔기

04
Chapter

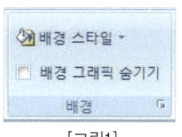

Note

포인터를 배경 스타일 축소판 그림 위에 놓으면, 배경 스타일이 프레젠테이션에 어떻게 표시되는지 미리 볼 수 있다. 배경 스타일이 맘에 들면 클릭하여 적용할 수 있다.

Note

이전 버전에서 프레젠테이션에 배경을 추가하려면, 슬라이드 디자인 창에서 '디자인 서식 파일 (디자인 서식 파일: 글머리 기호 및 글꼴의 종류와 크기, 개체 틀 크기와 위치, 배경 디자인과 채우기 색 구성표, 슬라이드 마스터와 선택적 제목 마스터 등 프레젠테이션의 스타일이 포함된 파일이다.)'을 추가했지만, 2007버전에서는 '배경 스타일'을 추가한다.

배경 스타일

프레젠테이션 슬라이드에 배경을 추가하려면, '배경 스타일'로 작업을 해야 한다. 배경 스타일은 테마에 있는 테마 색이나 배경 농도 등을 다양하게 조합함으로써 배경 채우기를 변형한 것이다.

[그림2] 배경스타일 갤러리

배경 스타일은 파워포인트 2007의 고유 기능으로, 텍스트 및 배경에 사용할 어두운 색 두 개와 밝은 색 두 개를 정의하고 있다. 기본 제공 테마에서 [배경 스타일 갤러리]의 '맨 위 행'은 항상 단색 채우기로서, 텍스트 및 배경에 사용할 어두운 색 두 개와 밝은 색 두 개를 정의하는 새로운 테마 색 모델을 사용한다. 2, 3행에는 은은한 효과, 온화한 효과 및 강한 효과라는 세 가지 배경 채우기 정의가 되어 있다. 따라서 4가지 배경 색과 3가지 테마 배경을 조합하여 12가지 배경 스타일을 제공하고 있는 셈이다.

테마를 변경하면, 새 테마 색과 배경을 반영하도록 배경 스타일이 업데이트된다. 사용자 프레젠테이션의 배경만 변경하려는 경우, 다른 배경 스타일을 선택해야 한다. 선택한 배경에 따라 어두운 텍스트, 밝은 색 텍스트 및 배경 색이 자동으로 전환된다.

(1) 배경 스타일 추가하기

프레젠테이션에 배경 스타일을 추가하는 방법은 다음과 같다.

① 먼저 배경 스타일을 추가할 슬라이드를 클릭한다. 여러 슬라이드를 선택하려면 첫 번째 슬라이드를 클릭한 다음 `Ctrl` 키를 누른 채 다른 슬라이드를 클릭한다.

[그림3] 상황별 탭

② '디자인 탭'의 '배경 그룹'에서 [배경 스타일] 옆의 [화살표]를 클릭한다.

③ 원하는 배경 스타일을 마우스 오른쪽 버튼을 클릭하여 나타난 대화상자에서 다음 중 하나를 실행한다. [그림3]

▶ 선택한 슬라이드에 배경 스타일을 적용하려면, [선택한 슬라이드에 적용]을 클릭한다.

▶ 프레젠테이션의 모든 슬라이드에 배경 스타일을 적용하려면, [모든 슬라이드에 적용]을 클릭한다.

▶ 프레젠테이션에서 선택한 슬라이드 및 다른 모든 슬라이드 중 같은 슬라이드 마스터를 사용하는 슬라이드의 배경 스타일을 바꾸려면 일치하는 슬라이드에 적용을 클릭한다. 이 옵션은 프레젠테이션에 슬라이드 마스터가 여러 개인 경우에만 사용할 수 있다.

(2) 배경 스타일 사용자 지정하기

프레젠테이션의 배경 스타일 사용자 지정은 다음과 같다.

① 배경 스타일을 추가할 슬라이드를 클릭한다. 여러 슬라이드를 선택하려면 첫 번째 슬라이드를 클릭한 다음 Ctrl 키를 누른 채 다른 슬라이드를 클릭한다.

② '디자인 탭'의 '배경 그룹'에서, '배경 스타일' 옆의 [화살표]를 클릭한다.

③ '배경 서식'을 클릭한 다음, '배경서식 대화상자'에서 원하는 옵션을 선택한다. [그림4]

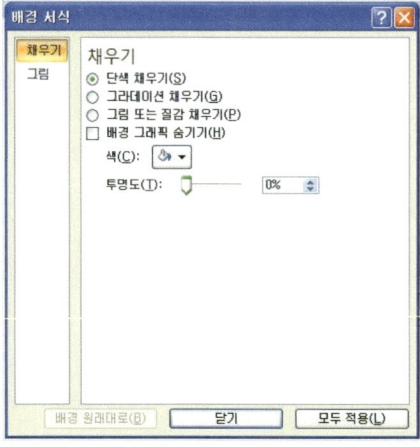

[그림4] 배경서식 대화상자

05
Chapter

텍스트 삽입과 서식 적용

◌ 텍스트 삽입하기

비주얼 프레젠테이션 파일에 문자 없는 자료는 아마도 없을 것이다. 문자를 잘못 넣으면 비주얼 프레젠테이션 파일의 전체적인 구성도 복잡해지고 품위까지 떨어진다. 따로 설명하겠지만, 파일 디자인에도 문자의 크기나 간격, 배치가 매우 중요한 역할을 한다.

슬라이드에 텍스트 입력공간을 만들고 텍스트를 입력하는 방법에는 '개체 틀'에 본문 또는 제목 텍스트 추가, 도형에 텍스트 추가, 텍스트 상자에 텍스트 추가와 같이 3가지가 있다.

Note

이 3가지 방법은 파워포인트의 기본 작업 중의 가장 기본이 되므로 잘 익혀두기 바란다.

(1) '텍스트 틀'에 본문 또는 제목 텍스트 삽입하기

[그림1]

① 텍스트 틀에 입력
새 슬라이드를 삽입한 후 마음에 드는 레이아웃을 지정하면, 텍스트를 입력할 수 있는 개체 틀, 즉 '텍스트 틀'이 자동으로 만들어진다.
예를 들어, [그림1]에서 개체 틀 안쪽을 클릭하면 나타나는 '점선 테두리'는 슬라이드의 제목 텍스트가 들어 있는 '텍스트 개체 틀'을 나타낸다.

이와 같은 '제목', '부제목' 및 '본문 텍스트'라는 '텍스트 개체 틀'에 텍스트를 입력할 수 있다. [그림1] 참조. 즉, 텍스트 개체 틀 '안쪽'을 클릭하고 텍스트를 입력하거나 붙여 넣는다.

Note

입력을 하는 동시에 리본 메뉴의 글꼴 및 단락 그룹에 현재의 글꼴 및 단락이 다른 색으로 표시되는데, 이를 이용하여 글꼴 및 단락을 변경할 수 있다([그림2]).

[그림2] 글꼴 및 단락 탭

기호, 분수 또는 특수 문자 삽입을 하려면, 기호를 삽입할 위치를 클릭하고, '삽입 탭'의 텍스트 그룹에서 [기호]를 클릭하여 나타난 '기호 대화 상자'에서 삽입하려는 기호를 클릭하면 된다.

② '텍스트 틀'의 크기와 위치 변경

텍스트 길이가 개체 틀의 크기를 초과하면, 입력할 때 텍스트 길이에 맞게 글꼴 크기와 줄 간격이 자동으로 줄어든다. '텍스트 틀'의 크기와 위치를 모두 변경할 수 있다.

텍스트 틀의 크기 조정하려면, 텍스트 틀의 점선에 나타난 사각형과 원형을 가리키고, 포인터가 ↔ 로 변경되면 텍스트 틀을 끌어 크기를 조정한다. 전체 텍스트 틀을 이동하려면 창 맨 위를 끌어 위치를 바꾼다.

(2) 텍스트 상자를 이용한 텍스트 삽입하기

[그림3]

[그림3]과 같은 [삽입 탭]의 [텍스트 상자]를 이용하면, '텍스트 개체 틀' 외부와 같이 슬라이드에서 아무 위치에나 텍스트를 배치할 수 있다. 예를 들어 텍스트 상자를 만든 후 그림 옆에 배치하여 그림에 캡션을 추가할 수 있다. 또한 텍스트를 도형에 연결하지 않고 추가만 하려는 경우에도 텍스트 상자를 사용하면 편리하다.

[텍스트 상자]에는 [가로쓰기 텍스트 상자]와 [세로쓰기 텍스트 상자]가 있다. 이들 중의 하나를 선택한 다음, 슬라이드 위에서 드래그하거나 마우스를 클릭해 삽입한 텍스트 상자 안쪽을 클릭한 후에 텍스트를 입력한다. 텍스트 상자의 텍스트에는 테두리, 채우기, 그림자 또는 3차원 효과를 추가할 수 있다.

(3) 도형 위에 텍스트 삽입하기

직사각형, 원, 설명 풍선 및 블록 화살표 등의 도형에 텍스트를 넣을 수 있다. 도형에 텍스트를 입력하면 텍스트가 도형에 연결되어 함께 움직이고 회전한다. 도형 위에 텍스트를 포개서 도형과 독립적으로 만들어 도형을 움직일 때 텍스트는 움직이지 않도록 할 수도 있다. 도형의 일부로 텍스트를 추가하려면 도형을 선택한 후 텍스트를 입력하거나 붙여 넣는다. 도형과 독립적으로 움직이는 텍스트를 추가하려면 텍스트 상자를 추가한 후 텍스트를 입력하거나 붙여 넣어야 한다.

글꼴 서식 적용하기

(1) 글꼴의 선택

발표자가 내용을 분명히 전하거나, 강조하기 위하여 글꼴의 모양, 크기, 스타일로 이를 표현해야 한다. 이를 위해 텍스트를 입력하거나 변경하려면 문자의 모양과 크기 등 '서식'을 선정할 수 있다.

모든 숫자, 기호, 알파벳 문자에 적용된 그래픽 디자인 문자 모양을 '글꼴'('서체' 라고도 한다)이라고 하는데, 파워포인트에서는 다양한 글꼴을 지원하고 있으며 사용자가 자신의 컴퓨터에 가지고 있는 글꼴도 이용할 수 있다.

글꼴은 대체로 여러 가지 크기와 다양한 스타일로 사용된다. 이 작업을 용이하게 하기 위하여, 파워포인트에서는 [홈 탭]에서 [글꼴 그룹]과 [단락 그룹]을 제공하고 있다.

모든 Office 테마에는 각각 머리글과 본문에 사용할 두 개의 글꼴이 정의되어 있고 이러한 글꼴을 사용하여 자동 텍스트 스타일을 구성한다. 또한 텍스트용 빠른 스타일 갤러리 및 WordArt에는 동일한 테마 글꼴이 사용된다. 테마 글꼴을 변경하면, 프레젠테이션의 모든 제목 및 글머리 기호 텍스트가 업데이트 된다. 테마 그룹에서 글꼴을 클릭하면 각 테마 글꼴에 사용된 머리글 및 본문 글꼴의 이름이 테마이름 아래에 표시된다. 이러한 글꼴을 모두 변경하여 테마 글꼴 집합을 직접 만들수 있다.

(2) 글꼴의 변경

단일 슬라이드의 글꼴을 변경하거나 전체 프레젠테이션의 글꼴을 변경할 수 있다. 또한 프레젠테이션에 적용된 테마의 머리글 및 본문 글꼴도 변경할 수 있다. 단일 슬라이드의 글꼴 변경을 다음과 같이 해보자.

① 단일 단락이나 구의 글꼴을 변경하려면 우선 변경할 텍스트를 선택한다. 그리고 개체 틀에 있는 모든 텍스트 글꼴을 변경하려면 개체 틀 안의 모든 텍스트를 선택하거나 개체 틀을 클릭한다.
② 다음에는 홈 탭의 글꼴 그룹에 있는 '글꼴 목록'에서 원하는 글꼴을 선택한다.

Note

글꼴 그룹에서 할 수 있는 명령은 다음과 같다[그림1].
「글꼴, 글꼴크기, 글꼴크기 크게, 글꼴크기 작게, 모든 서식 지우기, 글씨를 굵게, 기울임 꼴, 밑줄, 취소선, 텍스트 그림자, 문자 간격 조정, 대/소문자 바꾸기, 글꼴 색」

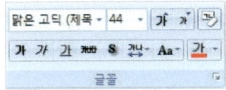

[그림1] 글꼴 그룹

Note

각 옵션 옆에 있는 [자세히 화살표]를 누르면 선택할 수 있는 다양한 갤러리가 표시된다. 슬라이드 상에서 이 명령들의 하나를 지정하려면, 지정할 텍스트 전체나 부분을 선택하면 된다.

Note

파워포인트에서 이들 명령 위에 포인터를 올려놓으면, 명령의 역할에 대해 설명하는 '스크린 팁'이 표시되므로 본서에서는 굳이 설명을 하지 않기로 한다. 그 도움말을 보려면 F1 키를 누른다(이 기능은 다른 탭에서의 각종 명령에서도 마찬가지이다).

(3) 글꼴 서식의 적용

글꼴 그룹에서 텍스트에 [굵은 글꼴], [기울임꼴] 또는 [밑줄] 서식, [취소선] 넣기, [텍스트 그림자] 넣기, [대/소문자 바꾸기], [글꼴 색] 등 '글꼴 서식(스타일이라고도 한다)'을 적용하여 청중에게 강조의 의미를 전달할 수 있다. 이 서식 등을 적용하려면 서식을 지정할 텍스트를 선택하

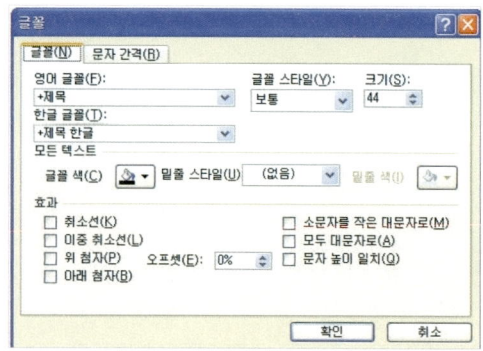

[그림2] 글꼴 대화상자

고 '홈 탭'의 '글꼴 그룹'에서 서식을 클릭하면 된다.

텍스트에 대한 변경 작업을 할 때에는 리본 메뉴상의 그룹에서 선택할 수 있지만, 파워포인트에서는 보다 작업을 용이하게 하기 위하여 다음의 3가지 기능을 제공하고 있다.

[그림3] 글꼴 및 단락 모음

① 글꼴 그룹의 [자세히 보기] 화살표를 클릭하면 현재 적용된 글꼴 서식의 '대화상자'가 나타나는데, 여기서도 글꼴 및 글꼴서식의 변경을 할 수가 있다. [그림2]

② 또한 입력 또는 변경하려는 텍스트 부분에서 마우스 오른쪽 버튼을 클릭하면, 글꼴 및 단락 모음이 한꺼번에 나타나는데, 여기서도 글꼴 및 단락 변경이 가능하다. [그림3]

③ 텍스트를 선택할 때 '미니 도구 모음'이라고 하는 반투명의 편리한 축소 도구 모음을 표시하거나 숨길 수 있다. [그림4] 참조. 또한 미니 도구 모음을 사용하여 글꼴, 글꼴 스타일, 글꼴 크기, 맞춤, 텍스트 색, 들여쓰기 수준, 글머리 기호 기능 등을 설정할 수 있다. 미니 도구 모음에 포인터를 놓으면 미니 도구 모음이 다음과 같이 표시된다. 도구 모음을 사용하려면 사용할 수 있는 명령에서 원하는 명령을 클릭한다.

[그림4] 미니 도구 모음

⬤ 워드아트(WordArt)로 꾸미기

WordArt는 그림자 또는 미러(반사) 텍스트와 같은 장식 효과를 만들기 위해 추가할 수 있는 텍스트 스타일 갤러리이다. 표지의 제목이나 핵심 키워드를 강조하고 싶을 때 WordArt로 꾸미면 강조효과가 높아진다. 워드아트로 이용할 수 있는 기능은 다음과 같다.

- 그라데이션 효과 적용
- 테두리, 그림자 스타일, 3차원 스타일 적용
- 이동과 회전 가능
- 장평 및 자간을 조절 가능

'WordArt'를 추가하려면, '삽입 탭'의 '텍스트 그룹'에서 'WordArt'를 클릭한 다음, 원하는 'WordArt 스타일'을 클릭하고 텍스트를 입력한다. 사용자 지정을 하려면, 워트아트가 삽입된 부분을 오른쪽 마우스로 클릭하면 나타나는 [텍스트 효과 서식]에서 옵션을 선택하거나, '그리기 도구 탭'의 '서식 탭'의 'WordArt 스타일 그룹'의 자세히 화살표를 클릭하여 지정하면 된다.

[그림1] WordArt 갤러리

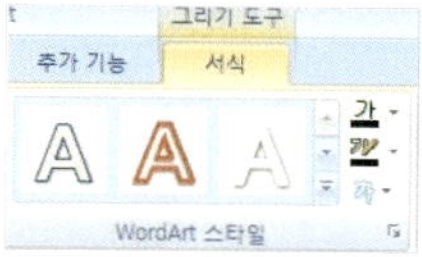

[그림2] WordArt 스타일 그룹

기존 텍스트를 WordArt로 변환하려면, 변환할 텍스트를 선택하고 '삽입 탭'의 '텍스트 그룹'에서 WordArt를 클릭한 다음, 원하는 WordArt를 클릭한다. WordArt를 제거하려면, 제거할 WordArt를 선택한 후 Delete 키를 누른다.

단락의 설정

(1) 단락 설정 명령

일반적으로 글을 내용상으로 끊어서 구분한 하나하나의 토막을 '단락'이라고 한다. 단락 구분은 청중에게 매우 중요하며, 디자인 측면에서도 '문자 정렬' 등과 같은 단락 설정은 보기 쉽게 해준다.

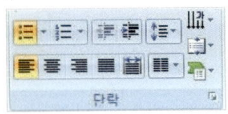
(2) 글머리 및 번호 매기기

글자를 바꾸거나 단락 바꾸기 등도 텍스트 관련 작업에서 중요하지만, 여기서는 텍스트를 만드는데 가장 중요한 글머리 기호 및 번호 매기기만을 살펴보기로 한다.

글머리 및 번호 매기기는 문장의 상하관계 등 문장의 체계를 부여함으로 청중에게 내용을 이해시키는 중요한 역할을 한다. 슬라이드에서 텍스트 개체 틀에 텍스트를 입력하면 자동으로 글머리 기호가 붙지만 이를 제거하거나 다른 기호나 그림으로 변경할 수 있다. 변경하려면 글머리 기호를 바꿀 텍스트를 마우스로 선택한 후 '홈 탭'의 '단락 그룹'에서 [글머리 기호] 또는 [번호 매기기] 버튼 바로 옆에 있는 옵션을 선택하여 나타난 박스에서 선정한다. 적당한 것이 없으면 하단의 [글머리 기호 및 번호 매기기]를 누르면 나타나는 대화상자에서 기호의 크기, 그림, 색 등을 지정할 수 있다. 번호 매기기의 번호 변경도 이와 같이 한다.

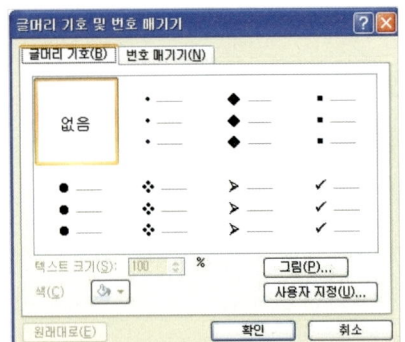

[그림2] 글머리 기호   [그림3] 번호매기기

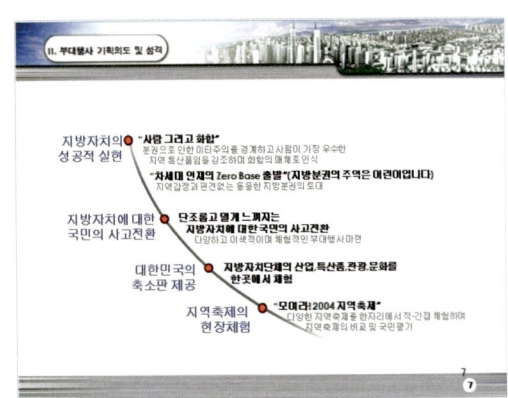

06
Chapter

시각화에 강한 선과 도형 작업하기

그리기 작업

슬라이드에 텍스트만 가지고는 시각적 효과를 높이기는 어렵다. 텍스트와 함께 선이나 도형 등을 넣어 알기 쉽게 이미지를 활용하는 것이 청중에게 쉽고 빠르게 어필할 수 있는 효과가 있다. 선과 도형 작업은 '그리기 작업'이기도 하다. 슬라이드에 하나 이상의 도형을 추가한 후에 색을 넣을 수 있고 입체감을 줄 수 있고 선의 두께도 조정할 수 있다. 또한 텍스트, 글머리 기호, 번호 매기기 및 빠른 스타일을 추가할 수 있다.

이러한 도형에 관한 작업은 '홈 탭'의 '그리기 그룹'에서 하거나, '삽입 탭'의 '일러스트레이션 그룹'의 [도형]을 클릭하여 할 수가 있다. 선과 도형을 삽입하고 나서는 '서식 탭'에서 하는 것이 편리하다.

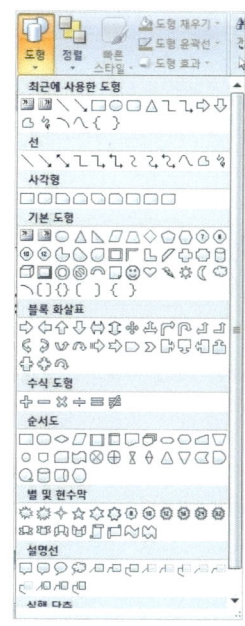

[그림4] 도형 갤러리

[그림1] 그리기 그룹

[그림2] 일러스트레이션 그룹

[그림3] 도형 스타일 그룹

'그리기 그룹'의 [도형] 버튼 밑의 '자세히 보기' 화살표를 클릭하면 여러 가지 도형의 갤러리가 나타난다. 여기에는 선, 사각형, 기본 도형, 블록 화살표, 수식 도형, 순서도, 별 및 현수막, 설명선 등으로 분류된 다양한 도형이 있다. 이 중에서 적당한 것을 선택하여 그리기를 할 수 있다.

Note

보다 쉽게 선이나 도형을 그리려면, 보기의 배율을 200%로 높이는 것이 좋다. 보기를 이렇게 하려면, 보기 탭의 확대/축소 그룹에서 확대/축소를 클릭한 다음 200%를 클릭한다.

[그림5] 조정핸들

(1) 도형 추가하기

한 도형을 슬라이드에 추가하거나 여러 도형을 결합하여 그리기를 만들거나 더 복잡한 도형을 만들 수 있다. 일반적으로 도형을 추가하려면, [도형]의 '갤러리'에서 원하는 도형을 클릭하고 넣을 곳에 클릭한 다음 끌어서 도형을 놓으면 된다. [그림5]의 경우에 가로, 세로 비율이 같은 사각형이나 원을 만들거나 다른 도형의 크기를 제한하려면 Shift 키를 누른 채 끌면 된다.

도형 크기를 조정하려면 도형을 클릭한 다음 크기 조정 핸들(크기 조정 핸들: 선택한 개체의 모서리와 옆에 나타나는 작은 원이나 사각형. 이 핸들을 끌어 개체의 크기를 변경할 수 있다.)을 끌면 된다.

도형을 삭제하려면 삭제할 도형을 클릭한 다음 Delete 키를 누른다.

(2) 선 그리기

도형과 다른 도형을 연결하는 선을 그려 넣을 수 있다. 또한 슬라이드에 선을 추가하여 정보를 가리키거나, 텍스트를 분리하는 표시를 할 수 있다.

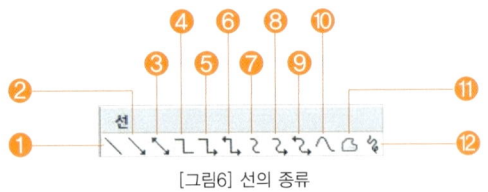
[그림6] 선의 종류

선의 종류로는 ① 직선 ② 화살표 ③ 양방향 화살표 ④ 꺾인 연결선 ⑤ 꺾인 화살표 연결선 ⑥ 꺾인 양쪽 화살표 연결선 ⑦ 구부러진 연결선 ⑧ 구부러진 화살표 연결선 ⑨ 구부러진 양쪽 화살표 연결선 ⑩ 곡선 ⑪ 자유형 ⑫ 자유 곡선이 있다. 아울러 선의 색, 선 스타일 또는 두께를 변경하여 선의 모양을 변경할 수 있다.

■ 선 그리기

도형에 연결할 수 있는 선을 연결선이라고 하는데, 클릭하면 연결선 끝에는 연결점이 나타난다[그림 7]. 연결점이 있는 선 그리기는 먼저 선의 종류에서, 추가할 선이나 연결선을 클릭하고, 다음 중 하나를 실행한다.

[그림7] 연결점

① 도형에 연결되지 않은 선을 그리려면 문서의 아무 곳이나 클릭한 다음 끌어서 선을 그린다.

② 도형을 연결하는 선을 그리려면 첫 번째 도형에서 연결선을 연결할 위치를 가리키고 첫 번째 연결 지점을 클릭한 다음, 다른 도형을 가리키고 두 번째 연결 지점을 클릭한다. 이때 포인터를 도형 위에서 움직이면 연결 지점이 빨간색 원으로 나타난다[그림 8].

■ 여러 선 또는 연결선 그리기
여러 선 또는 연결선 그리기를 하려면 다음과 같이 한다.

① '선'의 종류에서 추가할 선이나 연결선을 마우스 오른쪽 버튼으로 클릭한 다음, 그리기 잠금 모드를 클릭한다.
② 슬라이드 상에 넣을 위치를 클릭하고 다음 중 하나를 실행한다.

▶ 추가할 각 선에 대해 넣을 한 위치를 클릭하고 포인터를 다른 위치로 이동한 다음 다시 클릭한다. 선 그리기가 끝났으면 두 번 클릭한다.
▶ 여러 도형에 연결선을 추가하려면 첫 번째 도형에서 연결선을 연결할 위치를 가리키고 원하는 첫 번째 연결 지점을 클릭한 다음 다른 도형을 가리키고 두 번째 연결 지점을 클릭한다. 추가할 각 연결선에 대해 이 절차를 반복한다.

③ 선이나 연결선을 모두 추가했으면 Esc 키를 누른다.

■ 화살촉 추가
이미 선이 슬라이드에 삽입되어 있는 경우, 화살촉 추가 방법은 다음과 같다.

① 먼저, 화살촉을 추가할 선을 선택한다. 여러 선에 화살촉을 추가하려면 첫 번째 선을 선택한 다음 Ctrl 키를 누른 채 다른 선을 선택한다.
② [도형 윤곽선] 옆에 있는 '화살표'를 클릭한다.
③ 화살표를 가리킨 다음 원하는 '화살표 스타일'을 클릭한다. 사용자 지정 화살표 스타일을 만들려면, 다른 화살표를 클릭한 다음 원하는 옵션을 선택한다.

■ 자유형 도형 그리기
자유형 도형 그리기를 하려면, 다음과 같이 한다.

① 곡선 세그먼트와 직선 세그먼트가 모두 있는 도형을 그리려면 '자유형'을 클릭한다. 펜을

사용하여 직접 그린 것처럼 보이는 도형을 그리거나 부드러운 곡선을 그리려면, '자유 곡선'을 클릭한다.

② 넣을 위치를 클릭한 다음 끌어서 그린다. 직선을 그리려면 한 위치를 클릭하고 다른 위치로 포인터를 이동한 다음 다시 클릭한다.

③ 도형을 끝내려면 다음 중 하나를 실행한다.

▶ 도형을 열린 채로 두려면 언제든지 두 번 클릭한다.
▶ 도형을 닫으려면 시작점 근처를 클릭한다.

■ 선 또는 연결선 삭제

선이나 연결선을 삭제하려면 선이나 연결선을 클릭한 다음, Delete 키를 누른다. 여러 선이나 연결선을 삭제하려면 첫 번째 선을 선택하고 Ctrl 키를 누른 채 다른 선을 선택한 다음 Delete 키를 누른다.

(3) 도형의 이동

도형을 이동하려면 다음과 같이 한다.

① 먼저 이동할 도형을 클릭한다. 여러 도형을 이동하려면, 첫 번째 도형을 클릭하고 Ctrl 키를 누른 상태에서 나머지 도형을 클릭한다.

② 다음 중 하나를 실행한다.

▶ 도형을 새 위치로 끌어 놓는다.
▶ 위쪽 화살표, 아래쪽 화살표, 오른쪽 화살표 또는 왼쪽 화살표 키를 눌러 원하는 방향으로 도형을 이동한다.
▶ 도형을 조금 이동하려면 Ctrl 키를 누른 상태에서 위쪽 화살표, 아래쪽 화살표, 오른쪽 화살표 또는 왼쪽 화살표 키를 누른다.

(4) 도형에 텍스트 추가하기

텍스트를 추가할 도형을 클릭한 다음 텍스트를 입력한다. 추가한 텍스트는 도형의 일부가 되어 도형을 회전 또는 대칭 이동하면 텍스트도 회전 또는 대칭 이동한다. 도형에 글머리 기호 목록이나 번호 매기기 목록을 추가하려면 다음과 같은 방법으로 한다.

① 글머리 기호 및 번호 매기기를 추가할 도형에서 텍스트를 선택한다.
② '미니 도구 모음'에서 글머리 기호 및 번호 매기기 옆에 있는 화살표를 클릭한 다음 글머리 기호 및 번호 매기기를 클릭하여 선택하도록 한다.

도형 채우기

도형에 채우기를 추가할 수도 있다. 채우기는 도형의 내부 장식이다. 도형의 채우기 색을 변경할 때 질감, 그림 또는 그라데이션을 채우기에 추가할 수도 있다.
테마를 적용하였다면, 채우기가 된 도형이 삽입된다. [도형 채우기] 대화상자[그림2]의 상단을 보면, '테마 색'에 적용된 색이 표시되어 있다.

도형의 채우기 색을 변경하면, 도형의 내부나 앞면에만 영향을 준다. 그림자와 같은 다른 효과를 추가하고 해당 효과에 대한 다른 색을 원하는 경우, 그림자 색을 따로 변경해야 한다.

도형 채우기 추가 또는 변경은 다음과 같이한다.

① 맨 먼저, 채우기를 추가할 도형을 클릭한다.
　 같은 채우기를 여러 도형에 추가하려면, 첫 번째 도형을 클릭한 다음 Ctrl 키를 누른 채 다른 도형을 클릭하면 한꺼번에 채우기가 된다.
② '그리기 도구'에 있는 '서식 탭'의 '도형 스타일 그룹'에서, [도형 채우기] 옆에 있는 '화살표'를 클릭하고 나타난 대화상자[그림2]에서 다음 중 하나를 실행한다.

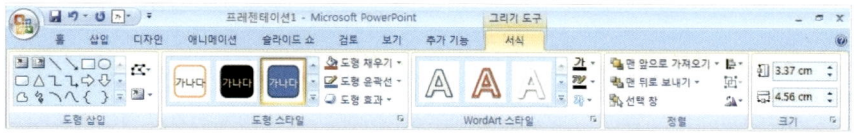

[그림1] 그리기 도구의 서식 탭

③ 채우기 색을 추가하거나 변경하려면 원하는 색을 클릭하고, 색을 선택하지 않으려면 [채우기 없음]을 클릭한다.
④ 채우기 그림을 추가하거나 변경하려면 [그림]을 클릭하고 사용할 그림이 있는 폴더를 찾아 그림 파일을 클릭한 다음 삽입을 클릭한다.
⑤ 채우기 그라데이션을 추가하거나 변경하려면 [그라데이션]을 가리킨 다음 원하는 그라데이션 변형을 클릭한다. 그라데이션을 사용자 지정으로 하려면 기타 그라데이션을 클릭한 다음 원하는 옵션을 선택한다.

Note

물론, '홈 탭'의 「그리기 그룹」에서도 이 작업을 할 수 있으나, 채우는 상황을 보면서 하려면 '서식 탭'에서 하는 것이 편하다. 도형을 클릭하면 자동으로 '서식 탭'으로 전환된다.

Note

그라데이션은 대개 한 색에서 다른 색으로 또는 한 음영에서 같은 색의 다른 음영으로 색 및 음영이 점진적으로 진행되는 것이다.

[그림2] 도형 채우기 대화상자

⑥ 채우기 질감을 추가하거나 변경하려면 [질감]을 가리 킨 후, 원하는 질감을 클릭한다. 사용자 지정으로 하 려면 기타 질감을 클릭한 다음 원하는 옵션을 선택 한다.

도형 채우기를 삭제하려면 다음과 같이 한다.
① 채우기를 삭제할 도형을 클릭한다. 여러 도형에서 같은 채우기를 삭제하려면 첫 번째 도형을 클릭한 다음 Ctrl 키를 누른 채 다른 도형을 클릭한다.
② 그리기 도구에 있는 서식 탭의 도형 스타일 그룹에 서 도형 채우기 옆에 있는 화살표를 클릭한 다음 채우기 없음을 클릭한다.

윤곽선 추가하기

윤곽선은 도형 주위에 나타나는 외부 테두리이다. 윤곽선을 변경하는 경우 선의 색, 두께 및 스타일도 조정할 수 있다. 도형의 윤곽선을 추가, 변경하는 작업은 다 음과 같이 한다.

윤곽선을 추가할 도형을 선택한다. 여러 위치에 있는 도형에 같은 윤곽선을 추가 하려면 첫 번째 도형을 선택한 다음 Ctrl 키를 누른 채 다른 도형을 선택한다.

'그리기 도구'의 '서식 탭'에 있는 '도형 스타일 그룹'에서 [윤곽선]옆에 있는 화 살표를 클릭한 후 나타난 대화상자[그림1]에서 다음 중 하나를 실행한다.

① 윤곽선 색을 추가하거나 변경하려면 원하는 색을 클릭한다. 색을 선택하지 않으려면 [윤곽 선 없음]을 클릭한다. 테마 색에 없는 색으로 변경하려면 다른 윤곽선 색을 클릭한 다음 표준 탭에서 원하는 색을 클릭하거나 사용자 지정 탭에서 고유색을 혼합한다.
② 윤곽선 두께를 추가하거나 변경하려면 [두께]를 가리킨 다음 원하는 두께를 클릭한다. 두 께를 사용자 지정하려면 다른 선을 클릭한 다음 원하는 옵션을 선택한다.
③ 점선 또는 파선에 윤곽선을 추가하거나 변경하려면 [대시]를 가리킨 다음 원하는 스타일을 클릭한다.

도형 효과 추가와 변경

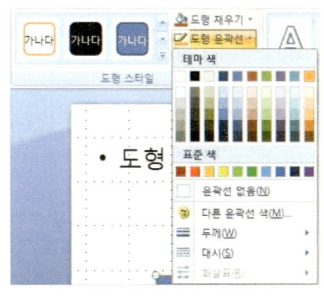

[그림1] 도형 윤곽선 대화상자

도형 효과는 도형에 그림자 등을 추가하여 입체감을 주거나 미적 효과를 줄 수가 있다. 도형 효과에는 그림자, 반사, 네온, 부드러운 가장자리, 입체 효과, 3차원 효과가 있다. 특히, 3차원 효과는 도형의 깊이를 추가한다.

기본으로 제공되는 3차원 효과의 조합 또는 개별 효과를 도형에 추가할 수 있다. 다만, 입체 효과 또는 3차원 회전과 같은 3차원 효과를 도형에 추가한 다음 부드러운 가장자리를 추가할 경우 3차원 효과가 우선 적용되므로 도형의 변화가 눈에 띄지 않는다. 그러나 3차원 효과를 삭제하면 부드러운 가장자리 효과를 볼 수 있다.

도형 효과 추가 또는 변경 작업은 다음과 같이 한다.
■ 먼저, 효과를 추가할 도형을 클릭한다. 같은 효과를 여러 도형에 추가하려면 첫 번째 도형을 클릭한 다음 Ctrl 키를 누른 채 다른 도형을 클릭한다.

■ 그리기 도구에 있는 '서식 탭'의 '도형 스타일 그룹'에서 [도형 효과]를 클릭하고 나타난 대화상자에서 다음 중 하나를 실행한다.

① 기본으로 제공되는 효과의 조합을 추가하거나 변경하려면 '미리 설정'을 가리킨 다음 원하는 효과를 클릭한다. 기본 제공되는 효과를 사용자 지정하려면, [3차원 옵션]을 클릭한 후 원하는 옵션을 선택한다.
② 예를 들어, 그림자를 추가하거나 변경하려면 그림자를 가리킨 다음, 옆에 나타난 갤러리에서 원하는 그림자를 클릭하면 되고, 그림자를 사용자 지정으로 하려면 그림자 옵션을 클릭한 후 원하는 옵션을 선택하도록 한다. 다른 효과들도 이와 같은 방법으로 추가하거나 변경한다.

도형 효과를 삭제하려면 다음과 같이 한다.
① 효과를 삭제할 도형을 클릭한다. 여러 도형에서 같은 효과를 삭제하려면 첫 번째 도형을 클릭한 다음 Ctrl 키를 누른 채 다른 도형을 클릭한다.
② '도형 스타일 그룹'에서 '도형 효과'를 클릭하고 다음 중 하나를 실행한다.
③ 도형에서 기본 제공되는 효과의 조합을 삭제하려면 [미리 설정 없음]을 클릭한다.

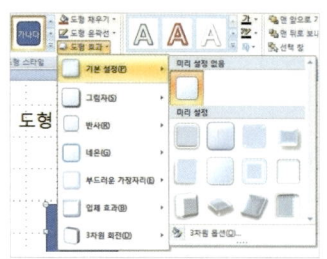
[그림1] 도형효과

④ 도형에서 그림자를 삭제하려면 [그림자 없음]을 클릭한다.

다른 효과들도 이와 같은 방법으로 삭제한다.

○ 도형에 '빠른 스타일'적용하기

[그림1] 도형 스타일

'빠른 스타일'은 도형 스타일 그룹에서 빠른 스타일 갤러리의 [그림1] 도형 스타일 축소판 그림에 표시되는 다양한 '서식 옵션'의 조합이다. 이 빠른 스타일중의 하나를 선택하여 텍스트, 윤곽선, 채우기, 효과를 한꺼번에 변경할 수가 있다.

[그림2] 스타일 갤러리

포인터를 빠른 스타일 축소판 그림 위에 놓으면 도형 스타일(또는 빠른 스타일)이 도형에 어떻게 표시되는지 볼 수 있다. 더 많은 빠른 스타일을 보려면 '도형 스타일 그룹의 '자세히' 버튼을 클릭한다[그림1]. 그러면 [그림2]처럼 스타일 갤러리가 나타난다.

스타일을 적용하려면 새 빠른 스타일 또는 다른 빠른 스타일을 적용할 도형을 클릭하고, '서식 탭'의 '도형 스타일 그룹' 갤러리에서 원하는 빠른 스타일을 클릭한다.

실례

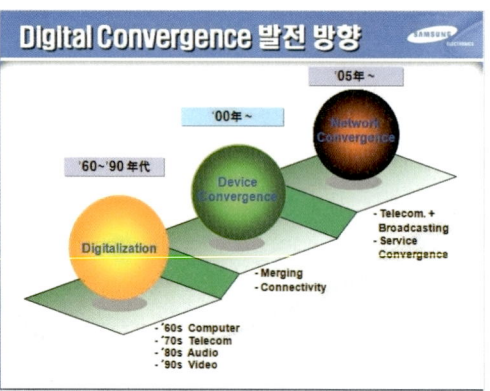

깔끔한 표 작업하기

Chapter **07**

슬라이드에 표를 삽입하거나 그리기를 하여 넣을 수가 있다.

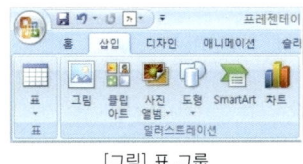

[그림] 표 그룹

표 작업은 '삽입 탭'의 '표 그룹'과 표의 '상황 탭'인 '표 도구 레이아웃 탭'과 '표 도구 디자인 탭'를 이용해서 해야 한다. 슬라이드 상에서 삽입된 표를 클릭하면 '삽입 탭'에 자동으로 '표 도구'의 '디자인 탭'과 '레이아웃' 메뉴 2가지가 생겨난다. 이 탭을 클릭하여, 표의 크기 수정 및 모양 변경 작업을 해야 한다.

○ 표 그리기

(1) 표 추가하기

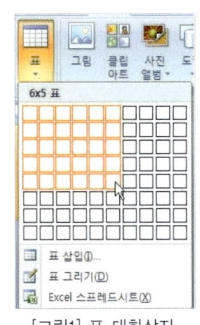

[그림1] 표 대화상자

슬라이드에 표를 추가하는 방법은 표를 추가할 슬라이드를 선택하고 삽입 탭의 표 그룹에서 [표] 버튼을 클릭한 후, 나타난 대화상자[그림1]에서 다음 중 하나를 실행한다.

① 포인터를 가로 세로로 이동하여 원하는 행 및 열 개수를 선택한 다음 클릭한다.
② 아니면, [표 삽입]을 클릭한 다음, 나타난 표 삽입의 대화상자[그림2]에서 열 개수 및 행 개수 목록에 숫자를 입력한다.

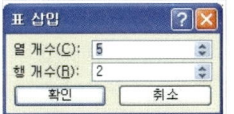

[그림2] 표 삽입 상자

Office Excel 2007 또는 Office Word 2007에서 작업한 표를 복사하여, '홈 탭'에서 [붙여넣기]를 클릭하여, 슬라이드에 삽입할 수가 있다.

표를 삽입하였으면 문자나 숫자 등 텍스트를 추가해야 할 것이다. 표 셀에 텍스트를 추가하려면, 셀을 클릭한 다음 텍스트를 입력하고, 입력한 후 표 바깥쪽을 클릭한다. 셀의 최소 높이는 표 셀에 있는 텍스트의 글꼴 크기에 따라 달라진다.

(2) 표 그리기

표 그리기를 하려면 다음과 같은 순서로 한다.

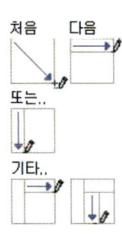

① 먼저 표를 추가할 슬라이드를 선택한다.
② '삽입 탭'의 '표 그룹'에서 표를 클릭한 다음, 나타난 대화상자에서 [표 그리기]를 클릭한다. 그러면 포인터가 표 그리기에 사용되는 '연필 모양'으로 바뀐다.
③ 표 외부 경계선을 정의하려면 원하는 크기가 될 때까지 대각선으로 끌어서 열 및 행 경계선을 만든다.
④ 셀, 행 또는 열의 선을 지우려면 표 도구에 있는 디자인 탭의 테두리 그리기 그룹에서 지우개를 클릭하거나 Shift 키를 누른다. 그러면 포인터가 표 그리기에 사용되는 '지우개 모양'으로 바뀌며, 이때 지울 선을 클릭하면 된다.

(3) 표의 행/열과 셀 추가/삭제

행이나 열을 표에 추가하는 것 이외에 같은 행이나 열에 있는 두 개 이상의 표 셀을 단일 셀에 결합하거나 하나의 표 셀을 여러 개의 셀로 나눌 수도 있다. 이 작업은 '상황 탭'인 '표 도구 레이아웃 탭'에서 해야 한다.

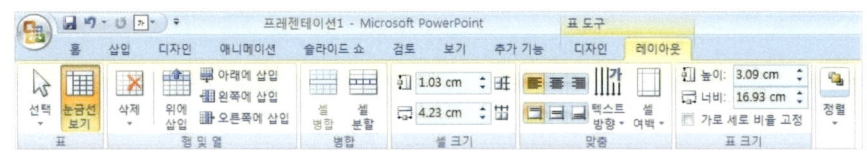

[그림3] 표 도구 레이아웃 탭

■ 행과 열의 추가

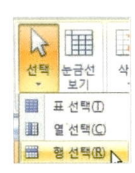

표에 행을 추가하려면 먼저 새 행을 표시할 행의 위나 아래에 있는 표 셀을 클릭한다. 표 도구의 레이아웃 탭의 '표 그룹'에서 [선택]을 클릭한 다음, [행 선택]을 클릭한다[그림4]. 표 도구에 있는 레이아웃 탭의 '행 및 열 그룹'에서 다음 중 하나를 실행한다.

[그림4] 선택 옵션

① 선택한 행 위에 행을 추가하려면 [위에 삽입]을 클릭한다.
② 선택한 행 아래에 행을 추가하려면 [아래에 삽입]을 클릭한다.
③ 여러 행을 한 번에 추가하려면 추가할 행 개수를 선택한 다음 [위에 삽입] 또는 [아래에 삽입]을 클릭한다. 열 추가도 행 추가 방법과 같이 하면 된다.

■ 표 셀의 병합과 분할표 셀의 병합을 하려면 먼저 결합할 표 셀을 선택한다(단, 인접하

Note

셀 테두리를 지워서 표 셀을 병합할 수도 있다. 표 도구에 있는 디자인 탭의 '테두리 그리기 그룹'에서 「지우개」를 클릭한 다음 지울 셀 테두리를 클릭한다. 마쳤으면 Esc 키를 누른다.

지 않은 여러 셀은 선택할 수 없다). 다음에 표 도구에 있는 레이아웃 탭의 '병합 그룹'에서 [셀 병합]을 클릭한다.

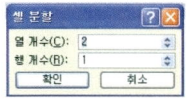

[그림5] 셀 분할

표 셀을 분할을 하려면, 먼저 결합할 표 셀을 선택한다.
다음에 '병합 그룹'에서 [셀 분할]을 클릭하고 나타난 대화상자[그림5]에서, 다음 중 하나 이상을 실행한다.

① 한 셀을 세로로 나누려면, 원하는 새 셀의 개수를 열 개수 상자에 입력한다.
② 한 셀을 가로로 나누려면, 원하는 새 셀의 개수를 행 개수 상자에 입력한다.
③ 한 셀을 가로와 세로로 모두 나누려면, 열 개수 상자에 원하는 새 열의 개수를 입력한 다음 행 개수 상자에 원하는 새 행의 개수를 입력한다.

■ 열이나 행 삭제

[그림6] 삭제

열이나 행을 삭제하려면, 먼저 삭제할 열이나 행에서 표 셀을 클릭한다. 표 도구에 있는 레이아웃 탭의 표 그룹에서, [선택]을 클릭한 다음 열 선택이나 행 선택을 클릭하고 '행 및 열 그룹'에서 [삭제] 아래의 화살표를 클릭한다.

① 열을 삭제하려면, [열 삭제]를 클릭하거나 '백스페이스 키'를 누른다.
② 행을 삭제하려면, [행 삭제]를 클릭하거나 '백스페이스 키'를 누른다.

🌑 표의 이동과 크기 조정

(1) 표의 이동

표를 이동하려면 먼저 이동할 표를 클릭하고 표의 점 위가 아닌 테두리의 가장 바깥쪽에 포인터를 놓은 다음, 포인터가 '십자 모양'으로 바뀌면 테두리를 끌어서 표를 이동한다. 표를 이동하면서 동시에 복제하려면 Ctrl 키를 누른 채 표를 끌어 놓는다.

(2) 표 크기 조정

■ 끌어서 표 크기 조정

끌어서 표 크기를 조정하려면 먼저 크기를 조정할 표를 클릭한다. 표 테두리에서 크기 조정 핸들(크기 조정 핸들은 표의 모서리와 면에 나타나는 점을 모아 놓은 것이다.)을 가리킨 다음 포인터가 ↕ 으로 바뀌면, 핸들을 클릭하고 끌어서 표의 크기를 늘리거나 줄인다.

표의 크기를 조정할 때 표의 높이와 너비 사이의 비율을 같게 유지하려면 Shift 키를 누른 채로 끌어서 표의 크기를 조정한다. 표를 슬라이드의 가운데로 놓으려면 Ctrl 키를 누른 채로 끌어서 표의 크기를 조정한다.

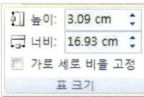

[그림1] 표 크기

■ 특정 표 크기 입력

보다 정밀하게 표 크기를 조정하려면 크기를 입력시켜 할 수 있다. 이렇게 하려면, 먼저 크기를 조정할 표를 클릭한다. 다음에는 표 도구에 있는 레이아웃 탭의 '표 크기 그룹'에서 원하는 크기를 '높이와 너비 상자'에 입력한다[그림1].

■ 열 또는 행 크기 조정

표의 열 또는 행 크기 조정하려면, 크기를 조정할 열이나 행이 있는 표를 클릭하고 다음 중 하나 또는 모두를 실행한다.

① 열의 너비를 바꾸려면 크기를 조정할 열의 테두리 위에 포인터를 놓은 다음, 포인터가 ↔ 으로 바뀔 때 열을 오른쪽이나 왼쪽으로 끈다.
② 행의 높이를 바꾸려면 크기를 조정할 행의 테두리 위에 포인터를 놓은 다음, 포인터가 ↕ 으로 바뀔 때 화살표를 위나 아래로 끈다.

또한 '셀 크기 그룹'의 옵션을 선택하여 행과 열의 크기를 조정할 수 있다. 표 도구에 있는 레이아웃 탭의 셀 크기 그룹에서 원하는 크기를 '높이와 너비 상자'에 입력한다.

◯ 표 모양 변경

표를 삽입하거나 그려서 표를 만들었다면, 이제는 그 모양을 보기 좋게 만들어야 할 것이다. 표 모양 변경 작업은 '표 도구 디자인 탭'에서 해야 한다. 여기서 표 스타일(또는 빠른 스타일) 적용, 표 윤곽선, 테두리 변경, 표 셀에 채우기 효과를 추가하거나 표의 배경색을 변경하는 방법으로 표 모양을 변경할 수 있다.

[그림1] 표 도구 디자인 탭

(1) 표 스타일 변경

표 스타일(또는 빠른 스타일)은 프레젠테이션의 테마 색에서 파생된 색 조합을 비롯한 다양한 서식 옵션의 조합이다. 추가하는 표에는 자동으로 적용되는 표 스타일이 있다. 표 스타일의 축소판 그림은 '표 도구 디자인 탭'에서 '표 스타일 그룹'의 '빠른 스타일 갤러리'에 나타난다.

[그림2] 표 스타일

표 스타일 변경을 하려면 다른 표 스타일을 적용할 표를 클릭한다. 다음에는 표 도구에 있는 '디자인 탭'의 '표 스타일 그룹'에서 보이는 갤러리에서 원하는 표 스타일을 클릭한다. 다른 표 스타일을 보려면 [자세히] 버튼을 클릭한다. 여기에 다양한 갤러리가 나타난다. 기본값을 지우거나 다른 표 스타일을 지우려면 [자세히] 버튼을 클릭한 다음, [표 지우기]를 선택하면 된다.

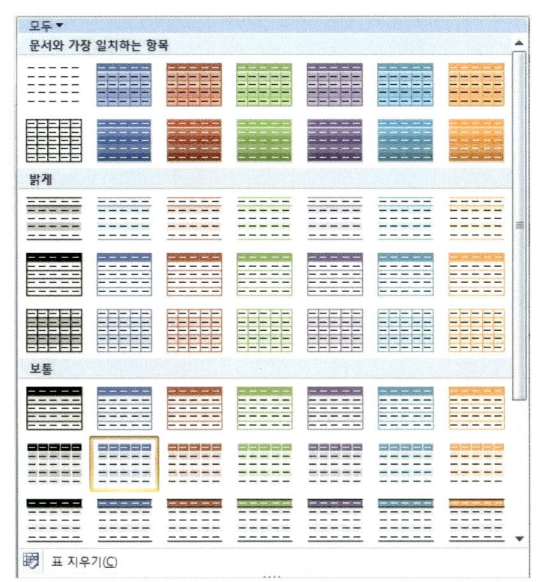

[그림3] 표 스타일 갤러리

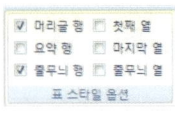
[그림4] 표 스타일 옵션

(2) 표 스타일 옵션 변경

'표 스타일 옵션 그룹'에서 [그림4]처럼 옵션을 선택하여 표의 특정 부분에 표 스타일을 적용할 수 있다.

이때, 표 스타일 옵션에서 변경할 표를 클릭하고, 표 도구에 있는 디자인 탭의 표 스타일 옵션 그룹에서 다음 중 하나를 실행한다.

① 표의 첫 번째 행을 강조하려면 [머리글 행] 확인란을 선택한다.
② 표의 마지막 행을 강조하려면 [요약 행] 확인란을 선택한다.
③ 대체 줄무늬 행을 표시하려면 [줄무늬 행] 확인란을 선택한다.
④ 표의 첫 번째 열을 강조하려면 [첫째 열] 확인란을 선택한다.
⑤ 표의 마지막 열을 강조하려면 [마지막 열] 확인란을 선택한다.
⑥ 대체 줄무늬 열을 표시하려면 [줄무늬 열] 확인란을 선택한다.

(3) 표 테두리 추가 및 변경

표 테두리 추가 또는 변경을 하려면 먼저 표 테두리를 추가하거나 변경할 표 셀을 선택하고, '테두리 그리기 그룹' [그림5]에서 다음 중 하나를 실행한다.

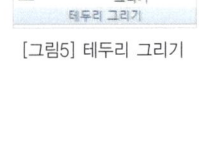
[그림5] 테두리 그리기

① 테두리의 선 스타일을 변경하려면 [펜 스타일] 옆의 화살표를 클릭한 다음, 옵션에서 원하는 선 스타일을 클릭한다.
② 테두리의 두께를 변경하려면 [펜 두께] 옆에 있는 화살표를 클릭한 다음, 옵션에서 원하는 선 두께를 클릭한다.
③ 테두리의 색을 변경하려면 [펜 색] 옆에 있는 화살표를 클릭한 다음, 옵션에서 원하는 색을 클릭한다.

Note

표 「지우개」를 사용하여 표의 셀 사이 테두리를 삭제할 수 있다.

앞 단계에서 선택한 색, 두께 또는 선 스타일을 표에 적용하려면 다음 중 하나를 실행한다.

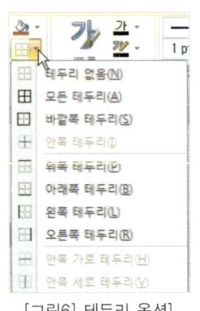
[그림6] 테두리 옵션

① 포인터가 계속 연필 모양인 상태에서 변경할 테두리를 클릭한다.
② '표 스타일 그룹'에서 [테두리]를 클릭한 다음, 변경할 테두리 옵션을 클릭한다.

(4) 표 셀 채우기 추가와 변경, 삭제

채우기는 셀의 내부 작업이다. 표 셀의 채우기 색을 추가하거나 변경할 때 질감,
그림 또는 그라데이션을 채우기에 추가할 수도 있다. 이는 채우기를 추가할 표 셀
을 선택하고, '표 스타일 그룹'에서 [음영] 옆에 있는 [화살표]를 클릭한 후, 나타난
옵션에서 선택하여 실행한다. 삭제하려면 [채우기 없음]을 선택한다.

(5) 표 배경색 추가와 변경, 삭제

전체 표의 배경색을 추가하거나 변경할 수 있다. 배경색은 [음영] 옵션에서 표 셀
에 적용된 채우기 색 아래에 있는 [표 배경]의 옵션에서 작업한다. 삭제를 하려면
옵션에서[채우기 없음]을 선택한다.

[그림7] 음영 옵션

(6) 표 셀 효과 추가와 변경, 삭제

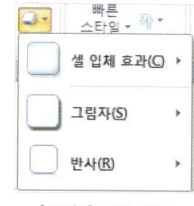

[그림8] 효과 옵션

표 셀 효과 추가 또는 변경은 먼저 한 효과를 일부 표 셀에
적용하려면 효과를 추가할 표 셀을 선택하고, 효과를 모든 표
셀에 적용하려면 표 셀을 마우스 오른쪽 버튼으로 클릭한 다
음 바로 가기 메뉴에서 표 선택을 클릭한다. 다음에는 '표 스
타일 그룹'에서 [효과]를 클릭하여 작업한다. 가장자리를 추
가하거나 변경하려면 [셀 입체 효과]를 가리킨 다음 원하는
입체 효과를 선택한다. 삭제를 하려면 [입체 효과 없음]을 선택한다.

(7) 표 효과 추가와 변경, 삭제

표 효과 추가 또는 변경을 하려면 효과를 추가할 표를 클릭하고, '표 스타일 그룹'
에서 [효과]를 클릭하여 옵션에서 작업한다. 삭제를 하려면 [입체 효과 없음]을 선
택한다.

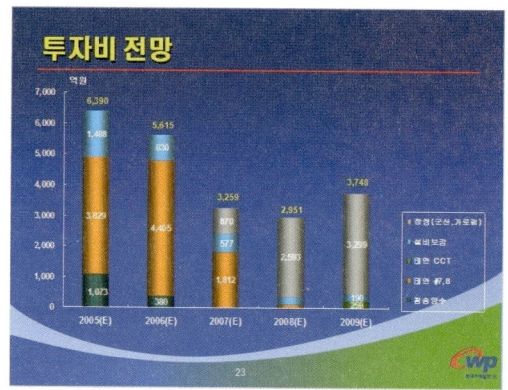

그림 및 클립아트, 사진앨범 작업하기

08
Chapter

⬤ 일러스트레이션 개체

[그림1] 일러스트레이션 그룹

일반적으로 일러스트레이션(illustration)은 어떤 의미나 내용을 시각적으로 전달하기 위하여 곁들이는 삽화·사진·도안 등을 총칭하는 말이다. 프레젠테이션에는 텍스트와 더불어 일러스트레이션을 넣어 청중의 이해를 도와야 한다.

파워포인트에서는 '삽입 탭'에 '일러스트레이션 그룹'을 만들어, 그림, 클립아트, 사진앨범, 도형, SmartArt, 차트 등을 슬라이드에 삽입하도록 하고 있다.

⬤ 그림 삽입하기

그림 삽입 작업은 '삽입 탭'에서, 그림 조정 작업은 '그림 도구'의 '서식 탭'에서 하게 된다.

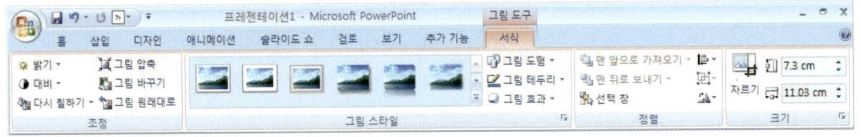

[그림2] 그림도구 서식 탭

(1) 그림 삽입

슬라이드에 그림을 삽입하려면 먼저 삽입할 위치를 클릭하고, '삽입 탭'의 '일러스트레이션 그룹'에서 [그림]을 선택한다. 나타난 '그림삽입 대화상자' [그림3]에서 삽입하려는 그림을 찾는다. 그림을 찾은 뒤에는 삽입할 그림을 두 번 클릭하면 슬라이드에 삽입된다.

(2) 그림 바꾸기와 삭제

[그림3] 그림삽입 대화상자

삽입된 그림을 바꾸려면 바꿀 그림을 클릭하여 '그림 도구'의 '서식 탭' 메뉴로 자동 전환되게 한다. 여기의 '조정 그룹'에서 [그림 바꾸기]를 클릭하고 새 그림을 찾아 두 번 클릭한다.

삽입된 그림을 지울 때에는 삭제할 그림을 클릭한 다음 Delete 키를 누르면 된다. 여러 그림을 삭제하려면 Ctrl 키를 누른 채 삭제할 그림을 클릭한 다음 Delete 키를 누른다.

그림의 크기 조정과 자르기

(1) 수동으로 크기 조정

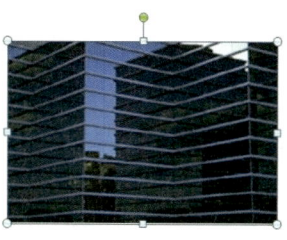

[그림1] 크기 조정 핸들

크기를 조정할 그림을 클릭한다. 하나 이상의 방향으로 크기를 늘리거나 줄이려면 다음 중 하나를 수행할 때 '크기 조정 핸들'(크기 조정 핸들: 선택한 그림의 모서리와 옆에 나타나는 작은 원이나 사각형이다. 이 핸들을 끌어 크기를 변경할 수 있다.)을 중심쪽이나 바깥쪽으로 끈다.

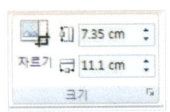

[그림2] 크기 그룹

(2) 정확한 크기 조정

① 정확한 높이와 너비로 크기를 조정하려면 먼저 조정할 그림을 클릭한다. 그림 도구의 서식 탭에 있는 '크기 그룹'[그림2]에서 '높이 및 너비 상자'에 수치를 입력한다.

② 정확한 비율로 크기를 조정하려면 '크기 그룹'에서 [대화 상자 표시] 아이콘 을 클릭하고, 배율에 있는 높이 및 너비 상자에 현재 높이와 너비에서 크기를 조정할 비율을 입력한다. 이때에는 [가로, 세로, 비율 고정] 확인란의 선택을 취소하고 [닫기]를 누른다.

(3) 그림 자르기

그림을 자르면 세로나 가로 가장자리가 제거되어 그림의 크기가 줄어든다. 자르기는 그림을 강조하거나 불필요한 부분을 제거하기 위해 그림의 일부를 숨기거나 잘라내는 데 자주 사용된다.

자르기를 하려면 자를 그림을 선택하고, '크기 그룹'에서 [자르기]를 클릭한다. 그림에 '자르기 핸들'이 나타나면[그림4], 이 핸들을 이용하여 다음 중 하나를 실행한다.

Note

그림을 보다 정확한 치수로 자르려면 크기 그룹에서 「대화 상자 표시」 아이콘을 클릭하고, 대화상자에서 크기 탭의 자르기에 있는 왼쪽, 오른쪽, 위쪽 및 아래쪽 상자에 크기 숫자를 입력한다.

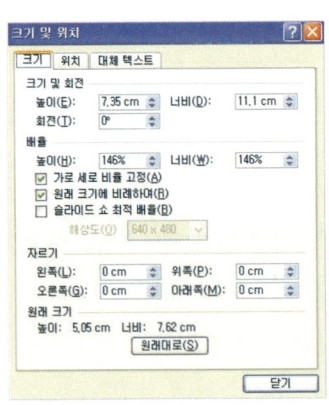

[그림3] 크기 및 위치 대화상자

[그림4] 자르기 핸들

① 한 면을 자르려면 해당 면의 중앙 자르기 핸들을 안쪽으로 끈다.

② 두 면을 동시에 똑같이 자르려면 Ctrl 키를 누른 채로 두 면 중 하나의 중앙 자르기 핸들을 안쪽으로 끈다.

③ 네 면을 모두 동시에 똑같이 자르려면 Ctrl 키를 누른 채로 모서리 자르기 핸들을 안쪽으로 끈다.

④ 그림 주위에 여백을 추가하려면 자르기 핸들을 그림에서 바깥쪽으로 끈다.

그림의 파일 크기를 줄이고 파일에서 그림의 잘려진 부분을 삭제하려면 '조정 그룹'에서 [그림 압축]을 클릭한다. 잘려진 부분을 유지하려면 자동 설정을 변경한다.

그림의 밝기와 대비 및 투명도 변경

그림의 상대적인 밝기, 가장 어두운 영역과 가장 밝은 영역 간의 차이(대비) 및 그림 색 중 하나의 투명도를 조정할 수 있다.

[그림1] 조정 그룹

그림을 편집한 후 변경한 내용을 모두 취소할 수도 있고, 변경 내용을 유지하면서 그림의 원본을 저장할 수도 있다.

이미지 수정의 경우 편집한 그림의 원본을 저장할 수 있는데, 이때 편집한 그림을 마우스 오른쪽 버튼으로 클릭한 후 '바로 가기 메뉴'에서 [그림으로 저장]을 클릭하고, 저장 단추의 화살표를 클릭한 다음 원본 그림 저장을 클릭한다.

(1) 그림 밝기 변경하기

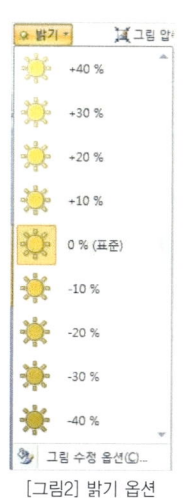

[그림2] 밝기 옵션

그림 밝기를 변경하려면 변경할 그림을 클릭하고, 그림 도구의 '서식 탭'에 있는 '조정 그룹'[그림1]에서 [밝기]를 선택한다. 그리고 나타난 옵션에서 원하는 밝기 비율을 클릭한다. 밝기를 미세조정하려면 [그림 수정 옵션]을 클릭한 다음 밝기 슬라이더를 이동하거나 슬라이더 옆에 있는 상자에 숫자를 입력한다.

(2) 그림 대비 변경하기

그림 대비 변경은 조정 그룹에서 [대비]를 클릭한다. 그리고 나타난 옵션에서 원하는 대비 비율을 클릭한다.
대비를 미세조정하려면 [그림 수정 옵션]을 클릭한 다음, 대비 슬라이더를 이동하거나 슬라이더 옆에 있는 상자에 숫자를 입력한다.

(3) 투명도 변경하기

그림 일부를 투명화하여 그림 위에 겹친 텍스트를 뚜렷이 표시하거나, 그림을 서로 겹치게 혹은 강조를 위해 그림의 일부를 제거하거나 숨길 수 있다. 다만, 그림에서 둘 이상의 색을 투명화할 수는 없다.

변경 작업을 하려면 투명한 영역을 만들 그림을 클릭하고, '조정 그룹'에서 [다시 칠하기]를 선택한다. [투명한 색 설정]을 클릭한 다음 그림 또는 이미지에서 투명화할 색을 클릭한다.

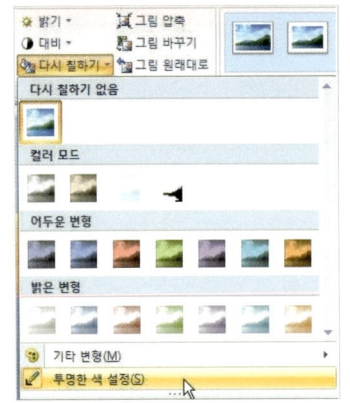
[그림] 다시 칠하기 옵션

(4) 그림 변경 내용 취소와 복원

그림의 대비, 색, 밝기, 테두리, 자르기, 효과 또는 크기에 대한 모든 변경 내용을 취소하거나 복원할 수 있다. 이때에는 원래 상태로 다시 설정할 그림을 선택하고, '조정 그룹'에서 [그림 원래대로]를 클릭한다.

◌ 그림 스타일

'그림 도구'의 '서식 탭'에는 [그림 스타일] 그룹이 표시되어 있다. 이 그룹에는 기본이 되는 그림 스타일이 제시되고 있다. 이 그룹의 [자세히] 버튼을 클릭하면 액자 모양 등 다양한 모양들이 있는 갤러리가 나타난다. 이 갤러리에서 적합한 것을 선택할 수 있다.

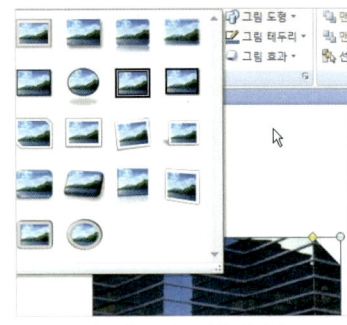
[그림] 그림 스타일 갤러리

이 그룹에서 [그림 도형], [그림 테두리], [그림 효과] 도구를 이용하여 그림의 윤곽을 조정할 수 있다.

실례

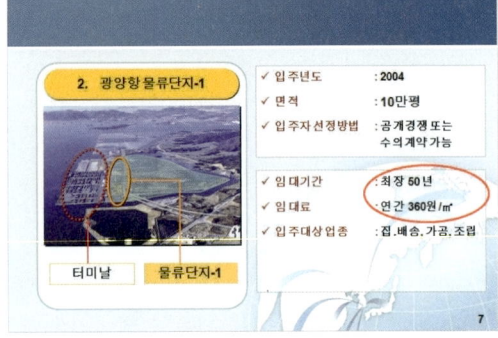

클립아트의 삽입과 조정하기

[그림1] 클립아트 작업창]

슬라이드에 클립아트를 삽입하려면 파워포인트에서 제공하는 클립아트를 사용하거나 별도의 클립아트가 있어야 한다. 클립아트를 넣으려면 우선 클립아트를 선택해야 한다. 이를 위해 삽입 탭의 '일러스트레이션 그룹'에서 [클립아트]를 선택하면 '클립아트 작업창'[그림1]이 나타난다.

클립아트 작업 창의 '검색 대상 텍스트 상자'에 찾으려는 클립아트를 설명하는 단어 또는 구를 입력하거나 클립아트 파일 이름을 일부 또는 모두 입력한다. 입력한 다음에 [이동] 버튼을 클릭하면 여러 종류의 클립아트들이 목록에 제시된다. 이 결과 목록에서 원하는 클립아트를 클릭하여 삽입하면 된다.

클립아트가 삽입된 후에는, 삽입된 그림의 조정하기와 같이, '그림 도구'의 '서식 탭'에서 작업하면 되고, 그 방법도 삽입된 그림 조정하기처럼 하면 된다.

사진 앨범 작업하기

파워포인트 사진 앨범은 개인용 또는 업무용 사진을 표시하기 위해 만들 수 있는 프레젠테이션이다. 주목을 끄는 슬라이드 전환, 다양한 색채의 배경 및 테마, 특정 레이아웃 등의 효과를 사진 앨범에 추가할 수 있으며, 하드디스크, 스캐너 혹은 디지털 카메라에서 좋아하는 사진을 프레젠테이션에 넣어 사진 앨범으로 만들 수 있다.

사진 앨범을 만든 후에는 캡션 추가, 순서와 레이아웃 조정, 그림 둘레에 프레임을 추가하고, 테마를 적용하여 앨범 모양을 사용자가 지정할 수도 있다. 다른 사용자와 사진 앨범을 공유하기 위해 사진 앨범을 이메일의 첨부 파일, 그리고 웹에 게시하거나, 인쇄할 수 있다.

(1) 그림 추가 및 제거

파일이나 디스크에서 그림이나 사진을 추가하는 방법은 다음과 같다.

① '삽입 탭'의 '일러스트레이션 그룹'에서 [사진 앨범] 아래의 [화살표]를 클릭하고, [새 사진

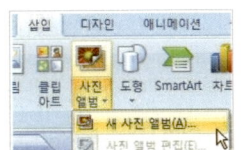
[그림1] 새 사진 앨범

앨범]을 선택한다. [그림1] 참조. 나타난 '사진 앨범 대화 상자'[그림2]의 '그림 삽입'에서 [파일/디스크]를 선택한다.

② '새 그림 삽입' 대화 상자에서 삽입할 그림이 있는 폴더를 찾아 선택하고 삽입을 클릭한다.

③ 사진 앨범의 그림 파일을 미리 보기는 앨범에서 미리 볼 그림 파일 이름을 클릭하고 '미리 보기 창'에서 본다.

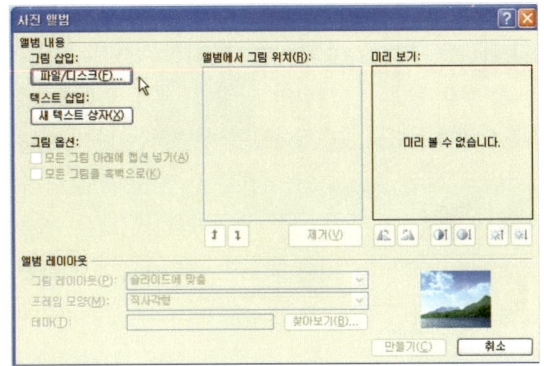
[그림2] 새 사진 앨범

④ 그림이 표시되는 순서 변경은 '앨범에서 그림 위치'에서 이동할 그림의 파일 이름을 클릭하고, [화살표] 버튼을 사용하여 목록에서 파일을 위나 아래로 이동한다.

⑤ 다음에는 '앨범 레이아웃'에서 [그림 레이아웃], [프레임 모양], [테마]순으로 정해 나간다. 마지막으로 '사진 앨범' 대화 상자에서 [만들기]를 선택한다.

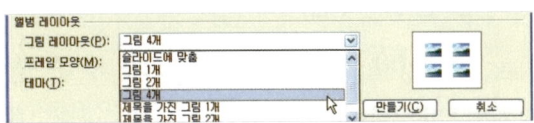
[그림3] 그림 레이아웃 목록

'사진 앨범 대화상자'에서 [만들기]를 클릭하고 나면, 사진 앨범이라는 새로운 프레젠테이션이 생긴다.

[그림4] 사진 앨범 만들기 후의 슬라이드

그림의 레이아웃 을 선택하려면 '앨범 레이아웃' 아래의 '그림 레이아웃' 목록에서 원하는 레이아웃을 선택한다[그림3].

그림에 프레임을 추가하려면 앨범 레이아웃 아래의 프레임 모양 목록에서 사진 앨범의 모든 그림에 어울리는 프레임 모양을 선택한다. 사진 앨범의 테마를 선택하려면, '테마' 옆의 「찾아보기」를 클릭하고 '테마 선택 대화 상자'에서 사용할 테마를 찾는다.

사진 앨범에서 그림 제거하려면 '앨범에서 그림 위치' 에서 삭제할 그림을 클릭하
고 [제거]를 선택한다.

(2) 사진에 캡션 추가하기

사진 앨범에 각각의 사진 설명 텍스트를 입력하여 캡션을 넣을 수 있다. 먼저, 그
림을 추가하고 '사진 앨범 대화 상자' 의 '그림 옵션' 에서 [모든 그림 아래에 캡션
넣기]의 '확인란' 을 선택하고 만들기를 클릭한다. [그림2]를 참조하자.

기본 보기에서 '캡션 텍스트의 개체 틀' 을 클릭하고 캡션을 입력한다.

(3) 사진 모양 변경하기

새 사진 앨범에서 사진 모양을 변경하려면 [새 사진 앨범]을 클릭해야 하고, 기존
사진 앨범에서 변경하려면 [사진 앨범 편집]을 클릭한다. 나타난 '사진 앨범 대화
상자' 에서 다음 중 하나 이상을 실행한다.

① 사진 앨범에서 사진을 모두 흑백으로 표시하려면 '그림 옵션' 에서 [모든 그림을 흑백]으로
    '확인란' 을 선택한다.
② 사진 앨범에서 간격을 넣기 위해 텍스트 상자를 추가하려면 앨범 사진 위치에서 텍스트 상
    자를 추가할 사진을 클릭하고 [새 텍스트 상자]를 클릭한다.
③ 사진의 방향 회전, 대비, 밝기 등은 '사진 앨범 대화 상자' 의 '미리보기 창' 아래에 있는
    아이콘을 이용해서 변경할 수 있다.

09
Chapter

아이디어를 시각화하는
SmartArt 작업하기

○ SmartArt 그래픽의 특징과 범주

Note

2007 버전의 프레젠테이션에
는 대부분 글머리 기호 목록이
있는 슬라이드가 포함되기 때
문에 신속하게 슬라이드 텍스
트를 SmartArt 그래픽으로 변
환할 수 있다. 또한 SmartArt
그래픽에 애니메이션을 추가할
수 있다.

파워포인트 2007 버전에서 도입한 SmartArt 그래픽은 정보와 아이디어를 시각적
으로 표현한 것이다. SmartArt 그래픽 범주에는 [목록형], [프로세스형], [주기형],
[계층 구조형], [관계형], [행렬형], [피라미드] 등 7가지가 있으며, 각 범주에는 여러
유형(레이아웃)이 있다. SmartArt 그래픽 선택 박스에서 임의의 유형을 선택할 경
우에는 옆의 박스에 간단한 '설명'이 되어 있으므로 이를 참조하도록 한다.

○ SmartArt 그래픽 만들기와 텍스트 추가

(1) SmartArt 그래픽 만들기

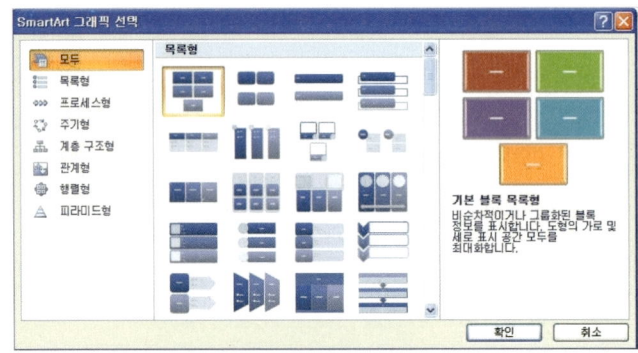

[그림1] SmartArt 그래픽 선택 대화상자

SmartArt 그래픽을 넣을 슬라이드를 클릭하고, '삽입 탭'의 '일러스트레이션 그
룹'에서 [SmartArt] 버튼을 클릭한다. 나타난 'SmartArt 그래픽 선택 대화상자'
[그림1]에서 원하는 유형의 레이아웃을[그림2] 선택한다. 그러면 선택한
'SmartArt 그래픽 도형'과 '텍스트' 창이 한 묶음의 상자로 나타난다.
이 SmartArt 그래픽과 텍스트 창은 [그림2]에서 보듯이 정보를 입력하고 이러한
정보를 바꿀 수 있는 개체 틀 텍스트로 채워져 있다.

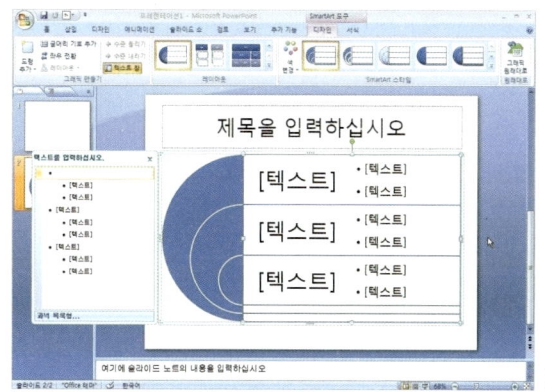

[그림2] 원하는 유형의 레이아웃 선택

(2) SmartArt 그래픽의 유형 전환

삽입된 SmartArt 그래픽 유형을 다른 유형으로 전환할 수 있다. SmartArt 그래픽의 레이아웃이나 유형을 변경하면 정보가 나타내는 의미가 바뀔 수 있다.

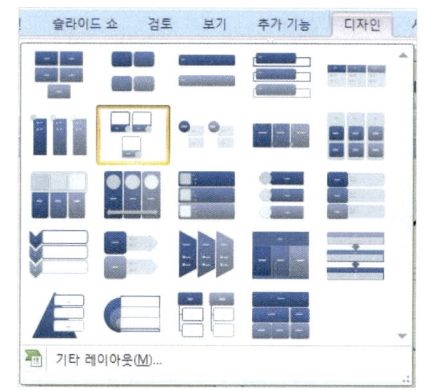

[그림3] 레이아웃 갤러리

SmartArt 그래픽의 유형 변경은 레이아웃을 변경할 SmartArt 그래픽을 클릭하고, SmartArt 도구에 있는 '디자인 탭'의 '레이아웃 그룹'에서 원하는 유형을 클릭하여 변경한다.

한 유형에서 사용 가능한 모든 레이아웃을 보려면 '레이아웃' 그룹에서 레이아웃 축소판 그림 옆에 있는 [자세히] 버튼을 클릭한다. 모든 유형과 레이아웃을 보려면 [기타 레이아웃]을 클릭한다[그림3] 참조.

◯ SmartArt 그래픽에서 도형 변경하기

(1) SmartArt 그래픽에 도형 추가하기

작성자가 SmartArt 그래픽 도형을 원하는 모양으로 변경할 수 있다. 변경은 대부분의 SmartArt 그래픽에서 도형을 추가 및 삭제함으로써 가능하다. 도형을 추가 또는 제거하거나 텍스트를 편집하면, 도형 수와 도형 내 텍스트 양에 따라 도형이 자동으로 다시 정렬되고 위치가 업데이트 된다.

■ SmartArt 그래픽에서 도형 추가

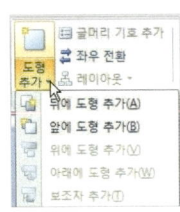

[그림1] 도형 추가 옵션

SmartArt 그래픽이나 텍스트 창에서 도형을 추가할 수 있다. 도형을 추가하려면 새 도형을 추가할 위치에 가장 가까이 있는 기존 도형을 클릭하고 나서, SmartArt 도구에서 '디자인 탭'을 클릭한다. 이 디자인 탭의 '그래픽 만들기' 그룹에서 [도형 추가] 아래의 화살표를 클릭한 후, 다음 중 하나를 실행하여 새 도형의 위치를 선택한다[그림1].

① 선택한 도형과 동일한 수준에서 해당 도형 뒤에 도형을 삽입하려면 [뒤에 도형 추가]를 클릭한다.
② 선택한 도형과 동일한 수준에서 해당 도형 앞에 도형을 삽입하려면 [앞에 도형 추가]를 클릭한다.
③ 선택한 도형보다 한 수준 위에 도형을 삽입하려면 [위에 도형 추가]를 클릭한다. 그러면 새 도형이 선택한 도형의 위치에 추가되며, 선택한 도형과 그 아래에 있는 모든 도형이 각각 한 수준 아래로 내려간다.
④ 선택한 도형보다 한 수준 아래에 도형을 삽입하려면 [아래에 도형 추가]를 클릭한다. 그러면 새 도형이 동일한 수준에 있는 다른 도형의 맨 끝에 추가된다.
⑤ [보조자 추가] 도형은 '조직도' 레이아웃을 선택한 경우에만 사용할 수 있다.

■ 텍스트 창 내에서 도형 추가

① 기존 도형 앞에 도형을 추가하려면 텍스트 창에서 도형을 추가할 텍스트의 시작 부분에 커서를 놓고, 텍스트를 입력한 다음 **Enter** 키를 누른다.
② 기존 도형 뒤에 도형을 추가하려면 텍스트 창에서 도형을 추가할 텍스트의 끝 부분에 커서를 놓고, **Enter** 키를 누른 다음 텍스트를 입력한다.

(2) SmartArt 그래픽의 도형 바꾸기

SmartArt 그래픽의 여러 도형 중에서, 도형을 하나 이상 변경할 수 있다. 예를 들어, 프로세스 끝을 나타내기 위해 기본 프로세스형 레이아웃에서 마지막 직사각형을 원으로 바꿀 수 있다.
SmartArt 그래픽의 레이아웃은 특정 도형과 간격용으로 디자인되므로, 도형을 바꾼 후 새 도형의 크기를 조정하거나 새 도형을 이동해야 한다. 도형을 대부분 또는 모두 바꾸려면 다른 레이아웃으로 전환해 보는 것이 좋다.

[그림2] '도형 모양 변경' 갤러리

SmartArt 그래픽의 도형 바꾸기를 하려면, 변경할 도형을 클릭한 다음, SmartArt 도구에 있는 '서식 탭'의 '도형 그룹'에서 [도형 모양] 변경 옆의 '화살표'를 클릭하고, 갤러리[그림2]에서 원하는 도형을 클릭한다.

SmartArt 그래픽에는 [도형 모양 변경] 갤러리보다 많은 도형이 들어 있기 때문에, 도형을 바꾼 후 원본 도형을 복원하려면 새 도형을 마우스 오른쪽 버튼을 클릭하고 '바로 가기 메뉴'에서 [도형 원래대로]를 클릭해야 한다. 도형을 원래 도형으로 되돌리면 색, 선, 너비 등의 서식 변경 내용이 제거된다.

텍스트 창에서 텍스트 추가하기

① SmartArt 그래픽이 슬라이드에 삽입되면 그래픽의 한 도형을 클릭하고, '텍스트를 입력하십시오'라는 '텍스트 창'[그림1]에서, [텍스트]를 클릭한 다음 텍스트를 입력하거나 붙여넣는다.

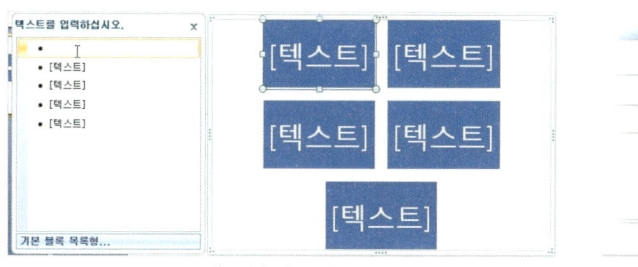

[그림1] 텍스트 창

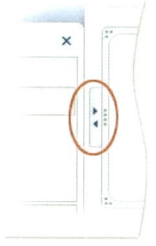

[그림2]

② 텍스트 창이 보이지 않을 경우, 텍스트 창을 표시하려면 상자 옆의 버튼을 클릭하거나, SmartArt 도구의 '디자인 탭'에 있는 '그래픽 만들기 그룹'에서 [텍스트 창]을 클릭한다 [그림3]. 텍스트 창을 닫으려면 SmartArt 그래픽 외부를 클릭하거나, '텍스트 창'의 오른

[그림3] '그래픽 만들기' 그룹

쪽 위에 있는 ×모양의 [닫기]를 클릭한다[그림2] 참조.

③ 텍스트 창 위쪽에서는 SmartArt 그래픽에 표시될 텍스트를 문자 서식 등을 적용하여 편집할 수 있고, 텍스트의 맞춤법을 검사하고, 텍스트 창의 크기를 조정하거나 위치를 이동할 수 있다.

글꼴, 글꼴 크기, 굵게, 기울임 꼴 및 밑줄과 같은 문자 서식을 '텍스트 창'의 텍스트에 적용할 수 있지만, '텍스트 창' 내에서는 문자 서식이 표시되지 않는다. 그러나 SmartArt 그래픽 자체에는 모든 서식 변경 내용이 반영된다.

④ 텍스트 창에서 줄을 들여 쓰려면 들여쓰기를 적용할 줄을 선택한 다음, '그래픽 만들기 그룹'에서 [수준 올리기]를 클릭한다. 줄 들여쓰기를 취소하려면, [수준 내리기]를 클릭한다. 텍스트 창 내에서 Tab 키를 눌러 들여쓰기를 적용하거나 Shift + Tab 키를 눌러 들여쓰기를 취소할 수 있다.

⑤ 텍스트에 글머리 기호를 추가하려면 '그래픽 만들기 그룹'에서 [글머리 기호 추가]를 클릭한다. 텍스트 창에서 글머리 기호가 적용된 새 텍스트 줄을 만들려면 Enter 키를 누른다.

⑥ SmartArt 그래픽의 텍스트에 채우기를 추가할 수 있다. SmartArt 도구에 있는 '서식 탭'의 'WordArt 스타일 그룹'에서 [텍스트 채우기] 옆의 화살표를 클릭하고 나타난 옵션에서 작업을 한다.

◯ SmartArt 그래픽에 그림 추가하기

프레젠테이션을 만드는 데 그림이나 이미지가 중요한 역할을 하는 경우가 많다. SmartArt 그래픽에 이러한 그림을 쉽게 삽입할 수 있다. 모든 SmartArt 그래픽에 그림 개체 틀이 있는 것은 아니며, 그림 개체 틀이 없는 레이아웃을 선택할 경우 도형에 그림 채우기를 추가하거나 다른 레이아웃으로 전환할 수 있다.

(1) 그림 개체 틀에 그림 삽입

그림 개체 틀이 있는 레이아웃을 선택할 경우, SmartArt 그래픽에서 도형 안에 있는 '그림 개체 틀'을 클릭한다. 사용할 그림이 있는 폴더를 찾아 그림 파일을 클릭하고 삽입을 클릭한다.

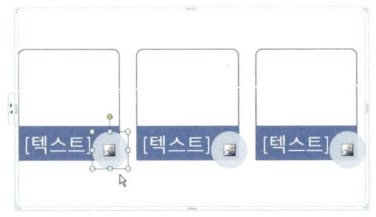

[그림1] 그림 개체 틀

(2) 도형에 그림 채우기 추가

SmartArt 그래픽에서 그림 채우기를 추가할 도형을 클릭한다. 다음에는 서식 탭의 '도형 스타일' 그룹에서 도형 채우기 옆에 있는 화살표를 클릭한다. 그림을 클릭하고 사용할 그림이 있는 폴더를 찾아 그림 파일을 클릭하고 삽입을 클릭한다.

[그림2] 도형 스타일 그룹

(3) SmartArt 그래픽에 배경 그림 추가

SmartArt 그래픽에 배경 그림 추가하려면 다음과 순서로 한다.

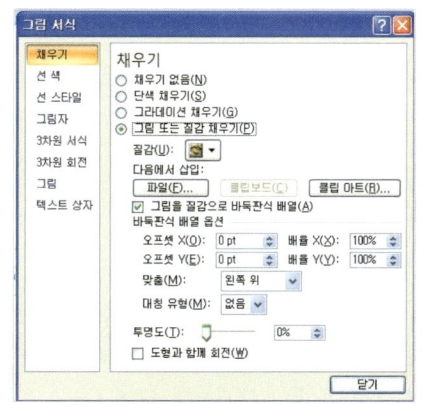

[그림3] 그림 서식 대화상자

배경 그림을 추가할 SmartArt 그래픽의 테두리를 마우스 오른쪽 버튼으로 클릭하고 나타난 '바로 가기 메뉴'에서 [도형 서식]을 클릭한다.

'채우기'에서 [그림 또는 질감 채우기]를 클릭한다. 나타난 옵션에서 다음과 같이 하고, '그림 서식 대화 상자'에서 닫기를 클릭한다.

① 파일에서 그림을 삽입하려면, [파일]을 클릭하고 사용할 그림이 있는 폴더를 찾아 그림 파일을 클릭한 다음 삽입을 클릭한다.
② 클립보드에 복사한 그림을 삽입하려면, [클립보드]를 클릭한다.
③ 클립아트를 배경 이미지로 사용하려면, [클립아트]를 클릭하고 사용할 파일을 검색한 다음 확인을 클릭한다.

⚙ 삽입된 도형 또는 전체 SmartArt 그래픽 크기 조정하기

전체 SmartArt 그래픽이나 SmartArt 그래픽 내에 있는 개별 도형의 크기를 변경할 수 있다. SmartArt 그래픽에 있는 개별 도형의 크기를 변경할 때는 나머지 도형의 크기와 위치가 해당 도형의 SmartArt 그래픽 레이아웃에 종속된 방식에 따라 조정될 수 있다. 크기를 조정하는 개별 도형만 변경되는 경우도 있고 종속 도형의 크기가 함께 변경되는 경우도 있다. 바꾸어 말하면, 선택한 SmartArt 그래픽 레이아웃에 따라 전체 SmartArt 그래픽의 크기를 변경하면 SmartArt 그래픽에 있는 도형의 크기가 비례적으로 조절되거나 간격 및 흐름이 최적화되도록 조정된다.

텍스트가 있는 도형의 크기를 조정할 경우, 텍스트 크기가 이에 맞게 자동으로 조정된다. 그러나 해당 SmartArt 그래픽에서 동일한 수준에 있는 다른 도형이 더 큰 텍스트를 표시할 공간이 없는 경우, 해당 수준에 있는 모든 도형의 텍스트 크기가 동일하게 유지된다. 또한 이전에 텍스트 크기를 사용자 지정한 도형에서는 텍스트 크기가 조정되지 않는다.

(1) 단일 도형 크기 조정

[그림1] 도형그룹

SmartArt 그래픽에 있는 여러 도형 중 하나만을 크기 조정하려면 크기를 조정할 도형을 클릭하고, SmartArt 도구에 있는 '서식 탭'의 '도형 그룹'에서 다음 중 하나를 실행한다.

① 도형을 더 크게 만들려면 [크게]를 클릭한다.
② 도형을 더 작게 만들려면 [작게]를 클릭한다.

크기 조정 핸들(선택한 개체의 모서리와 옆에 나타나는 작은 원이나 사각형이다.)을 사용하여 도형의 크기를 조정할 수도 있다. 크기 조정 핸들 중 하나를 가리켜 포인터가 ↕가 되면, 핸들을 끌어 도형을 더 크거나 작게 만든다.

(2) 전체 SmartArt 그래픽 크기 조정

전체 SmartArt 그래픽 크기를 조정하려면 크기를 조정할 SmartArt 그래픽을 클릭하고, SmartArt 그래픽 테두리의 크기 조정 핸들을 가리켜 포인터가 ↕가 되면 핸들을 끌어 SmartArt 그래픽을 더 크거나 작게 만든다.

SmartArt 그래픽의 정확한 크기를 지정하려면 SmartArt 도구에 있는 '서식 탭'에서 [크기]를 클릭하고 나타난 상자에서 다음 중 하나 또는 둘 다를 실행한다.

[그림2] 크기 상자

① 높이 상자에 숫자를 입력한다.
② 너비 상자에 숫자를 입력한다.

(3) SmartArt 그래픽 이동

SmartArt 그래픽을 수동으로 이동할 수 있다. 수동으로 이동하려면 이동할 SmartArt 그래픽을 클릭하여 선택하고, 포인터를 SmartArt 그래픽의 점 위가 아닌 테두리에 놓는다. 포인터가 십자모양으로 변경되면 테두리를 끌어 SmartArt 그래픽을 이동한다.

⭘ SmartArt 그래픽 색 변경 및 스타일 적용하기

SmartArt 그래픽에 전문적으로 디자인된 여러 효과를 추가하는 빠르고 손쉬운 방법은 SmartArt 스타일을 추가하는 것이다. SmartArt 도구 아래의 '디자인 탭'의 'SmartArt 스타일' 그룹에는 SmartArt 그래픽의 모양을 신속하게 변경하기 위한 두 개의 갤러리인 'SmartArt 스타일'과 '색 변경'이 있다.

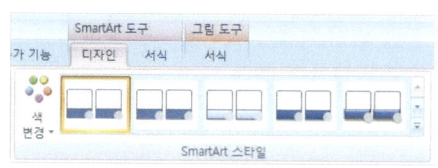

[그림] SmartArt 스타일' 그룹

'SmartArt 스타일'은 도형 채우기, 가장자리, 그림자, 선 스타일, 그라데이션 및 3차원 원근감을 포함하며 전체 SmartArt 그래픽에 적용된다. SmartArt 그래픽의 도형에 개별 도형 스타일을 적용할 수도 있다.

두 번째 갤러리인 색 변경에서는 SmartArt 그래픽을 위한 다양한 색 범위 옵션을 제공한다. 각 옵션은 SmartArt 그래픽의 도형에 하나 이상의 테마 색을 서로 다른 방식으로 적용한다.

(1) 전체 SmartArt 그래픽 색 변경

'테마 색'에서 파생된 색 변형을 SmartArt 그래픽의 도형에 적용할 수 있다. SmartArt 그래픽을 클릭하고, SmartArt 도구에 있는 '디자인 탭'의 'SmartArt 스타일 그룹'에서 [색 변경]을 클릭한다. 그런 다음 원하는 색 변형을 클릭한다.

(2) SmartArt 그래픽에 SmartArt 스타일 적용

SmartArt 스타일은 선 스타일, 입체 효과 및 3차원을 비롯한 다양한 효과의 조합으로, SmartArt 그래픽의 도형에 적용하여 고유한 모양을 만들 수 있다.

이는 SmartArt 그래픽을 클릭하고 'SmartArt 스타일 그룹'에서 원하는

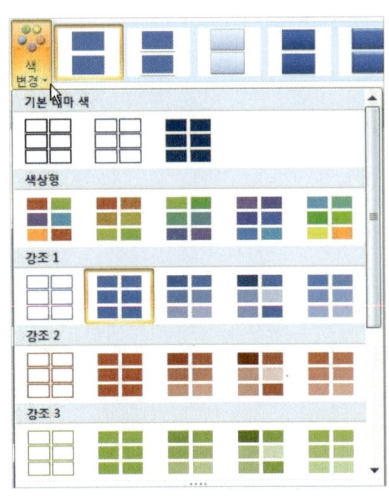

[그림] 색 변경

SmartArt 스타일을 클릭한다. 이때에 더 많은 SmartArt 스타일을 보려면 [자세히] 버튼을 클릭한다.

(3) SmartArt 그래픽의 애니메이션 적용

추가적으로 강조하거나 단계적으로 정보를 표시하기 위해 SmartArt 그래픽 또는 SmartArt 그래픽의 개별 도형에 애니메이션을 추가할 수 있다. 예를 들어, 도형을 화면 한쪽에서 빠르게 날아오게 하거나 천천히 나타나게 할 수 있다.

선택하는 SmartArt 그래픽 레이아웃에 따라 사용할 수 있는 애니메이션은 다르지만, 한 번에 모든 도형 또는 한 번에 한 도형씩 애니메이션을 적용할 수 있다는 점은 같다.

10 Chapter

알기 쉽게 보여주는 차트 작업하기

다양한 차트의 종류

한마디로 말하면, 차트는 각종 자료를 알기 쉽게 한 일람표이다.

파워포인트에는 재고 수준, 조직 변동 사항, 영업 실적 등의 정보를 제공하는 데 사용할 수 있는 다양한 종류의 차트와 그래프가 포함되어 차트를 보여 줄 사용자에게 적합한 방식으로 데이터를 표시할 수 있도록 많은 종류의 차트를 지원하고 있다.

차트를 만들거나 기존 차트를 변경하는 경우 다양한 범위의 차트 종류(예, 세로 막대형 차트 또는 원형 차트)와 하위 종류(예, 누적 세로 막대형 차트 또는 3차원 원형 차트) 중에서 선택할 수 있다. 또한 차트에 두 개 이상의 차트 종류를 사용하여 혼합형 차트를 만들 수도 있다.

> **Note**
>
> 차트는 파워포인트 2007 및 Office Word 2007과 같은 다른 2007 Office 버전 프로그램과 완전히 통합되어 있으며, 두 프로그램 모두 Excel에서 사용할 수 있는 동일한 '차트 도구'를 제공하고 있다.

차트 도구 이해하기

(1) 차트 도구의 상황 탭

차트 작업에 사용하는 파워포인트의 차트 도구에는 3가지 '상황 탭' 이 있다. 이와 관련하여 차트에는 데이터를 처리하여야 하기 때문에 워크시트가 있는 'Excel 창' 이 있다.

① 디자인 탭

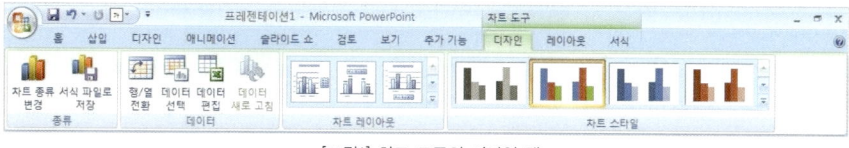

[그림1] 차트 도구의 디자인 탭

'디자인 탭' 에는 차트의 종류를 변경하거나, 데이터를 편집할 수 있으며, 차트의 모양이 되는 레이아웃과 스타일을 적용 또는 변경할 수 있다.

② 레이아웃 탭

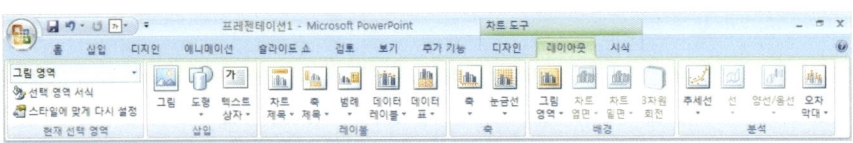

[그림2] 차트 도구의 레이아웃 탭

'레이아웃 탭'에서는 그림 등을 삽입하고 그 배경을 지정할 수 있다. 특히 레이블과 축의 변경 작업을 할 수 있다.

③ 서식 탭

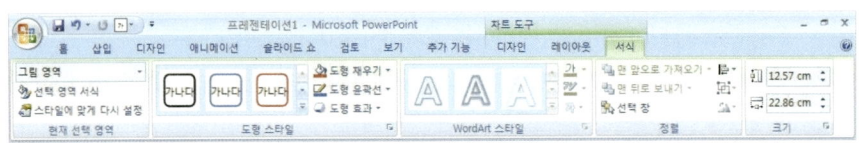

[그림3] 차트 도구의 서식 탭

'서식 탭'에서는 차트의 텍스트 및 도형 변경 작업을 할 수 있다.

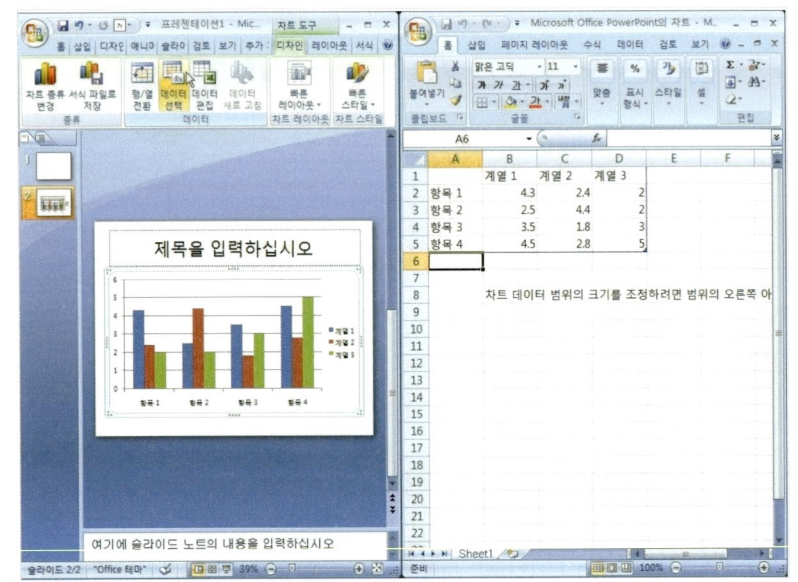

[그림4] 파워포인트와 Excel 분할 창

④ Excel 창

슬라이드에 삽입하면 [그림4]처럼 '창'에 '파워포인트 창'과 'Office Excel 2007 창'으로 된 '분할 창'이 자동으로 열린다. Excel 창에는 '워크시트'의 '예제 데이터'가 표시가 되어 있다.

(2) 차트 요소 선택

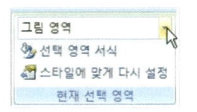
[그림5] 현재 선택 영역 그룹

마우스를 사용하여 '차트 요소'를 빠르게 선택할 수 있지만, 차트에서 특정 요소의 위치를 모를 때에는 '차트 요소 목록에서 선택할 수 있다. 그 외 키보드를 사용하여 차트 요소를 선택할 수도 있다. '서식 탭'이나 '레이아웃 탭'의 '현재 선택 영역 그룹'에서 [차트 요소 상자] 옆의 화살표를 클릭하고, 차트 요소를 선택하여 작업할 수 있다.

⬭ 차트 추가 및 변경하기

프레젠테이션에 차트 또는 그래프를 추가하는 방법으로 차트를 프레젠테이션에 포함 개체로 삽입하는 방법과 Excel 차트를 프레젠테이션에 붙여 넣고 Office Excel 2007의 데이터에 연결하는 방법이 있다. 삽입된 차트를 삭제하려면 삭제하려는 차트를 선택하고 Delete 키를 누른다.

(1) 프레젠테이션에 포함 개체로 삽입하기

파워포인트에서 차트 데이터를 포함하는 경우에는 해당 데이터를 Office Excel 2007에서 편집하고 워크시트는 파워포인트 파일과 함께 저장된다. 삽입하려면 먼저 차트의 유형을 선정하고 다음과 같은 순서로 한다.

① 파워포인트에서 차트를 포함할 '개체 틀'을 클릭한다.
② '삽입 탭'의 '일러스트레이션 그룹'에서 [차트]를 클릭한다.
③ '차트 삽입' 대화 상자에서 넣고 싶은 차트를 클릭한 다음 [확인]을 클릭한다[그림1]. 그러면 '창'에 '파워포인트 창'과 'Office Excel 2007 창'으로 된 '분할 창'에 열린다. Excel의 '워크시트'에 '예제 데이터'가 표시 되어 있다.
④ Excel에서 예제 데이터를 바꾸려면 '워크시트'의 '셀'을 클릭하고 원하는 데이터를 입력한다.

[그림1] '차트 삽입' 대화상자

⑤ Excel에서 [Microsoft Office]
   버튼을 클릭한 다음, [다른 이
   름으로 저장]을 클릭한다.
⑥ [다른 이름으로 저장] 대화상자
   의 '저장 위치' 목록에서 워크
   시트를 저장하려는 폴더나 드
   라이브를 선택한다.
⑦ 파일 이름 상자에 파일의 새
   이름을 입력하고 [저장]을 클릭
   한다.
⑧ Excel의 파일 메뉴에서 [닫기]
   를 클릭한다.

(2) Excel 차트를 프레젠테이션에 붙여넣기

Office Excel 2007에서 차트를 복사하여 프레젠테이션에 붙여 넣은 경우에는 차
트 데이터가 Excel 워크시트에 연결된다. 차트 데이터를 변경하려면 Office Excel
2007에서 연결된 워크시트를 변경해야 한다. 이런 경우 Office Excel 2007에서
데이터를 업데이트하면 파워포인트의 차트도 업데이트가 된다.

◯ 데이터 편집과 숨겨진 데이터 빈 셀 표시하기

(1) 데이터 편집

'차트 삽입' 대화상자에서 넣고 싶은 차트를 클릭한 다음 [확인]을 클릭하면, '창'
에 '파워포인트 창'과 'Office Excel 2007 창'으로 된 '분할 창'에 열린다. Excel
의 '워크시트'에 '예제 데이터'가 표시 되어 있다. 이를 바꾸어 사용자 고유의 차
트를 만들어야 한다. 즉, Excel에서 예제 데이터를 바꾸려면 '워크시트'의 '셀'을
클릭하고 원하는 데이터를 입력한다. 차트가 만들어진 뒤에는 '디자인 탭'의 '데
이터 그룹'에서 [데이터 편집]을 클릭하여 Excel창을 선택할 수 있다. 이 편집 작
업을 하면서 [행/열 전환]을 클릭하여, x축 데이터를 y축으로 옮기고, y축 데이터
를 x축으로 옮겨서 작업할 수 있다.

[그림1] 데이터 그룹

(2) 차트에 숨겨진 데이터에 빈 셀 표시

기본적으로 워크시트의 행과 열에서 숨겨진 데이터는 차트에 표시되지 않으며 빈 셀은 간격으로 표시된다. 그러나 숨겨진 데이터를 표시하고 빈 셀이 표시되는 방식을 변경할 수 있다. 즉, 빈 셀을 간격으로 표시하지 않고 값을 0으로 표시하거나 간격을 선으로 표시할 수 있다. 숨겨진 데이터와 빈 셀을 표시할 차트를 클릭한 뒤, '디자인 탭'의 '데이터 그룹'에서 [데이터 선택]을 클릭한다. 숨겨진 셀/빈 셀을 클릭하고 다음 중 하나를 실행한다.

① 빈 셀이 차트에 표시되는 방식을 정의하려면 간격, 0으로 처리 또는 선으로 데이터 요소 연결을 클릭한다.
② 숨겨진 셀을 차트에 표시하려면 숨겨진 행 및 열에 데이터 표시 확인란을 선택한다.

◌ 차트 레이아웃과 스타일 변경하기

차트에 그림, 도형, 텍스트 상자를 삽입할 수 있는데, 이 삽입작업은 '레이아웃 탭'의 '삽입 그룹'에서 할 수 있다. 차트를 만든 후, 차트 모양을 변경할 수 있다. 사용자가 직접 차트 요소를 추가 또는 변경하거나 차트에 서식을 지정하지 않고, 차트에 미리 정의된 레이아웃이나 스타일을 빠르게 적용할 수 있다. 파워포인트에서는 미리 정의된 유용한 레이아웃과 스타일(빠른 레이아웃 및 빠른 스타일)을 다양하게 제공하므로 이 중에서 선택할 수 있다.

(1) 미리 정의된 차트 레이아웃 선택

[그림1] 차트 레이아웃 그룹

테마 등을 사용하여 미리 정의된 차트 레이아웃을 선택, 적용하려면 다음과 같다.

① 서식을 지정할 차트를 클릭한다. 이렇게 하면 리본 메뉴 상단에 디자인, 레이아웃 및 서식 탭이 있는 '차트 도구'가 표시된다.
② 디자인 탭의 '차트 레이아웃 그룹'에서 사용할 차트 레이아웃을 클릭한다. 사용할 수 있는 모든 레이아웃을 보고 적용하려면 [자세히] 화살표를 클릭한다.

(2) 미리 정의된 차트 스타일 선택

테마 등을 사용하여 미리 정의된 차트 스타일을 선택, 적용하려면 서식을 지정할 차트를 클릭하고, 이어서 '디자인 탭'의 '차트 스타일 그룹'에서 사용할 차트 스타

[그림2] 차트 스타일 그룹

일을 클릭한다. 사용할 수 있는 모든 스타일을 보고 적용하려면 [자세히] 화살표를 클릭한다.

차트 레이아웃 수정하기

필요한 경우 개별 차트 요소의 레이아웃과 스타일을 직접 변경하여 레이아웃이나 스타일을 사용자 지정할 수도 있다. 예를 들어, 축 표시 방법을 변경하고 차트 제목을 추가하여 범례를 이동하거나 숨겨 다른 차트 요소를 표시할 수 있다.

(1) 차트 축 표시 변경

차트를 만들 때 축에 기본적으로 눈금과 눈금 레이블이 표시된다. 차트를 좀 더 읽기 쉽게 만들기 위해 축에 눈금과 눈금 레이블을 추가하고 표시 간격을 지정할 수도 있다. 축 배율을 지정하고, 표시되는 값 또는 항목 사이의 간격을 조정할 수 있다.

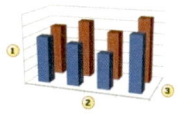

[그림1] 차트의 축

'축'이란, 차트 영역의 선 경계이며 측정을 위한 참조 프레임으로 사용되며, 일반적으로 y축은 데이터를 포함하는 세로축이며 x축은 항목을 포함하는 가로 축이다. 3차원 차트에는 세번째 축인 깊이 축(계열 축 또는 Z 축이라고도 함)이 있으므로 차트의 깊이에 따라 데이터를 나타낼 수 있다.

■ 축 표시/숨기기

축을 표시하거나 숨길 차트를 클릭한 후, '레이아웃 탭'의 '축 그룹'에서 [축]을 클릭하여 다음과 같이 작업한다.

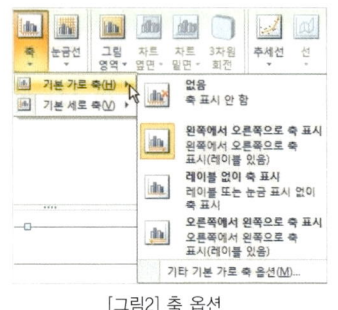

[그림2] 축 옵션

① 축을 표시하려면 표시할 축 종류를 클릭한 다음, 축을 표시하는 '옵션' 중 하나를 클릭한다.
② 축을 숨기려면 숨길 축 종류를 클릭한 다음 [없음]을 클릭한다.

■ 눈금선 표시 및 해제

차트에서 조정할 눈금선이 있는 축을 클릭하거나, '현재 선택 영역 그룹'의 '차트 구성 요소 목록'에서 축을 선택한다. 다음에는 '축 그룹'에서 [눈금선]을 클릭하고, '옵션' 중 하나를 클릭한다.

■ 눈금간격 등 조절하기

눈금 간격을 조절하려면 '축 그룹'에서 [축]을 클릭하고, 계속해서 대화상자 맨 아

래의 [기타 기본 가로(세로)축 옵션]을 클릭
한다. 나타난 '축 서식'의 '축 옵션'[그림4]
에서 조절해야 한다. 여기서 [눈금 사이에 들
어갈 간격]과 [레이블 사이에 들어갈 간격],
[축과의 레이블 간격] 등을 변경할 수 있다.

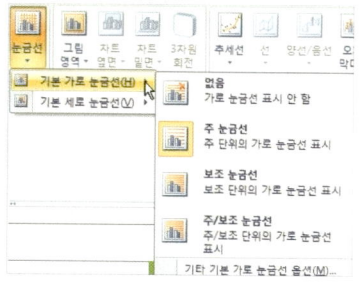

[그림3] 눈금선 옵션

① 눈금 사이의 간격을 변경하려면 '눈금사이에 들어갈 간격'의 텍스트 상자에서 원하는 숫자
  를 입력한다.
② 축 레이블 사이의 간격을 변경하려면 '레이블 사이에 들어갈 간격'에서 '간격 단위 지정'
  을 클릭한 다음 텍스트 상자에서 원하는 숫자를 입력한다.
③ 축 레이블의 배치를 변경하려면 '축과의 레이블 간격' 상자에서 원하는 숫자를 입력한다.

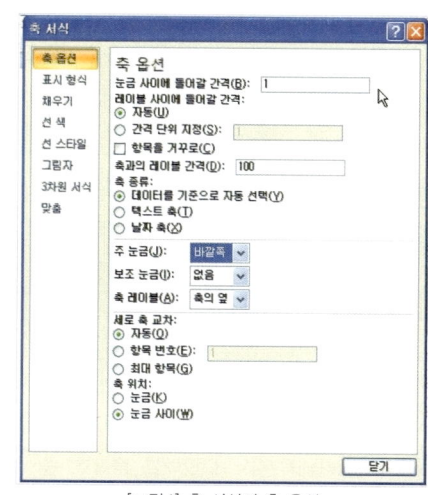

[그림4] 축 서식의 축 옵션

(2) 차트 제목 및 축 제목 추가

차트에 나타나는 정보를 좀 더 쉽게 이해할 수 있도록 차트 제목, 축 제목 및 데이
터 레이블을 추가할 수 있다.

■ 차트 제목 추가

차트를 더 쉽게 이해할 수 있도록 차트 제목 및 축 제목과 같은 차트의 제목을 모든
차트 종류에 추가할 수 있다. '디자인 탭'의 '차트 레이아웃 그룹'에서 제목이 있는

[그림5] 차트 제목 옵션

레이아웃을 클릭하거나, 다음과 같이 '레이아웃 탭'의 '레이블 그룹'에서 사용자 지정으로 추가할 수 있다.

제목을 [가운데에 맞춰 표시] 또는 [차트 위]를 클릭하고, 차트에 표시되는 차트 제목 텍스트 상자에서 원하는 텍스트를 입력한다.

■ 축 제목 추가

일반적으로 축 제목은 3차원 차트의 깊이(계열) 축을 비롯하여 차트에 표시되는 모든 축에서 사용할 수 있다. 다만, 방사형 차트와 같은 일부 차트 종류는 축을 포함하지만 축 제목은 표시할 수 없다. 원형 및 도넛형 차트 등 축이 없는 일부 차트 종류도 축 제목을 표시할 수 없다.

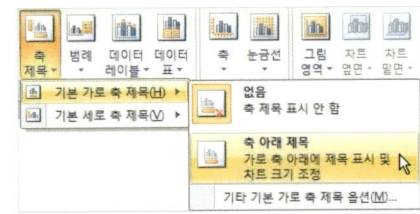

[그림6] 축 제목 옵션

'레이아웃 탭'의 '레이블 그룹'에서 [축 제목]을 클릭하고 선택을 한다. 차트에 보조 가로(세로) 축이 있는 경우, 보조 가로(세로) 축 제목을 클릭할 수도 있다. 선택한 후에 차트에 표시되는 축 제목 텍스트 상자에서 원하는 텍스트를 입력한다.

(3) 범례 또는 데이터 테이블, 데이터 표 추가

■ 범례 추가

범례는 차트의 데이터 계열이나 항목에 할당된 무늬 또는 색을 식별하는 상자이다. 이 범례를 표시하거나 숨기고 위치를 변경할 수 있다. 일부 차트에서는 해당 차트에 제공된 범례 표식과 값을 표시하는 데이터 테이블을 나타낼 수도 있다. '레이아웃 탭'의 '레이블 그룹'에서 [범례]를 클릭하고 선택한다.

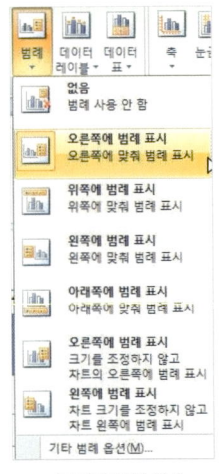

[그림7] 범례 옵션

Note

범례 표식은 차트에서 데이터 계열이나 항목에 지정된 무늬와 색을 나타내는 범례의 기호이다. 범례 표식은 범례 항목의 왼쪽에 나타난다. 범례 표식에 서식을 지정하면 연결된 데이터 표식에도 서식이 지정된다.

■ 데이터 테이블 추가

데이터 레이블은 데이터시트 셀에서 만들어진 하나의 데이터 요소 또는 값을 나타내는 데이터 표식에 대한 추가 정보를 제공하는 레이블이다.

차트에서 데이터 계열을 빠르게 확인할 수 있도록 데이터 레이블을

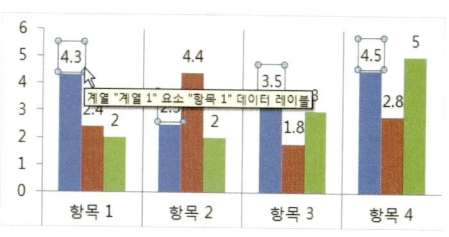

[그림8] 상황별 탭

차트의 데이터 요소에 추가할 수 있다. 기본적으로 데이터 레이블은 워크시트의 값에 연결되며 이러한 값이 변경될 때 자동으로 업데이트 된다. 계열 이름, 항목 이름 및 백분율을 데이터 레이블에 표시할 수도 있다.

최적으로 자세히 표시하기 위해 쉼표나 사용자가 지정하는 다른 구분 기호로 각 데이터 레이블에 둘 이상의 데이터 레이블 항목을 표시할 수 있다. 데이터 레이블이 겹치지 않고 읽기 쉽도록 차트에서 해당 위치를 조정할 수 있고, 데이터 레이블을 더 이상 표시할 필요가 없는 경우 제거할 수 있다.

데이터 레이블을 추가하려면 '레이아웃 탭'의 '레이블 그룹'에서 [데이터 레이블]을 클릭하고 선택을 한다. 차트 종류에 따라 다양한 위치 옵션에서 선택할 수 있다.

■ 데이터 표 추가/삭제

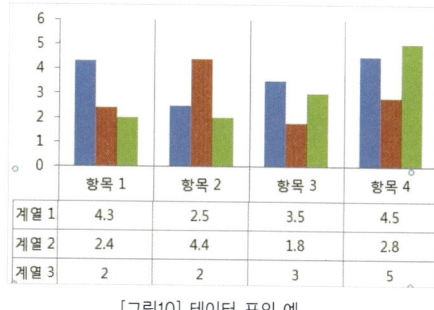

[그림10] 테이터 표의 예

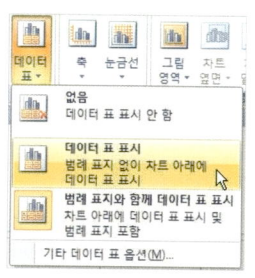

[그림11] 테이터 옵션

차트에 데이터 표를 추가하려면 '레이아웃 탭'의 '레이블 그룹'에서 [데이터 표]를 클릭하고 선택한다.

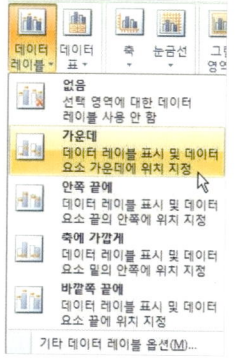

[그림9] 데이터 레이블 옵션

(4) 각 차트 종류에 대한 특수 옵션 적용

특수한 선(예: 최고/최저값 연결선, 추세선), 막대(예: 양선/음선, 오차 막대), 데이터 표식 및 기타 옵션을 다양한 차트 종류에 사용할 수 있다. 이 작업은 '레이아웃 탭' 의 '분석 그룹' 에서 할 수 있다.

◯ 서식을 차트에 적용하기

[그림1] 차트 도구의 서식 탭

'차트 도구' 의 '서식 탭' 에서 미리 정의된 도형 스타일을 적용할 수 있을 뿐만 아니라, 데이터 표식, 차트 영역, 그림 영역, 제목 및 레이블의 숫자와 텍스트 등 각 차트 요소에 손쉽게 서식을 적용하여 눈길을 끄는 멋진 모양의 서식을 사용자 지정할 수 있다. 특정 도형 스타일과 WordArt 스타일을 적용할 수 있지만, 차트 요소의 텍스트와 도형에 수동으로 옵션을 이용하여 서식을 지정할 수도 있다.
다음과 같이 서식을 추가할 수 있다.

① 차트 요소 채우기
색, 질감, 그림 및 그라데이션 채우기를 사용하여 특정 차트 요소를 강조할 수 있다.

② 차트 요소의 윤곽선 변경
색, 선 스타일 및 선 두께를 사용하여 차트 요소를 강조할 수 있다.

③ 차트 요소에 특수 효과 추가
그림자, 반사, 네온, 부드러운 가장자리, 입체, 3차원 회전 등의 특수 효과를 차트 요소 도형에 적용하여 차트의 모양을 완성할 수 있다.

④ 텍스트 및 숫자 서식 지정
워크시트에서 텍스트와 숫자의 서식을 지정하는 것처럼 차트에 포함되는 제목, 레이블, 텍스트 상자 등의 숫자 및 텍스트 서식을 지정할 수 있다. WordArt 스타일을 적용하여 텍스트와 숫자를 강조할 수도 있다.

◌ 차트의 종류 변경과 서식파일로 저장하기

(1) 기존 차트 종류 변경

대부분의 2차원 차트에서 전체 차트의 차트 종류를 변경하여 차트의 모양을 완전히 바꾸거나 단일 데이터 계열에 대해서만 다른 차트 종류를 선택하여 혼합형 차트로 만들 수 있다. 거품형 차트와 대부분의 3차원 차트에서는 전체 차트의 종류만 변경할 수 있다.

■ 다음 중 하나를 먼저 실행한다.
전체 차트의 차트 종류를 변경하려면 차트의 차트 영역이나 그림 영역을 클릭하여 차트 도구를 표시한다. 단일 데이터 계열의 차트 종류를 변경하려면 해당 데이터 계열을 클릭한다.

■ '디자인 탭'의 '종류 그룹'에서 [차트 종류 변경]을 클릭한다.

■ 차트 종류 변경 대화상자에서 다음 중 하나를 실행한다.

① 첫 번째 상자에서 차트 종류를 클릭하고, 두 번째 상자에서 사용할 하위 종류를 클릭한다.
② 차트 종류를 서식 파일로 저장한 경우에는 서식 파일을 클릭하고 두 번째 상자에서 사용할 차트 서식 파일을 클릭한다.

(2) 차트 서식 파일로 저장

사용자의 필요에 맞게 사용자 지정한 자주 사용하는 차트 종류를 다시 사용할 경우, 차트 서식 파일 폴더에 차트 서식 파일(*.crtx)로 저장할 수 있다. 그러면 차트를 다시 만들 필요 없이 간편하게 차트 서식 파일을 적용할 수 있다. 특정 차트 서식 파일이 더 이상 필요하지 않다면 해당 서식 파일을 차트 서식 파일 폴더에서 제거하거나 컴퓨터에서 삭제할 수 있다.

저장하려면 서식 파일로 저장할 차트를 클릭하고 '디자인 탭'의 '종류 그룹'에서 [서식 파일로 저장]을 클릭한다. 저장 위치 상자에 Charts 폴더가 선택되었는지 확인하고, 파일 이름 상자에 차트 서식 파일의 이름을 적절히 입력한다.

통일된 디자인의 슬라이드
마스터 작업하기

11 Chapter

슬라이드 마스터 기능과 구조 따라잡기

Note

'마스터'란 용어는 원판(原板)이라는 뜻으로, 예를 들어 [슬라이드 마스터]는 모든 슬라이드의 원판이라고 할 수 있다.

지금까지 테마 기능과 각종 개체 작업을 공부해왔다. 이제 여러 슬라이드를 테마 기능을 적용하지 않고 독자적인 하나의 통일된 디자인으로 꾸미는 방법을 알아보자. 자신이 독자적으로 만들 경우, 빈 슬라이드에 배경색이나 글자색, 글머리 등을 일일이 지정해야 하고 모든 슬라이드를 읽는 사람이나 보는 사람이 혼란스럽지 않도록 통일감 있게 그리고 아름답게 디자인해야 한다. 그렇게 하려면 '마스터 작업'을 해야 하는데, 마스터 작업은 한마디로 하나의 테마나 서식파일을 만드는 작업이라고 할 수 있다.

마스터는 크게 '슬라이드 마스터', '유인물 마스터', '슬라이드 노트 마스터'로 나누어진다.

Note

이전 버전과 달리, 파워포인트 2007에서는 '제목 마스터'를 사용할 수 없다.

마스터 작업을 하려면 '보기 탭'의 '프레젠테이션 보기 그룹'에서 [슬라이드 마스터], [유인물 마스터], [슬라이드 노트 마스터] 버튼을 클릭하여, 해당 탭을 불러내서 작업을 해야 한다.

[그림1] 프레젠테이션 보기 그룹

슬라이드 마스터의 기능

독자적으로 프레젠테이션 파일을 작성하려면, 맨 먼저 '슬라이드 마스터'를 작성하여야 한다. 슬라이드 마스터는 슬라이드에서 텍스트 및 개체의 위치, 또한 그에 해당하는 개체 틀의 크기, 텍스트 스타일, 배경, 색 테마, 효과, 애니메이션 등의 정보가 저장되는 서식 파일의 일부이다. 쉽게 말하면, 슬라이드 구성 요소의 스타일을 지정하는 서식 슬라이드이다. 이 슬라이드 마스터에서 스타일을 지정하면,

편집중인 프레젠테이션 파일의 모든 슬라이드에 동일하게 적용된다.

파워포인트에서는 하나의 프레젠테이션 파일에 여러 개의 슬라이드 마스터를 만들 수 있다. 여러 개의 슬라이드 마스터를 하나의 서식 파일(.potx)로 저장하면 새 프레젠테이션을 만드는 데 사용할 수 있는 서식 파일이 만들어진다. 각 슬라이드 마스터에는 표준 또는 사용자 지정 레이아웃 집합이 하나 이상 들어가게 된다. 슬라이드 마스터를 새로 추가하면 13개의 레아아웃이 삽입된다.

[그림1] 슬라이드 마스터 탭

(1) 슬라이드 마스터 추가 및 편집

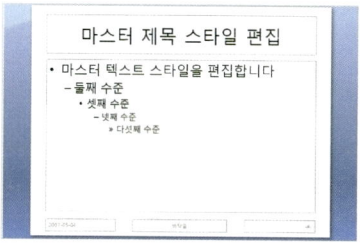

[그림2] 슬라이드 마스터 편집 화면

슬라이드 마스터 추가하려면 다음과 같다.

■ '보기 탭'의 '프레젠테이션 보기 그룹'에서 [슬라이드 마스터]를 클릭한다.

■ 나타난 '슬라이드 마스터 탭'의 '마스터 편집 그룹'에서 [새 슬라이드 마스터]를 클릭한다. 슬라이드 마스터를 새로 추가하면 창에 '슬라이드 마스터 편집 화면'[그림2]이 나타난다.

'창' 오른쪽에는 슬라이드 마스터 창 아래에 '축소판 그림으로 표시된 슬라이드 레이아웃' 들이 삽입되어 있다[그림3] 참조.

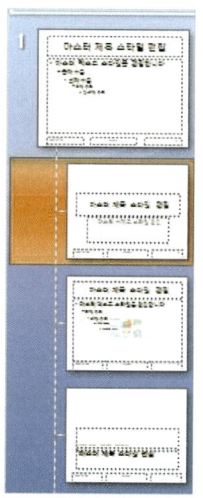

[그림3] 축소판 그림으로 표시된 슬라이드 레이아웃

■ 개체 틀 삭제 및 추가
슬라이드 레이아웃에는 기본개체 틀로 제목, 텍스트, 날짜, 슬라이드 번호, 바닥글이 들어가 있다.

① 필요 없는 기본 '개체 틀'을 제거하려면 해당 개체 틀의 테두리를 클릭한 다음 Delete 키를 누른다.
② '개체 틀'을 추가하려면 다음을 실행한다.

③ 추가한 슬라이드 마스터 아래에 '축소판 그림으로 표시된 슬라이드 레이아웃'을 클릭한다.

④ '마스터 레이아웃 그룹'에서 [개체 틀 삽입] 옆의 화살표를 클릭하고, 넣을 개체 틀을 클릭한다[그림4] 참조.

⑤ 슬라이드 마스터에서 원하는 위치를 클릭하고 끌어서 개체 틀을 그린다.

■ [Microsoft Office 버튼]을 클릭하고 [다른 이름으로 저장]을 클릭한다. 파일 이름 상자에 파일 이름을 입력하거나 기본 파일 이름을 그대로 사용한다. '파일 형식 목록'에서 'PowerPoint 서식 파일'을 클릭하고 [저장]을 선택한다.

[그림4] 개체 틀 삽입

(2) 레이아웃 추가와 삭제

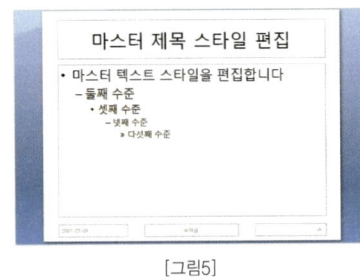

[그림5]

사용자의 필요에 맞는 표준 레이아웃이 없다면 새 레이아웃을 추가하고 사용자 지정할 수 있다. 레이아웃 추가는 다음과 같다.

① 슬라이드 마스터와 레이아웃이 있는 창의 슬라이드 마스터 아래에서 새 레이아웃을 추가할 위치를 클릭한다.

② '마스터 편집 그룹'에서 레이아웃 삽입을 클릭한다. 그러면 작업창에 [그림5]와 같은 새로운 레이아웃 편집창이 나타난다. 이 창에는 텍스트 개체 틀이 없다. 여기서 필요 없는 개체 틀을 제거하거나 추가하여 레이아웃을 만든다.

③ [Microsoft Office] 버튼을 클릭하고 [다른 이름으로 저장]을 클릭한다. 파일 이름 상자에 파일 이름을 입력하거나 기본 파일 이름을 그대로 사용한다. '파일 형식 목록'에서 'PowerPoint 서식 파일'을 클릭하고 [저장]을 클릭한다.

④ 레이아웃의 이름을 바꾸려면, '마스터 편집 그룹'에서 [이름 바꾸기]를 클릭하고 나타난 '마스터 이름 바꾸기 대화 상자'의 마스터 이름 상자에 새 이름을 입력하고 [이름 바꾸기]를 클릭한다.

⑤ 레이아웃을 삭제하려면 슬라이드 마스터 아래에 '축소판 그림으로 표시된 슬라이드 레이아웃' 중에서 삭제하고 싶은 레이아웃을 선택하고, '마스터 편집 그룹'에서 [삭제]를 클릭한다.

(3) 슬라이드 마스터 이름 바꾸기

왼쪽의 슬라이드 축소판 그림에서 이름을 바꿀 슬라이드 마스터를 클릭하고, '마스터 편집 그룹'에서 [이름 바꾸기]를 클릭한다. '마스터 이름 바꾸기 대화상자'의 마스터 이름 상자에 새 이름을 입력한 후, [이름 바꾸기]를 클릭한다.

[그림6] 마스터 이름 바꾸기

슬라이드 마스터 스타일 편집하기

(1) 개체 틀 편집 작업

일반적으로 슬라이드 마스터에서 다음과 같은 작업을 실행해야 한다.

❶ 글꼴 스타일 또는 글머리 기호 지정 및 변경
❷ 여러 슬라이드에 표시할 로고 등의 그림 삽입
❸ 개체 틀 위치, 크기 및 스타일 지정 및 변경

개체 틀의 크기를 조정하려면 개체 틀을 클릭하고 크기 조정 핸들 중 하나를 가리킨 다음 포인터가 양방향 화살표로 바뀌면 원하는 크기가 될 때까지 핸들을 끈다. 개체 틀의 위치를 변경하려면 개체 틀을 클릭하고 테두리 중 하나를 가리킨 다음 포인터가 십자형 화살표로 바뀌면 새 위치로 개체 틀을 끈다. 개체 틀 내의 글꼴, 크기, 대/소문자, 색 또는 간격을 변경하려면 텍스트를 선택하고 글꼴 그룹에서 원하는 옵션을 클릭한다.

(2) 슬라이드 마스터에 테마 적용

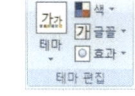

[그림1] 테마 편집 그룹

슬라이드 마스터에 기본 제공 테마를 적용하면 해당 슬라이드 마스터와 연결된 모든 레이아웃에 같은 테마가 적용된다. 테마를 적용하려면 '슬라이드 마스터 탭'의 '테마 편집 그룹'에서 [테마] 아래의 화살표를 클릭하고 원하는 테마를 클릭한다.

테마를 일단 적용하고 나서 이를 변형시키면 작업이 용이하다. 테마 편집 그룹에서 [색], [글꼴], [효과]의 화살표를 클릭하고 작업하도록 한다.

(3) 슬라이드 마스터에 배경 스타일 적용

슬라이드 마스터에 배경을 적용하려면 '배경 그룹'에서 [배경 스타일]의 화살표를
클릭하고 작업하도록 한다.

🔴 유인물 마스터 작업하기

유인물 마스터에서는 머리글 및 바닥글 개체 틀 을 이동하고 크기를 조정하고 서
식을 지정하는 등의 변경 작업을 수행할 수 있다. 용지 방향을 설정하고 페이지당
인쇄할 슬라이드 수를 지정할 수도 있다.

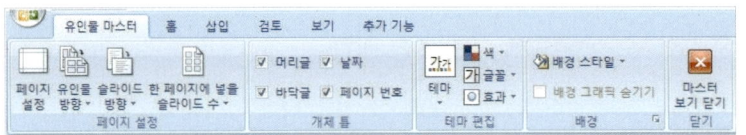

[그림] 유인물 마스터 탭

유인물 마스터를 변경하려면 '보기 탭'의 '프레젠테이션 보기 그룹'에서 [유인물
마스터]를 클릭한다. 나타난 유인물 마스터 탭에서 원하는 대로 변경하고 '유인물
마스터 탭'의 '닫기 그룹'에서 [마스터 보기 닫기]를 클릭한다.

🔴 슬라이드 노트 마스터 작업하기

프레젠테이션의 모든 슬라이드 노트에 콘텐츠 또는 서식을 적용하려면 슬라이드
노트 마스터를 변경한다. 예를 들어 슬라이드 노트에 회사 로고나 기타 그림을 넣
으려면 슬라이드 노트 마스터에 원하는 그림을 추가한다. 그리고 모든 슬라이드
노트에 사용되는 글꼴 스타일을 변경하려면 슬라이드 노트 마스터에서 스타일을
변경한다. 이때 슬라이드 영역, 슬라이드 노트 영역, 머리글, 바닥글, 페이지 번호
및 날짜의 모양과 위치를 변경할 수 있다.

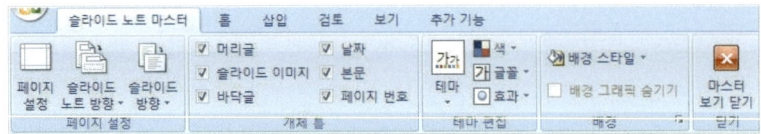

[그림] 슬라이드 노트 마스터

슬라이드 노트 마스터를 변경하려면 '보기 탭'의 '프레젠테이션 보기 그룹'에서

[슬라이드 노트 마스터]를 클릭한다. 나타난 '슬라이드 노트 마스터' 탭에서 원하는 대로 변경하고 '슬라이드 노트 마스터 탭'의 '닫기 그룹'에서 [마스터 보기 닫기]를 클릭한다.

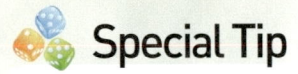 **Special Tip**

슬라이드를 제작할 때 몇 가지 색이 들어가는 것이 적당할까?

3색 더하기 흰색, 2색 더하기 흰색 등을 사용할 경우, 슬라이드가 2장 이상 간격이 벌어지지 않게 같은
배색으로 연결되면 청중은 슬라이드가 연이어 진행됨을 느끼게 마련이다.
다음의 간단한 예제를 살펴보자.

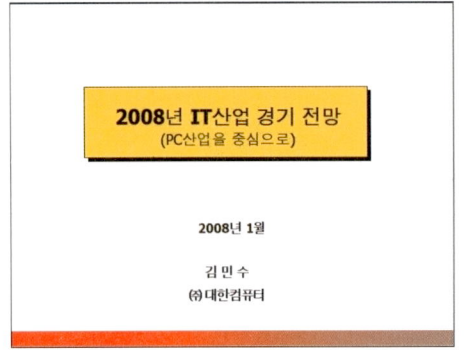 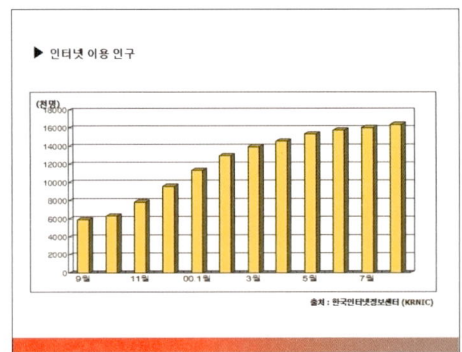

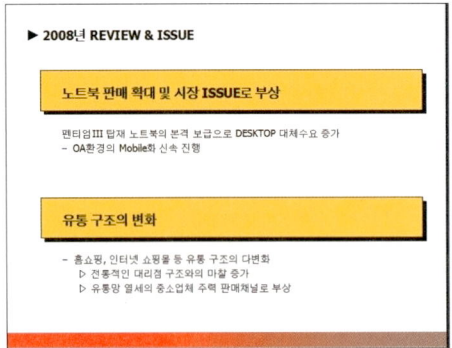

서식을 활용하여 사용할 경우에는 공통으로 들어가는 색으로 청중에게 연속되는 인상을 연출하는 것이
중요하다.

디지털 **스피치** 시대의 유쾌한 **프레젠테이션**

Part 4

빈틈없는 기획서 작성

프레젠테이션 진행의 첫 단계인 기획안을 설정하고, 그에 따른 효율적인 자료 수집 방법, 그리고 구상단계에서 발생할 수 있는 시행착오들을 점검해본다. 또한 청중들로 하여금 읽게 만드는 기획서의 작성요령을 습득하고 시각적으로 읽기 편한 기획서 디자인 실무(그래프, 도형, 표, 차트 등)들을 파워포인트 툴과 연계하여 상세히 설명한다.

기획안의 착수

Chapter 01

목적을 수반하는 기획

직장인이라면 누구든 멋진 기획안을 제출하여 조직의 발전에 기여함은 물론 상사와 동료에게 찬사와 인정을 받고 싶어 할 것이다.

'기획은 무엇이고, 기획안은 무엇을 위해서 만드는 것일까?'를 한번 생각해보기로 하자. 조직에서 기획은 경영기획, 사업기획, 행사기획 등 가장 흔하게 사용되면서도 명확히 개념을 규정하기가 쉽지 않다. 예를 들면, '고객 증대를 도모한다.', 또는 '소비자에게 호평받는 제품을 만든다.'라고 설정하고 있다면, 그것은 기획안으로서 불충분하다. 이는 가령, 요리사가 '저는 맛있는 요리를 만들 수 있습니다.', 의사가 '저는 당신의 병을 치료합니다.'라고 말하고 있는 것과 같다고나 할까. 당신이 손님 혹은 환자라면, '어떻게?'라고 묻고 싶을 것이다. 그 '어떻게?'에 영향을 주는 것이 바로 기획안이다.

우리가 흔히 조직 내에서 여러 가지 기획서로 작성했던 제목을 생각해보자.

Note

기획은 목표를 제시하고 성취하기 위한 대안을 제시하는 활동이란 점에서 목표 지향적(goal-oriented)이다. 즉, 기획이란 "보다 나은 수단으로 목표달성을 위해 장래의 행동에 관한 일단의 결정을 준비하는 과정"이다. – Yehezkel Dror–

- 회사(조직)의 실적 향상을 위해서 현재 해야 할 것은?
- 고객유치를 통해 매출을 증대시킬 수 있는 방안은?
- 신제품개발은?
- 자기계발을 위한 방안은?
- 신사업 방침은?

위의 예를 생각해 보면 전부가

> **목표 + 그것 때문에 해야 하는 것**

에 집중되어 있다는 것을 눈치 챌 수 있다. 요컨대, 기획안이라 함은 위의 공식을 분명히 하는 것이라고 말할 수 있다. 즉, 기획한다는 것은 '기획 목적 혹은 목표 달성'을 위한 '수단'을 생각하는 것이다.

이 과정을 수행해 나가는 데, 직장인에게 필요한 능력은 문제를 분석하고 대안을 탐색하고 최적안을 선택하는 단계인 '기획 발상' 기술과 이를 문서 등으로 표현하는 '기획서 작성' 기술, 작성된 기획서를 보고하는 '프레젠테이션' 기술 등 3가지이다.

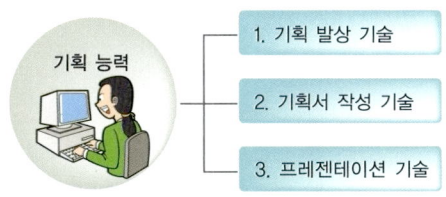

이 3가지 기술(능력) 중 어느 하나라도 미흡하다면, 그 기획은 그만큼 성공 확률도 높지 못할 것이다.

기획의 포인트를 확실히 하자

기획안 작성에 있어서, 가장 처음의 작업에 착수해보자. 먼저 5W 1H에 답을 생각해 보아야 한다.

> • **What** 무엇을 위한 기획인가?
> • **Who** 누가, 누구를 위한 기획인가?
> • **When** 언제부터, 언제까지인가?
> • **Where** 장소는 어디인가?
> • **Why** 왜 이 기획이 필요한가?
> • **How** 기획을 어떻게 실천할 것인가?

상황에 직면하여 기획안의 필요성을 인식하고 스스로 착수하는 경우도 있지만, 직장의 상사나 조직 외의 다른 사람으로부터 그 동기가 부여되는 경우도 있다. 기획의 테마 설정에 즈음하여, 중요한 포인트는 '무엇을 위해?'라는 점을 명확히 해두는 것이다. 이것이 분명하냐가 '기획할 필요가 있다.'와 '기획할 필요가 없다.'의 큰 갈림길이 된다.

◯ 기획안의 테마 선정법

조직에서 기획을 잘 하는 사람들은 테마를 선정하는 것에 뛰어나다. 테마를 정하는
것은 생각 속에서만 머물고 있는 머릿속의 아이디어를 구체화하는 것이라고 할 수
있다. 대개 기획안이나 프레젠테이션 테마의 성격이나 그 목적을 나누면, 그게 2가
지가 될 것이다.

❶ 현상을 보고하는 것과 그리고 미래를 예측하는 것
❷ 문제 해결책 내지 대안을 제시하는 것

그러나, 기업과 같은 성격의 조직에서는 기획의 궁극적인 목적이 문제를 제기하고
현상을 설명해야 하며, 대안 제시를 통해 대안의 채택(의사결정)을 요구하는 설득
피티가 많다.

02

Chapter

기획안 구상의 단계

Note

기획 과정에서는 문제의 분석, 장래에 관한 예측과 합리적인 대안 결정을 위해서는 축적된 통계자료와 연구결과, 그리고 관련요인들에 관한 정보가 뒷받침되지 않으면 안 된다.

○ 자료를 수집하자

기획안을 수립하는 과정에서 자료를 모으는 것은 매우 중요하다. 테마가 정해지면 내부탐색(internal search) 즉, 자신의 기억 속에 저장된 정보를 검색하고, 만일 기억 속의 정보가 불충분할 경우에는 타인의 의견이나 사례 등의 자료를 찾는 외부탐색(external search)을 하게 된다. 그리고 테마와 관련한 각종 자료를 모아야 한다.

요리는 요리사의 솜씨도 중요하지만, 재료가 좋아야 승부할 수가 있다. 그것은 기획에서도 마찬가지이다. 양질의 자료들을 많이 모으는 것도 좋지만, 그것들을 면밀히 조사하여 선별하지 않으면 자신 있는 기획안 작성도 어려울 것이다. 만약 자료와 정보가 부족하고, 구한 자료조차 신뢰성이 낮다면 예측이나 결정이 주먹구구식의 판단이나 직관에 의해서 행해지는 경우가 많게 된다. 이렇게 되면 실패한 기획이나 프레젠테이션이 될 가능성이 크다. 예를 들어, 지역개발사업을 기획하는데 현지를 가보지 않는다면 그 시작부터 현실성이 없는 기획에 빠질 수밖에 없다. 즉, 탁상공론이 되지 않기 위해서라도 현장 견학은 필수이다. 한편, 현장에서의 정보수집 이외에도 책, 잡지, 인터넷, 히어링(의견 청취), 관계 자료(배포 자료나 회의록 등) 등도 필요하다.

○ 3단계로 구체화시키자

통상, 조직 내부의 기획의 과정은 처음 단계에서는 ① 문제 인지, ② 정보 수집과 분석 ③ 목표 설정 ④ 대안 탐색과 최적안 선택 등을 거쳐 '기획 구상 과정'이 종료되며, 다음 단계에서는 이를 기획서로 작성하고, 마지막 단계에서는 의사결정자에게 보고(프레젠테이션)하는 과정으로 진행된다. 여기서 많은 이들이 '정리의 벽'에 부딪치곤 하는데 기획 구상 과정에서 정리의 벽을 뛰어넘기 위한 3가지 순서를 알고가도록 하자.

> • 생각나는 대로 써본다.
> • 관련을 짓는다.
> • 추상화(논리화)한다.

첫째, 각 과정에서 생각나는 것을 어쨌든 써 보라.

떠오른 것은 무엇인가? 생각나는 것을 모두 써내려 간다. 여기서 정확한 논리 구조로 쓰려하면 어렵고 안 된다. 그런 것은 처음부터 무리이기 때문에, 순서 등 부차적인 것은 나중에 생각하면 된다.

둘째, 나열한 것을 객관적으로 차분히 살펴라.

여기서는 '관계' 확인이 포인트이다. 이것과 저것은 동등한 관계가 있다든가, 이것과 저것은 상하 관계에 있다든가, 이것과 저것은 전혀 관계가 없다든가를 따져본다.

셋째, 관련있는 것들을 연결지어 추상화한다.

관련있는 것들을 연결지어 보면 몇 개의 '그룹'으로 나눌 수 있을 것이다. 연관을 짓고, 그룹을 정리하여 완성하면 각 그룹의 공통항에 타이틀을 부친다. 이것을 '추상화'라고 한다. 이러한 3단계 방법을 취한다면 보다 수월하게 기획안을 작성할 수 있다.

◌ 문제를 잘 살피자

다음 항목에 답을 써보자.

> • 무엇이 문제인가?
> • 정말 문제일까?
> • 발생의 주요 원인은 무엇인가?
> • 사태의 개연성, 예측 또는 전망은?

문제의 인지단계는 본격적인 기획과정이 시작되는 첫 단계이다.

조직 내외에 있는 현상을 관찰하여 어떤 문제가 있는지를 살핀다. 마치, 저수지의 제방에 작은 금이 간 것이 없나 살피는 것과 마찬가지다. 여기서 말하는 문제는 '바람직한 미래 상황에 비추어 볼 때 바람직하지 못하여 기획을 통해 해결·개선해야 하는 현재의 상황'을 말하는데, 이 상황을 잘 살펴보라. '무엇이 문제인가'를 써보라.

순차적으로 '정말 문제일까?', '얼마나 문제가 심각한가?', 그리고 '문제의 본질은 무엇인가', '발생의 주원인은 무엇인가'를 찾아보도록 한다. 다음에는 사태의 개연성, 예측 또는 전망을 해본다. 예를 들어 장래에 무엇이 어떤 방법으로 작용하여 어떤 현상이 나타날 것이며, 어떤 것들이 소멸될 것인가 하고 생각해 본다. 이 전망에서 현재는 문제가 없지만, 장래에는 문제가 될지 여부를 판단한다.

대안을 강구하자

> **목표는 '기획을 통하여 달성하고자 하는 바람직한 미래 상태'이다.**

문제를 분석하고 문제가 지속될 경우를 예측하고 나면, 당연히 그 대안을 강구해야 한다. 여기서는 먼저 목표를 생각해본다. 목표는 '기획을 통하여 달성하고자 하는 바람직한 미래 상태'이다. 이미 테마를 설정하였을 때 목적이 있을 것이고 이를 좀 더 구체화하면 목표가 나올 것이다.

이제 '무엇을 해야 할까'의 '수단'을 선택하는 단계에 왔다. 기획안의 생명은 뭐니 뭐니 해도 대안이다. 문제와 목표를 고려하면서 해결책을 생각해보자. 문제의 각 분야마다 '대안'이 필요할 것이다. 이러한 대안은 창의적인 발상에서 나오는데 다음의 스캠퍼 기법을 활용해 보자.

> **[SCAMPER 기법]**
>
> ---
>
> 창의력 증진기법 중에서 'SCAMPER 기법'이 있다. 발상을 할 때 도입하면 큰 효과가 있을 것이다.
>
> **S** = Substitute(기존의 것을 다른 것으로 대체해 본다.)
> **C** = Combine(A와 B를 합쳐 본다.)
> **A** = Adapt(다른 데 적용해 본다.)
> **M** = Modify, Minify, Magnify(변경, 축소, 확대해 본다.)
> **P** = Put to other uses(다른 용도로 써본다.)
> **E** = Eliminate(제거해 본다.)
> **R** = Reverse, Rearrange(거꾸로, 또는 재배치해 본다.)

◯ 개요 기능을 활용하자

[그림1] 개요 탭

대략적인 골격이 드러났기 때문에, 다음에는 초안을 작성하도록 한다.

이제 PC를 켜고 '파워포인트'의 [Microsoft Office] 버튼-[새로 만들기]를 클릭해서 [새 프레젠테이션]을 만든다.

파워포인트의 묘미는, '개요(outline)' 기능에 있다. 프로그램 창의 맨 왼쪽에 있는 '슬라이드와 개요 탭'에서 '개요 탭'을 클릭한다. 이 개요 탭은 슬라이드 텍스트를 개요 형식으로 보여 준다. 이 영역은 내용 작성을 시작하기에 적합한 곳이다. 아이디어를 구상하고 발표 방법을 계획하고 슬라이드와 텍스트를 이동할 수 있어 본격적인 슬라이드 상의 작업은 이를 보완하는 작업이 될 것이다.

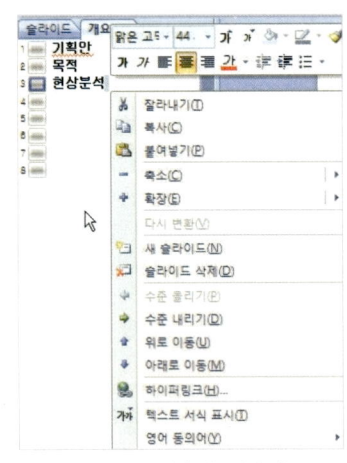

[그림2] 개요 탭의 바로가기 메뉴

개요 입력 작업은 마우스 오른쪽 버튼을 클릭하여 '바로가기 메뉴'에서 해야 한다. 여기서 중요한 것은 [수준 올리기]와 [수준 내리기]이다. 수준은 슬라이드 제목부터, 부제목, 그 세부 내용의 수준인데, 예를 들어 부제목을 제목으로 하는 등 이들 수준을 바꿀 수가 있다. 이를 이용하여 자유롭게 골격을 입력해본다.

읽게 만드는 기획서 작성의 테크닉

03
Chapter

○ '읽히는 기획서'가 되기 위한 표현법

기획서는 기획내용을 상대방이 알 수 있도록 문장 형태로 통합 정리한 것으로, 기획한 내용이 채택되고 실행되기 위한 판단자료가 된다.

특히, 기획서를 제출만 하면 되는 경우는 기획서가 '프레젠터의 역할'을 다하게 되기 마련인데, 이 경우에는 간략하게 해서는 안 되며 내용을 보고 판단할 수 있도록 충분한 정보를 제공해야 한다.

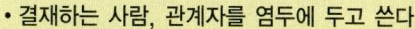

- 결재하는 사람, 관계자를 염두에 두고 쓴다.
- 용도에 맞게 만든다.
- 일람해서 요점을 알 수 있도록 쓴다.

기획서는 그 자체가 목적이 아니며, 기획을 실현하고 실행시키기 위해 의사결정자나 관련자에게 내용을 전달하고 설득하는 커뮤니케이션의 수단이 된다. 기획내용이 아무리 훌륭하더라도 관심을 끌지 못하고 제대로 설득되지 못한다면 그 기획은 제대로 성공할 수 없다.

(1) 의사결정자를 염두에 두고 쓰자

'누구를 상대로 쓰는가'를 확실히 정하면 기획의 핵심이 흐려지지 않는다. 기획서가 누구를 경유하고, 누가 결정하는지 등 '누구를 상대로 하는지'를 재확인할 필요가 있다.

기획 구상을 하는 동안에는 자신의 논리대로 해도 상관없지만, 기획서는 읽는 상대가 있기 때문이다. 상대에 따라서는 간략한 것을 좋아하는 사람 또는 자세한 것을 원하는 사람도 있다. 그것이 확인되면 이제 '기획서 만들기'에 들어간다. 읽는 사람이 '무엇을 알고 싶어 하는가'를 생각하고, 읽는 상대의 기대사항을 중점적으로 쓴다. 상대가 충분히 알고 있는 것을 일부러 그럴 듯하게 적을 필요가 없으므로, 상대의 묵시적 승인 하에 기획의 배경이나 전제는 생략하고, 과감하게 콘셉트 제안의 단계부터 손을 대도 좋다.

(2) 용도에 맞게 만들자

기획 결정 후에 PR을 위해 사내 · 외에 배포하는 기획서는 누구에게나 똑같은 기획서를 보여주어야 하는 것은 아니다. 더욱이 외부용이라면 알리고 싶지 않은 내용도 있기 마련이다. 기본 기획서가 완성된 후에는 '발췌'와 '요약판'을 손쉽게 작성할 수 있으므로 '용도별 기획서'를 준비해두도록 한다. 또, 기록 보존용으로는 진행과정과 의사록까지 남긴 완전한 기획서가 좋다.

(3) 핵심을 파악할 수 있도록 쓰자

① 주어 · 서술어로 간결하게 정리해야 한다.

기획서는 전체를 통해서는 물론이고 각 페이지에서도, '…그래서(원인), 이렇다(결론)!' '…이므로(문제), 이렇게 한다(대책)!'와 같은 명쾌한 작성법(확언)을 써야 한다. 기획서 안에 지적당할 여지를 없애기 위하여 '원인과 결과', '문제와 대책'이나 '목적과 수단'과 같은 대치되는 사항에 대하여 '이유와 결론'을 세트로 작성하는 것이 좋다.

② 일람해서 요점을 알 수 있도록 쓴다.

바쁜 사람을 위하여 요점만을 읽어도 전체를 파악할 수 있도록 쓴다. 결론에 해당되는 부분은 기획내용의 요약을 먼저 쓰고, 상세한 내용은 뒤로 돌린다. 강조부분은 굵은 글씨로 표현한다.

③ 조목조목 간추려 쓴다.

꼭 명문일 필요는 없으나, 알기 쉬운 것이 중요하므로 조목조목 간추려 쓰도록 한다. 가급적 사례나 판례 등을 들어 '손에 잡힐 듯이' 구체화하도록 한다.

④ 읽고 알 수 있도록 쓴다.

"읽고 알 수 있다"라는 것은 간결하면서도 명확 · 구체적인 용어를 사용하고 육하원칙에 의해 쓴 문장을 말한다. 이미지나 그래프를 활용하는 것도 알기 쉽게 하는 좋은 방법이다. 한자, 외래어, 전문적인 기술용어는 꼭 필요할 때면 쓴다.

⑤ 쪽수는 얇게, 내용은 알차게

기획은 알맹이로 승부하는 것이지 많은 분량의 쪽수로 호소하는 것이 아니므로, 간략하고 핵심적으로 작성한다.

기획서의 일반적인 구성

기획서는 기획 내용과 종류에 따라 기획서의 구성체제가 달라지므로 일반적으로 정형화할 수는 없겠으나, 통상적으로 주요 요소로 다음과 같이 구성되는 것이 하나의 관례가 되고 있다.

❶ 표지　　　　　　　　❼ 기본방향(방침)
❷ 목차　　　　　　　　❽ 기획의 내용
❸ 요약　　　　　　　　❾ 문제점 · 유의점
❹ 배경(필요성)　　　　❿ 예산 · 인력 · 조직 등 추진체계
❺ 현황분석　　　　　　⓫ 추진일정
❻ 목표(목적)　　　　　⓬ 기타 사항, 참고자료 등 첨부

실제로 작성할 때에는 위의 요소들을 경영기획이나 영업기획, 행사기획 등 목적과 대상에 따라서 그에 걸맞는 내용의 타이틀로 바꾸어야 할 것이다.

(1) 표지의 작성

표지는 기획서를 읽는 사람이 기획서와 처음 대면하는 페이지로서 기획서의 얼굴이라고 할 수 있다. 표지에는 제목, 문서의 종류(기획서, 제안서, 보고서), 서브타이틀, 기획자 성명 · 소속, 제출일 · 작성일 · 회의일자, 관리번호, 보안의 구분 · 정도 등이 포함되며, 상황에 따라 취사 선택될 수 있다.

(2) 목차의 작성

목차는 기획자와 기획서를 읽는 사람과의 인식의 엇갈림을 방지하고, 내용의 이해를 돕는데 유용하다. 구체적으로 말하면, 목차는 ① 편리한 검색시스템 역할을 하고, ② 내용에 대한 예비지식을 제공하며, ③ 전개 순서 등 구성상의 오류를 체크할 수 있는 등의 역할을 하므로 가볍게 생각해서는 안 된다. 일반적으로 다음 사항

으로 구성한다.

① 기획의 명칭(페이지의 상부에) ② 목차의 표시 ③ 목차와 페이지 번호 ④ 별첨, 자료집 등이 있을 때에는 각각의 목차를 만들고 그것을 명기한다. 목차는 큰 목차와 세부 목차를 적절히 구분 사용하며, 목차를 표지 페이지에 기재하는 경우도 있다. 기획서가 통상 3~4매 이내인 경우에는 생략해도 좋다.

(3) 요약의 작성

요약은 분량이 많을 경우 그 핵심내용을 간추려 일목요연하게 이해하기 쉽도록 하기 위한 것이며, 장황한 문장보다는 도표나 플로차트 등 도면활용이 바람직하다.

[요약의 작성요령]

- 가급적 1매 이내로 한다.
- 각 항목마다의 결론을 '언제, 어디서, 누가, 무엇을, 어떻게, 했다' 라는 것처럼 간결하게 정리하도록 한다.
- 모든 것은 [주어+술어]로 축약시킨다.
- 기획의 배경, 기획의 전제, 현상분석 등은 생략해도 좋으며, 지시자가 알고 싶어 하는 사항을 선택하여 기재하는 것이 바람직하다.

(4) 배경(필요성)

배경은 기획을 하게 된 동기, 즉 기획의 필요성과 문제제기 등 기획의 배경을 기술하는 것이며, 가급적 1매 이내로 작성하는 것이 좋다. 경우에 따라 지시자의 지시내용을 첨가할 수 있다.

(5) 현황(상황)분석

현상분석이 기획의 출발점이라고 하면 목표설정은 기획의 도달점이 된다. 이슈의 배경이 되며 대안에 의해 해결되어야 할 이슈의 포괄적인 분석을 말한다. 상황분석이란 개념을 정리함으로써 처음 기획서를 대하는 누구에게나 정확한 배경과 이해를 돕기 위한 것이다.

(6) 목표(목적)

기획이 지향하는 도달점을 개념적으로 표현한 것이 목적이고, 이 목적을 구체적

수치로 표현한 것이 목표이다. 목표 설정은 기획자가 분석력을 발휘하여 행하는 논리화 작업의 결론을 제시하는 부분이며, 기획서의 클라이맥스가 된다.

여기에서는 기획의 당위성과 기획이 수행하는 역할을 명확히 하게 되며, 목적과 목표에 의하여 이것이 실현되면 그야말로 '참 좋겠다', '매우 유익하겠다' 라는 기대를 갖게 하는 페이지가 되어야 한다.

(7) 기본방향(방침)

목표를 효과적으로 달성할 수 있는 기획내용의 주요 포인트와 전제, 추진상의 기본방향 등을 기술하도록 한다. 기획의 성격에 따라서는 '전략' 을 넣기도 한다.

(8) 기획의 내용

기획의 최초 현상과 최후의 목적을 이어주는 부분으로서 기획서의 가장 중요한 부분이므로 여러 가지 표현수법을 동원하여 가장 효과적인 방법을 채용하는 것이 좋다. 요컨대, 최종목적에 도달하기 위해서는 '어떻게 하면 좋은가?' 가 결국 상대가 가장 알고 싶어하는 부분이다. 그러므로 '어떻게' 라는 의문에 확실히 대답하는 것이 최대의 포인트이다.

(9) 문제점(한계)의 기술

기획이 성공하기 위해서는 지켜야 할 전제 조건을 명확히 하거나 기획의 추진 과정에서 예상될 수 있는 문제점과 한계를 기술함으로써, 기획(제안)의 실효성과 가능성을 높여 나가도록 한다.

(10) 기타 작성사항

기획의 추진에 필수적인 예산과 인력·조직 등의 추진체계, 그리고 개시시기 및 최종일, 사업별 소요일수 등 추진일정을 작성한다. 그리고 기획서 작성단계에서 수집한 조사 자료나 통계자료, 참고문헌 리스트 등을 별도로 정리하여 제시하는 것이 참고자료이다. 참고자료를 첨부하는 목적은 기획의 신빙성을 표시하는 연출물의 하나로서 "이 기획서는 이만큼의 자료를 근거로 작성되었다"는 것을 간접적으로 제시하는데 있다. 참고자료는 권말에 첨부하거나 별책으로 첨부한다. 다만 불필요한 자료까지 세세히 하는 경우 오히려 기획의도를 흐리게 하므로 유의해야 한다.

보기 쉽고 알기 쉬운 기획서 디자인

디자인의 중요성

'보기 쉽고, 읽기 쉽고, 알기 쉽고'가 좋은 기획서나 프레젠테이션의 대원칙이다. 아무리 훌륭한 기획도 내용과 동떨어진 이미지의 디자인이라면, 그 매력은 반감된다. 전해져야 할 것도 전해지지 못하는 경우도 있다. 디자인은 좋은 기획을 좀 더 매력적이고 알기 쉽게 해 주는 역할을 한다. '나는 예술적 감각이 없어 디자인에는 자신이 없다'고 해서, 포기해서는 안 된다. 파워포인트 2007에는 전문가 수준의 디자인을 쉽게 하도록 텍스트 등 각 개체에 '빠른 스타일'과 '서식'을 제공하고 있으므로 이를 적절히 이용만 해도 문제될 것이 없다.

문서형 기획서와 도해형 기획서의 차이

문서형 기획서	도해형 기획서
문장에서 각각의 단어가 눈에 띄지 않는다.	포인트가 되는 단어가 눈에 띈다.
처음부터 끝까지 읽지 않으면 이해할 수 없다.	주장하는 바 전체를 한눈에 알아볼 수 있다.
애매한 표현이나 설명, 불충분한 문장이 문제가 된다.	미세한 부분의 지적을 피하고 큰 틀에 관해 말할 수 있다.
읽고 이해한 후에야 어떤 내용인지 알 수 있다.	사물의 구조를 직감적으로 이해할 수 있다.

Note

자료를 아름답게 만드는데 '디자인 소프트웨어'를 사용하는 것이 아니라, 어디까지나 '파워포인트'라고 하는 비즈니스 도구를 이용하여 '재빠르고, 깨끗한' 문서와 영상을 만드는 테크닉이라는 점을 인식해야 할 것이다.

앞에서 [개요 탭] 상의 '계층 구조'를 만들고 내용을 파고 들어가서, 기획안 내용을 충실하게 작업해 왔다면, 지금까지의 과정으로 기획서의 골격은 세워졌을 것이다. 드디어 '개요'에서 '슬라이드'로 작업의 중심을 전환하여 기획서의 '디자인적 요소'를 충실하게 해나가야 한다.

먼저, 다음의 '디자인 체크 시트' 8개 포인트에 주의하면서 작업에 들어가기 바란다.

디자인 체크 시트	
1. 전체 구성에 일목요연함이 있는가?	
2. 전체를 통하여, 일정한 통일감이 있는가?	
3. 슬라이드를 문자로 다 메우고 있지는 않은가?	

4. 기획 내용에 맞는 서체를 사용하고 있는가?	
5. 필요이상 많은 개체를 배치하고 있지는 않은가?	
6. 과도한 장식을 행하고 있지 않은가?	
7. 사용하고 있는 도식화는 기획 내용에 맞는가?	
8. 디자인 서식은 유효하게 활용하고 있는가?	

작업에 착수하면서 이를 고려해야 하지만, 작업이 어느 정도 완성된 경우에는 다시 이 시트로 체크하면서 한 가지라도 해당한다면, 기획서의 디자인을 다시 살펴보아야 할 것이다.

슬라이드 레이아웃 선정하기

[개요 탭]바로 옆의 [슬라이드 탭]을 사용하고, 해당 슬라이드로 전환하여 편집을 실행한다. 개요 탭에 입력하였으면, 이미 파워포인트의 기본이 되는 레이아웃인 '제목 슬라이드'와 '제목 및 내용 슬라이드' 레이아웃에 텍스트가 입력되었을 것이다. 여기서 이미 자동으로 적용된 레이아웃을 각 슬라이드에 입력한 골격에 맞추어 변경하도록 한다. 개체를 집어넣는 '레이아웃'의 선택은 슬라이드 디자인과 밀접한 관련이 있지만, 청중의 이해를 돕는 등, 내용 못지않은 효과를 발휘하므로 가급적 청중의 입장도 고려해서 선정해야 할 것이다. 이를 변경하려면 '홈 탭'의 '슬라이드 그룹'에 있는 [레이아웃] 버튼을 누르고, 나타난 '레이아웃 갤러리'에서 선정하여 바꾼다.

깔끔한 이미지를 주는 서체와 행간의 지정

종이 인쇄용으로 하면, 하나의 슬라이드는 하나의 문서 페이지가 될 것이다. 누구든지 잘 정리되고 깔끔한 이미지를 주는 기획서를 보면 읽을 마음이 들고 작성자의 능력을 평가하게 마련이다.
먼저 생각할 것은 모니터용이냐 인쇄용이냐를 생각해야 한다.
파워포인트에서는 모니터 사용을 전제한 슬라이드 프레젠테이션용 자료나 프린트 출력용 자료도 함께 작성할 수 있다. 종이에 인쇄하는 경우에는 배경색의 사용이 어려워지므로, 흰 바탕에 어떤 개체를 넣어야 할지를 생각해야 한다.

Note

여기서는 주로 '인쇄용'에 주력해서 설명하겠지만, 참고로 '모니터용' 기획서에서의 주의할 점은 다음과 같다.

첫째, 하나의 슬라이드에 들어가는 문자양은 타이틀을 제외하고 최고 10행(권장 7~8행) 정도가 적당하다. 이에 비례한다면 본문의 크기는 필연적으로 20포인트 정도가 안정적이다.

둘째, 서체는 기본적으로 굵은 글씨의 고딕체(볼드체)가 좋다. 명조체는 화면에 비추었을 때에 문자가 가늘기 때문에 가독성이 떨어진다.

셋째, 어두운 인상을 피하기 위해 특별한 경우가 아니면 검은 바탕에 흰색 글씨 사용은 삼가자.

기획서를 어떤 서체의 서식으로 만드느냐는 매우 사소한 부분 같지만, 그것이 전체 이미지에 영향을 줄 수 있음을 인지해야 한다. 실제로 오랫동안 문서나 기획서를 보아온 회사 상사일 경우, 한눈에 척 보고 직감적으로 프레젠터가 얼마나 정성을 들여 작성했는지를 금방 알아차릴 수 있다. 용지 규격이 A4 인쇄용 자료일 경우는 손에 들고 가까이서 보기 마련인데, 보는 이를 위해 섬세하게 배려하면 보다 흥미를 끄는 매력적 기획서를 만들 수 있다.

파워포인트에서의 적절한 문자 크기와 행간은?
- 표지나 타이틀은 12 포인트 이상
- 본문은 10~14 포인트 정도
- 캡션은 7~9 포인트

행간의 경우,
- 표지나 타이틀은 문자 크기(12 포인트 이상)의 2배
- 본문은 문자 크기(10~14 포인트 정도)의 1.5배
- 캡션 문자 크기(7~9 포인트)의 1.25배

PC에서 제공하는 많은 서체 중에서 '어떤 것을 선택할까' 하는 문제는 기획서 디자인의 중요한 포인트가 된다. 경우에 따라서 청중이 여성 중심일 때와 남성 중심일 때의 상황을 고려하여 서체를 사용하기도 한다.

특히 유의해야 할 것은 하나의 기획서 안에, 여러 종류의 서체를 섞어 혼합시키지 말아야 한다. 어수선한 인상을 줄 수 있기 때문이다. 다만, 타이틀 등 포인트가 되는 곳에는 캐릭터 계열의 특성이 있는 서체를 사용하여 시선을 주목시키는 것도 괜찮은 방법이다.

Note
캐릭터 계열의 서체는 장문이 되면 읽기가 매우 어렵기 때문에, 본문이 아닌 타이틀 등으로 악센트로 사용하는 것이 효과적이다.

제목 및 본문 편집의 테크닉

(1) 제목 편집의 포인트

타이틀의 위치나 여백 처리만 봐도 발표자의 센스를 엿볼 수 있다. 기획서의 '표지'는 어떻게 준비하는 것이 좋을까. 우선 기본적인 생각은 텍스트 타이틀을 중앙에 두어야 한다는 점이다.

  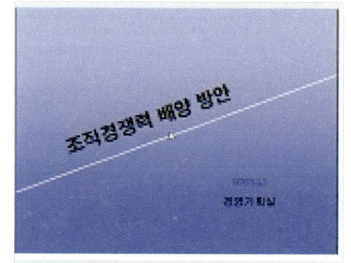

물론, 기본으로 제공하는 '제목 슬라이드' 레이아웃을 보면, 중앙에 제목과 부제목을 넣는 개체 틀이 이미 고정으로 배치되어 있다. 타이틀은 '가로쓰기'인가, '세로쓰기'인가에 따라 느낌이 아주 다르다. 가장 전통적인 것은 안정감을 주는 가로쓰기 배치이다.

이는 비즈니스 현장에서도 가장 많이 사용한다. 그 외 같은 중앙이라도 세로쓰기는 일반적인 경향이 아니므로 강한 새로움을 줄 수는 있다. 또한 타이틀을 비스듬하게 배치하는 것은 역동적인 느낌을 주면서 한층 더 눈에 띈다고 볼 수 있다.

(2) 목차 편집의 포인트

표지 다음에는 보통 목차가 온다. 목차는 독자나 청중이 '언제 끝날지' '다음에는 무엇이 나오는지' 등의 궁금증을 해소해 주는 기능을 갖고 있다. 목차에 모든 항목을 열거할 수 있지만, 가급적 1~2 페이지 정도로 제시하는 것이 좋다. 다소 분량이 있는 경우에는 각 장마다 목차나 속표지를 넣어 요약을 보여줌과 동시에, 흐름을 순조롭게 하면 유연하게 장면 전환을 꾀할 수 있다.

(3) 본문 편집의 포인트

표지와 목차를 넘기면, 당연히 본문 페이지가 와야 할 것이다. 타이틀은 '캐치 카피(catch copy)'라고도 하며, 문장 내용을 단적으로 표현한 것, 즉 해당 페이지의 얼굴이라고 할 수 있으므로 눈에 잘 띄도록 해야 한다. 타이틀을 세로쓰기, 문장을 가로쓰기라고 하는 모습으로 나누는 것도 하나의 기교가 된다. 우선, 중앙에 배치하는 것, 문장과의 사이에 여백을 두는 것, 좌우 중앙 맞춤 등과 같은 문장 정렬로, 자연스럽게 타이틀로 눈길이 가도록 한다.

타이틀의 중앙 근처에 배치하는 경우에는 본문이 되는 문장과의 거리는 두지 않고, 타이틀의 머리와 본문의 머리를 빗겨 놓는 것으로 차이를 두드러지게 할 수도 있다.

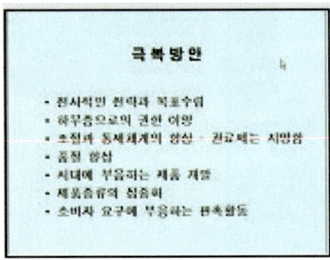 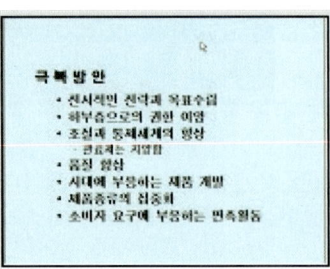 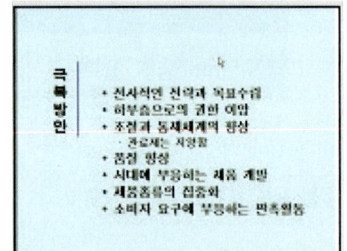

'전체의 구성'에 관하여, 가능한 한 콤팩트하게 정리하고 너무 길지 않게 해야 한다. 문장은 요점을 정리하고 짧게 완결해야 하며, 내용을 직감적으로 파악하고 이해되도록, 조목별로 나누어 쓴다. 문자의 양이 너무 많아 슬라이드에서 삐져나와 버린 경우는, 요약의 부분을 1장의 슬라이드에 하고 그 상세한 설명은 또 다른 슬라이드로 하는 것과 같이, 과감한 분할을 하도록 한다.

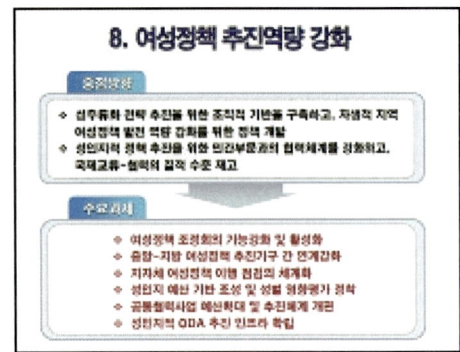

05 Chapter 쉬운 전달을 위한 도식화 포인트

◯ 도식화의 장점과 활용하기

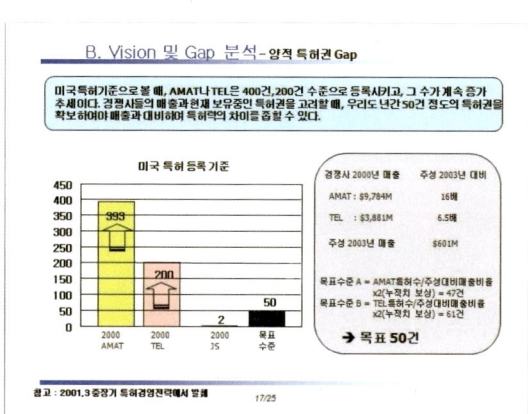

비주얼이 강조되는 오늘날처럼 프레젠테이션에서 만족할만한 효과를 얻기 위해서는 비주얼에 대한 표현에도 많은 노력을 기울여야 한다. 이미지 표현이 필요한 이유는 정보의 전달 방식이 '문자 표현에서 비주얼 표현'으로 변화하고 있으며, 이미지 표현력이 떨어지면 기획 내용이 뛰어나더라도 평가에서 좋은 점수를 받을 수 없기 때문이다.

다음은 문자와 도식 표현의 장, 단점을 비교한 것이다.

기법	장점	단점
문자 표현	• 개념 설명에 적합하다. • 조목별로 간추려 쓰는 등 간결한 문장을 쓰면 내용을 정확하게 전달 할 수 있다. • 여타의 표현기법을 보강한다.	• 문자 나열만으로는 임팩트가 적고, 이미지의 확대도 어렵다. • 글자의 크기, 서체를 구별하여 보이는 방법을 연구할 필요가 있다.
도식 표현	• 선, 도표, 그래프 등을 사용하여 논리의 흐름을 명확하게 표현할 수 있다. • 도해로 복잡한 관계성도 용이하게 이해시킨다.	• 문자 스페이스가 좁고, 자수에 제약을 받기 때문에 표현이 딱딱하게 된다. • 데이터와 접촉이 덜한 상대는 그 의미의 이해가 어려울 때가 있다. • 문장표현에 의한 설명, 요약을 반드시 첨부하는 것이 효과적이다.
이미지 표현	• 문자만으로는 표현할 수 없는 미묘한 뉘앙스를 전할 수 있다. • 이미지 표현을 첨가하여 설명하면 리얼리티가 증가한다.	• 기획자의 주관, 좋아하는 것 등이 포함되기 쉬워 내용의 객관적 전달에 적합하지 않다. • 적절치 못한 사진, 그림을 사용할 경우 자칫 전체 인상을 훼손할 위험이 있다.

"그림으로 작성하고 싶지만, 디자인 감각이 없어서…" 등의 말을 하는 사람도 있으나, 이는 오해이다. 기획서나 프레젠테이션의 포인트는 디자인이 아니라, '논리 구조를 그림으로 표현한 것' 이기 때문이다. 예를 들어, 조직도를 표현할 경우 디자인은 별로 필요하지 않다. 똑같이 조직의 매상 목표와 그 시책을 표현한 경우도 그 구성을 그림이나 도표로 표현한 쪽이 알기 쉽다.

'글만으로는 이해하기 어려운 것을 보충한다.', '있는 글을 특히 강조하고 싶다.' 등 이런때는 내용을 보강하기 위해 도식화해야 한다.

파워포인트에서 도식화에 이용할 수 있는 방법으로는 다음과 같이 5가지가 있다.

> ❶ 표 만들기를 이용하는 방법
> ❷ 도형 도구를 이용하는 방법
> ❸ 그림(사진)이나 클립아트를 추가하는 방법
> ❹ SmartArt 그래픽 기능을 이용하는 방법
> ❺ 차트

이 5가지 도구를 파워포인트에서는 [삽입 탭]에서 한데 묶어 도구를 배치하여 보다 작업을 쉽게 하도록 하였다. 이를 슬라이드 본문에 적절히 사용하도록 노력해야 할 것이다.

도식화의 배치 노하우

기획서를 구성 하는 요소는 문장인 텍스트(타이틀이나 본문)와 텍스트 이외의 개체(표, 차트, 사진, 일러스트)이다. 상황에 따라 텍스트 문장을 강조해야 하거나 텍스트 이외의 개체를 강조해야 하는지, 그 관계를 의식적으로 디자인하여 기획서의 골자를 정확하게 전하도록 해야 한다.

쉬운 전달에는 이런 방법도 있다.
각각의 개체에 의미를 두면 기획서는 매우 알기 쉬운 것이 된다. 각 개체가 '동질의 것인가?', '이질의 것인가?', '동렬인가', '병렬인가?', '순열인가?', '대비 관계인가?' 등에 의해 배치 방법과 색 사용법이 나름대로 정해져야 한다. 필요하면 화살표 등을 첨가할 수도 있다. 어떤 때에는 굵은 화살표로, 또 어떤 때는 가는 화살표로 쓸지를 생각해 두어야 한다. 그 밖에 클립아트를 넣거나, 색을 넣어 장식을 주기도 한다.

Note

색상 사용의 예
• [발전]을 나타낼 경우에는 같은 계통의 색으로 점점 진하게 (예 : 황색>오렌지>빨강)
• [동질]의 경우나 [동렬]의 경우에는 같은 색으로
• [표제]는 진한 색, [설명]은 엷은 색으로
• [대비]를 나타낼 때에는 반대 색으로(예 : 파랑과 빨강 등)

선과 도형을 사용한 도식화 작업

도식화를 하는 기본은 선과 도형을 삽입하는 것이다. 글상자를 만들고 변화하는 추세나 상호관계를 한 눈에 알아볼 수 있도록 도형으로 표현할 수 있다. 이를 적절히 이용하면, '플로 차트'나 '조직도', '도형 등을 만들어 내용의 복잡한 관계도 용이하게 이해시킬 수가 있다.

선과 도형에 관한 작업은 '홈 탭'의 [그리기] 그룹에서 하거나, '삽입 탭'의 '일러스트레이션 그룹'의 [도형]을 클릭하여 할 수가 있다. 그러나 세부 작업은 '서식 탭'의 [도형 스타일] 그룹에서 하는 것이 정확하다.

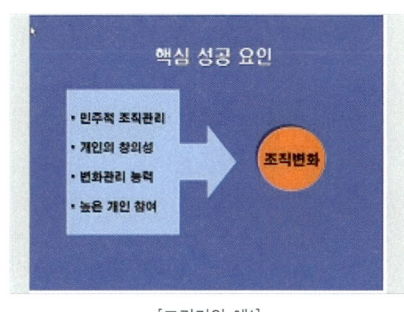

[그리기의 예1]

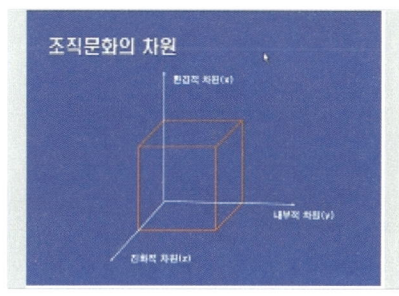

[그리기의 예2]

표 만들기에 이용하기

표는 데이터의 일목요연함을 보여줄 때 매우 효과적이다. 숫자 중심의 표 데이터뿐만 아니라, 재무현황이나 일정계획과 같은 내용을 표로 만들어도 매우 이해가 빠르다. '추진 일정'은 대부분의 기획서에 포함된다. 다음의 예에서 표를 그리고, 채우기 효과와 화살표를 사용하여 기간을 표시하였다.

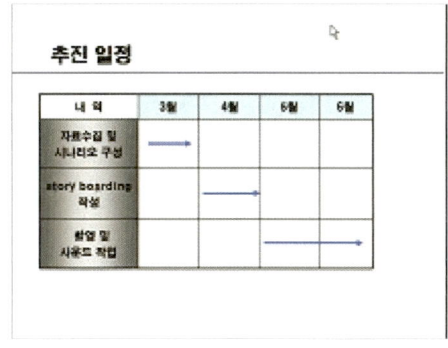

[표 만들기의 예]

◯ 그림이나 클립아트로 이용하기

그림, 특히 사진이나 클립아트를 이용하여 문제나 현상을 표현할 수 있다. 사진은 직접 디지털 카메라로 촬영을 하거나, 다른 사람이 촬영한 것을 구해서 작업해야 하는 한계가 있다. 사진을 쓰려면 적당히 '자르기'를 하여 청중이 집중할 수 있게 해야 한 다. 클립아트를 사용할 경우 파워포인트에서 제공하는 것도 다양하지만, 많은 사람들이 사용하므로 참신한 느낌을 주지 못한다. 가급적 별도로 새로운 것을 사용하는 것이 좋고, 새로운 것을 구하기 어려우면 약간 변형하여 사용해보자.

◯ SmartArt 그래픽으로 이용하기

다이어그램은 복잡한 관계나 수식을 도식으로 표현한 것으로 이미지와 함께 의미 전달이 빠르다. '도형 그리기'를 통해 다이어그램을 직접 그릴 수가 있지만, 파워포인트 2007에서는 SmartArt 갤러리에서 다양한 다이어그램을 제공하므로 이를 이용하면 편리하다.

SmartArt 그래픽의 범주에는 [목록형], [프로세스형], [주기형], [계층 구조형], [관계형], [행렬형], [피라미드] 등 7가지가 있으며, 각 범주마다 여러 유형(레이아웃)이 있다. [SmartArt 그래픽 선택 상자]에서 어느 하나의 유형을 선택할 경우 옆 상자에 간단한 '설명'이 있으므로 이를 참조하도록 한다.

◯ SmartArt 그래픽 추가의 실례(조직도 만들기)

회사나 모임에서 자주 사용하는 '조직도' 만들기는 SmartArt 그래픽 적용 방법의 예를 들어 살펴보자. 파워포인트 2007에서의 조직도 레이아웃은 이전 버전과 달리, 계층 구조형으로 변경되었다.

(1) SmartArt 그래픽의 선택

먼저 [새 슬라이드] 추가를 하면 나타나는 슬라이드 상의 [SmartArt 그래픽] 버튼을 클릭하거나, 넣을 슬라이드를 클릭하고 '삽입 탭'의 '일러스트레이션 그룹'에서 [SmartArt] 버튼을 클릭한다. 이때 나타난 'SmartArt 그래픽 선택' 대화상자의 '계층 구조형' 범주에서 [조직도형]을 선택한다. 그러면 최상위 수준 박스 한 개와 보조자 박스 1개, 하위 수준 박스 3개가 있는 조직도가 삽입된다.

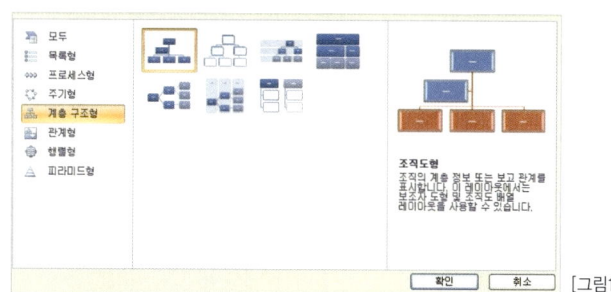

[그림1] 조직도 형

그래픽의 각 박스에 텍스트를 추가하려면 박스 안을 클릭하고, 원하는 텍스트를 입력하면 된다. 입력 방법은 도형을 선택한 다음 '텍스트 창'에서 [텍스트]를 클릭하여 입력한다.

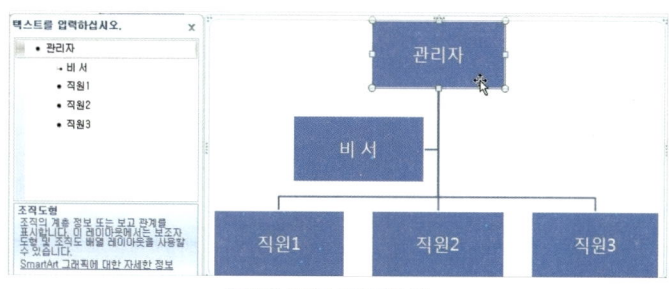

[그림2] 조직도 만들기의 예

(2) 조직도에 도형 추가하기

도형 추가로 조직도의 원형을 변형하려면 추가해야 할 박스의 관계를 고려하여, SmartArt 도구 '디자인 탭'의 '그래픽 만들기 그룹'에서 [도형 추가] 옆의 [화살표]를 클릭하고 도형 추가 옵션을 실행한다.

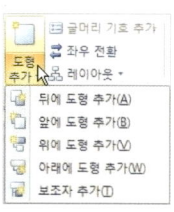

[그림3] 도형 추가

① 선택한 도형과 동일한 수준에서 해당 도형 뒤에 도형을 삽입하려면 [뒤에 도형 추가]를 선택한다.

② 선택한 도형과 동일한 수준에서 해당 도형 앞에 도형을 삽입하려면 [앞에 도형 추가]를 선택한다.

③ 선택한 도형보다 한 수준 위에 도형을 삽입하려면 [위에 도형 추가]를 선택한다. 그러면 새 도형이 선택한 도형의 위치에 추가되며, 선택한 도형과 그 아래에 있는 모든 도형이 각각 한 수준 아래로 내려간다.

④ 선택한 도형보다 한 수준 아래에 도형을 삽입하려면 [아래에 도형 추가]를 선택한다. 그러
면 새 도형이 동일한 수준에 있는 다른 도형의 맨 끝에 추가된다.

⑤ 보조자 도형을 추가하려면 [보조자 추가]를 선택한다.

(3) 크기 변경하기

① 전체 조직도나 조직도 내에 있는 개별 도형의 크기를 변경할 수 있다. 텍스트가 있는 도형
의 크기를 조정할 경우 텍스트 크기에 맞게 자동 조절된다.

② 도형 모양을 다른 모양으로 바꾸려면 SmartArt 도구 '서식 탭'의 '도형 그룹'에서 [도형
모양 변경] 옆의 화살표를 클릭하고 원하는 도형을 선택한다.

③ 도형 사이에 관계를 나타내는 선을 바꾸려면 선을 마우스 오른쪽 버튼으로 클릭하고 '바로
가기 메뉴'에서 [도형 서식]을 선택한다. 나타난 [도형 서식] 대화상자에서 [선 스타일]을
클릭하고 원하는 옵션을 선택한다.

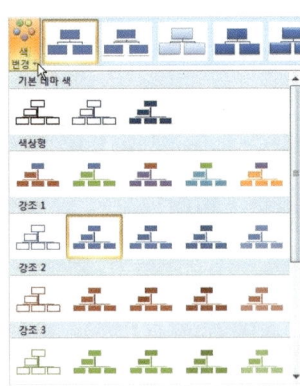
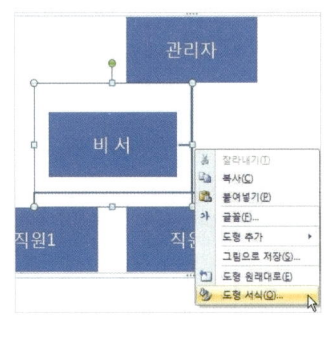

(4) 조직도 색 변경하기

테마 색에서 가져온 색 조합을 SmartArt 그래픽의 도형에 적용할 수 있다. 색을
변경할 SmartArt 그래픽을 클릭하고, SmartArt 도구 '디자인 탭'의 'SmartArt
스타일 그룹'에서 [색 변경]을 클릭하여 원하는 색 조합을 선택한다.

○ 수치 데이터 표현을 위한 차트의 활용

파워포인트에서의 차트(Chart)는 그래프에 데이터 범례와 같은 구성요소가 포함된 형태이다. 차트의 중심이 되는 그래프는 통계의 결과를 한눈에 볼 수 있도록 나타낸 표로서, 비교하거나 변하는 상태를 시각적으로 표현해 준다.

파워포인트에서는 모두 11가지 범주의 유형 차트를 제공하지만, 대표적인 3가지 차트의 예를 만들어 보기로 하자.

○ '세로 막대형' 차트 만들기의 예

세로 막대형 차트 만들기의 예를 들어 설명하면, 세로 막대형 차트의 막대의 길이는 값이나 양을 나타내주며, 종류를 비교할 때 매우 효과적이다. 차트를 만들기 위해서는 다음과 같은 데이터가 필요하다.

구분	2006년	2007년
컴퓨터	910	1,200
냉장고	410	380
TV	250	310
세탁기	150	120
기타	50	60
합계	1,770	2,070

한 전자제품 판매업체의 전년대비 품종별 매출 실적현황을 차트로 만들어 보기로 한다. 그 실적현황 데이터는 표와 같다.

(1) 데이터 입력 및 수정하기

■ 워크시트에 값 입력하기

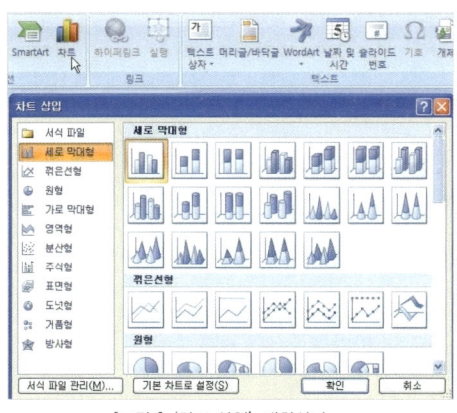

[그림1] '차트 삽입' 대화상자

① 새 슬라이드에서 차트를 포함할 '개체 틀' 중에서 차트 아이콘을 클릭하거나, '삽입 탭'의 '일러스트레이션 그룹'에서 [차트]를 클릭한다. 나타난 '차트 삽입' 대화상자에서 '세로 막대형'의 종류 중 하나를 선택한 다음 [확인]을 클릭한다. 여기서는 첫 번째 유형을 선택하였다. 그러면

'창'에 '파워포인트 창'과 'Office Excel 2007 창'으로 된 '분할 창'이 열린다. Excel의 '워크시트'에 '예제 데이터'가 표시가 되어 있다. 예제 데이터를 바꾸어야 하는데, 워크시트의 셀을 클릭하고 데이터를 입력한다.

② 워크시트 열과 행 수정하기

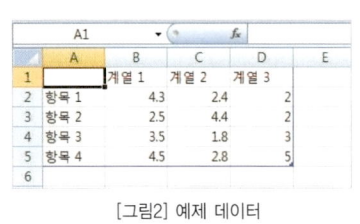

[그림2] 예제 데이터

먼저 워크시트에서 '계열1'이라고 된 열의 셀을 클릭한 후에 계열 1에 2006, 계열 2에 2007을 입력하고, 범위 바깥을 클릭한다. 그러면 '파워포인트 창'에 본래 4개씩 묶여 있던 막대 차트가 2개씩으로 줄어들고, 범례에서도 2개로 줄어든다.

워크시트의 행 부분, 즉 항목1, 항목2, … 등에 품종명을 입력한다. 예제 데이터에는 항목 4까지 있지만, 그 밑의 셀을 클릭해서 추가하여 입력한다. 그러면 자동으로 차트 데이터 범위의 크기가 커진다. 이제는 각 셀에 판매량을 입력하도록 한다.

③ 입력이 끝나면 Excel의 [Microsoft Office] 버튼에서 [닫기]를 클릭한다. 워크시트 데이터와 차트는 자동으로 저장된다. 그러면 차트만 들어가 있는 파워포인트 슬라이드 창만 남게 되는데, 1차 작업 결과는 [그림3]과 같다.

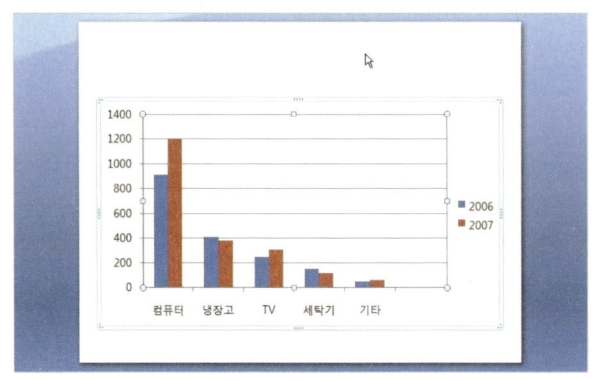

[그림3] 차트가 삽입된 슬라이드

(2) 막대형 레이아웃 편집하기

레이아웃 편집을 손쉽게 하려면 '디자인 탭'에서 '차트 레이아웃 그룹'의 갤러리 중에서 선택하도록 한다[그림4] 참조.

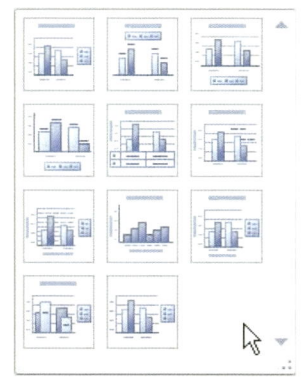

[그림4]

파워포인트에서는 필요한 경우 개별 차트 요소의 레이아웃과 스타일을 직접 변경하여 레이아웃이나 텍스트의 서식 스타일을 탭에서의 단추와 옵션을 이용하여 사용자 지정할 수가 있다. 예를 들어, 축 표시 방법의 변경, 차트 제목 추가, 범례를 이동하거나 숨기고, 다른 차트 요소를 표시할 수 있다. 여기서는 차트 제목과 범례 이동, 스타일, 막대 색 변경만을 해보자.

■ 차트 제목 추가하기

차트의 내용을 제시하기 위해 차트 제목을 추가해 본다. '레이아웃 탭'의 '레이블 그룹'에서 [차트 제목]을 클릭하고, 옵션에서 제목을 [차트 위]로 선택한다. 차트에 표시되는 차트 제목 텍스트 상자에 '품종 별 판매 실적'이라고 입력한다.

■ 범례 편집하기

범례의 위치 변동을 편집하려면 슬라이드상의 '범례'하고 '레이아웃 탭'의 '레이블 그룹'에서 [범례]를 클릭하고 대화상자에서 선택을 한다. 기타 범례 옵션을 클릭하여 [범례 서식]에서 테두리 스타일을 바꿀 수가 있다.

■ 스타일 적용

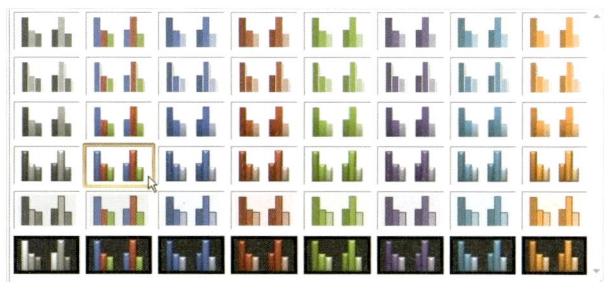

[그림5] 차트 스타일

전체 차트의 색상을 바꾸고 효과를 주려면, '디자인 탭'의 '차트 스타일 그룹'에서 사용할 [차트 스타일]을 클릭한다. 사용할 수 있는 모든 스타일을 보고 적용하려면 [자세히] 화살표를 클릭한다.

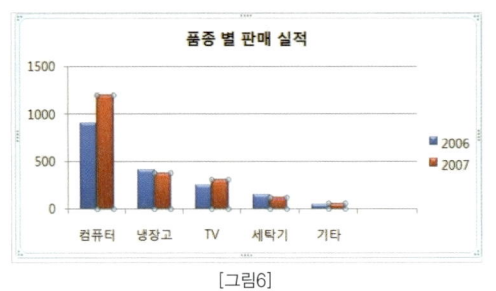

[그림6]

여기서는 스타일 중에서 입체감을 주는 스타일 26을 선택하였다.

■ 막대의 색 바꾸기

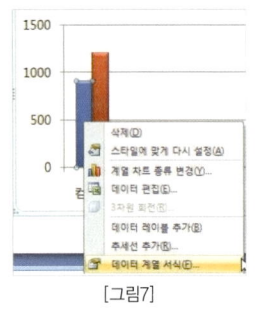

[그림7]

그래프 막대의 '색'을 바꾸려면 한 쌍의 막대 중 왼쪽 막대를 클릭한다. 그러면 왼쪽 막대가 모두 선택되는데, 여기서 마우스 오른쪽 버튼을 클릭해 [데이터 계열 서식] 메뉴를 선택한다. [그림7] 참조.

그러면 [데이터 계열 서식] 대화상자가 나타난다. 이 상자에서 [채우기] 버튼을 선택한다. 옵션에서 [자동] 대신에 [단색 채우기]를 선택하고 색 조절을 위해 [색] 버튼을 클릭한 후 색을 고른다. 여기서는 노란색을 선택하였다. [그림8] 참조.

[그림8]

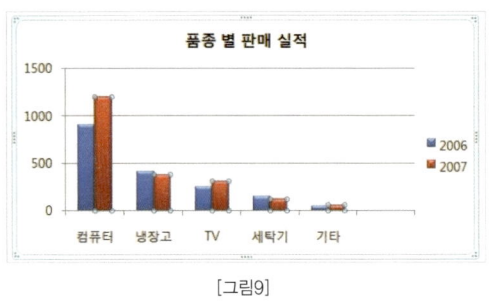

[그림9]

다시 대화상자로 돌아와 [확인] 버튼을 클릭하면, 왼쪽 막대의 색이 동시에 바뀐다 [그림9]. 한 쌍의 막대 중 오른쪽 막대도 동일한 방법으로 바꿀 수 있다.

○ 원형 차트 만들기의 예

원형차트는 하나의 원을 여러 조각으로 나누어 보여 주기 때문에 전체 영역에서 각 조각이 차지하는 비율(%)이 한 눈에 들어오는 장점이 있다. 방법은 막대 차트방법과 비슷하다. 원형 차트는 조각을 많이 내면 알아보기가 어려우므로 5개 정도로 나누는 것이 좋다. 또한 가장 큰 조각부터 시계 방향으로 제시되어야 한다.

(1) 데이터 입력 및 수정하기

직 위	지분율(%)
사 장	45%
부사장	15%
감 사	5%
이 사	7%
기 타	28%
계	100%

'차트 삽입' 대화상자에서 '원형'의 종류 중 하나를 선택한 다음 [확인]을 클릭한다[그림2]. 여기서는 첫 번째 유형을 선택하였다. 데이터 입력 및 수정하는 방법은 막대 차트의 방법과 동일하다. 예로, 주주 구성 차트를 만들어 보자.

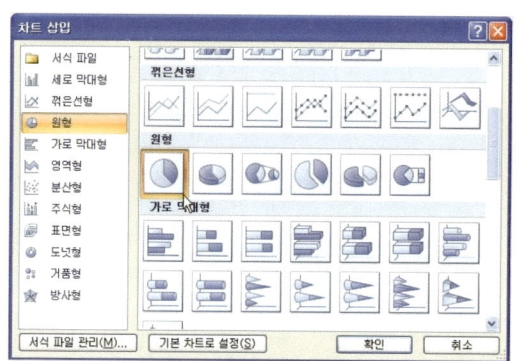

[그림1] 차트 삽입 대화상자

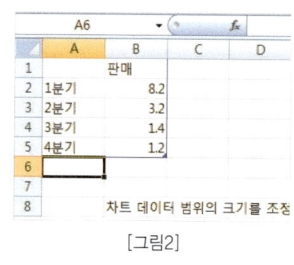

[그림2]

'창'에 '파워포인트 창'과 'Office Excel 2007 창'으로 된 '분할 창'이 열린다. Excel의 워크시트에 '예제 데이터'가 표시 되어 있다[그림2] 참조.

먼저, 워크시트에서 '판매'라고 된 열의 셀을 클릭한 후에 '지분율'을 입력하고, 범위 바깥을 클릭한다. [그림3] 참조.

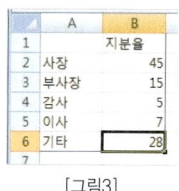

[그림3]

워크시트의 행 부분, 즉 1분기 1, 2분기, … 등에 직위 명을 입력한다. 예제 데이터에는 항목4까지 있지만, 그 밑의 셀을 클릭해서 추가하여 입력한다. 그러면 자동으로 차트 데이터 범위의 크기가 커진다. 이제는 각 셀에 지분율을 입력하도록 한다.

입력이 끝나면 Excel의 [Microsoft Office] 버튼에서 [닫기]를 클릭한다. 워크시트 데이터와 차트는 자동으로 저장된다. 그러면 차트만 들어가 있는 파워포인트 슬라이드 창만 남게 된다. 1차 작업 결과는 [그림4]와 같다.

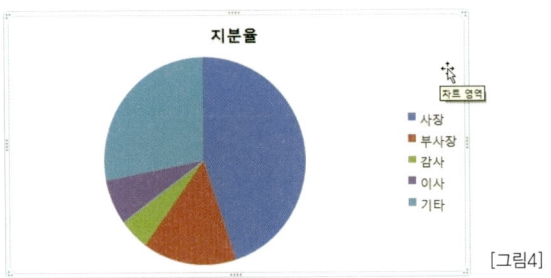

[그림4]

(2) 원형 차트 편집하기

■ '데이터 레이블' 추가

원형의 각 조각에 직위나 지분율을 표시해보자. 이를 파워포인트에서는 '데이터 레이블'이라고 한다. 레이아웃 편집을 손쉽게 하려면 '디자인 탭'에서의 '차트 레이아웃 그룹'의 갤러리 중에서 선택하도록 한다[그림5]) 참조.

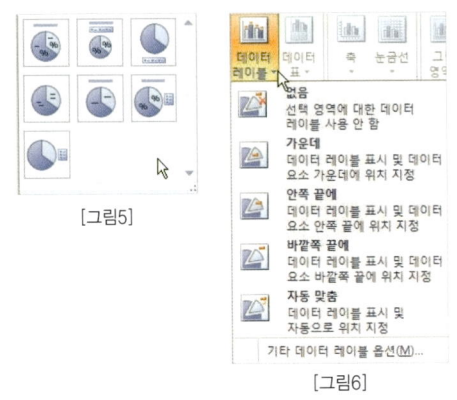

[그림5]

[그림6]

필요한 경우 '데이터 레이블'을 직접 변경하여 사용자 지정할 수가 있다. 이 경우에는 '레이아웃 탭'의 '레이블 그룹'에서 [데이터 레이블]을 클릭하고 선택한다[그림6] 참조.

■ 스타일 적용

전체 차트의 색상을 바꾸고 효과를 주려면 '디자인 탭'의 '차트 스타일 그룹'에서 사용할 [차트 스타일]을 클릭한다. 사용할 수 있는 모든 스타일을 보고 적용하려면 [자세히] 화살표를 클릭한다.

꺾은 선형 차트의 예

꺾은 선형 차트는 데이터 값의 변화를 한 눈에 보여준다. 즉, 어느 항목이 시간 경과에 따라 어떻게 변화해 갔는지 추세를 나타내는데 적합한 차트이다. '차트 삽입' 대화 상자에서 '꺾은 선형'의 종류 중 하나를 선택한 다음 [확인]을 선택한다. 여기서는 첫 번째 유형을 선택하였다. 데이터 입력 및 수정하는 방법은 막대 차트의 방법과 동일하다. 예로, 어느 기업의 A상품과 전체 매출액에 관한 변화를 꺾은 선형 차트로 만들어 보자.

(단위: 억원)

구분	2001년	2002년	2003년	2004년	2005년
A상품 매출액	12	20	25	21	18
전체 매출액	35	42	50	48	70

꺾은 선형의 예제 데이터는 막대형과 같은데 다음과 같다. 이 데이터의 입력 결과는 다음의 [그림2]와 같다.

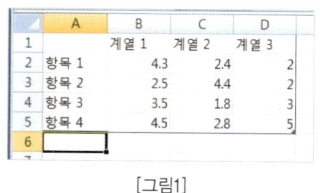

[그림1]   [그림2]

입력이 끝나면 Excel의 [Microsoft Office] 버튼에서 [닫기]를 클릭한다. 워크시트 데이터와 차트는 자동으로 저장된다. 그러면 차트만 들어가 있는 파워포인트 슬라이드 창만 남게 된다. 1차 작업 결과는 [그림3]과 같다.

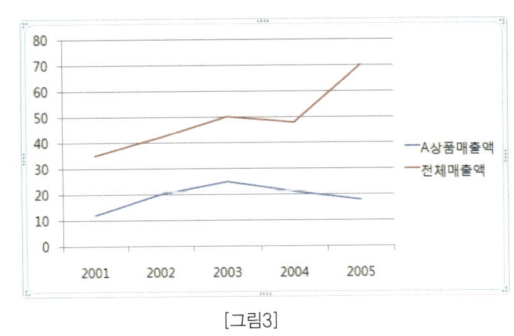

[그림3]

(1) 꺾은 선형 차트 편집하기

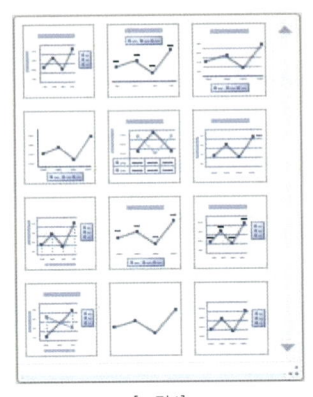

[그림4]

■ 레이아웃 편집

레이아웃 편집을 손쉽게 하려면 '디자인 탭'에서의 '차트 레이아웃 그룹'의 갤러리[그림4] 중에서 선택하도록 한다.

■ 스타일 적용

전체 차트의 색상을 바꾸고 효과를 주려면 '디자인 탭'의 '차트 스타일 그룹'에서 사용할 [차트 스타일]을 클릭한다. 사용할 수 있는 모든 스타일을 보고 적용하려면 [자세히] 화살표를 클릭한다.

■ 선 색상 및 두께 등 변경

선에 관한 모든 것(선 색, 표식 등)을 바꾸려면 선 부분을 클릭하고 나서 마우스 오른쪽 버튼으로 클릭해 [데이터 계열 서식] 메뉴를 선택한다. 이 서식의 대화상자에서 각종 옵션을 선택한다. 또는 '도형 스타일 그룹'에서 [도형 윤곽선]을 클릭하여 나타난 메뉴에서 선택 변경할 수도 있다. [그림5]를 참조하자.

Note

선의 선택이 안될 때, '서식 탭'의 '현재 영역 선택 그룹'에서 [차트 요소]상자에서 '계열'이 들어 있는 항목을 선택하면, 선 하나가 선택된다.

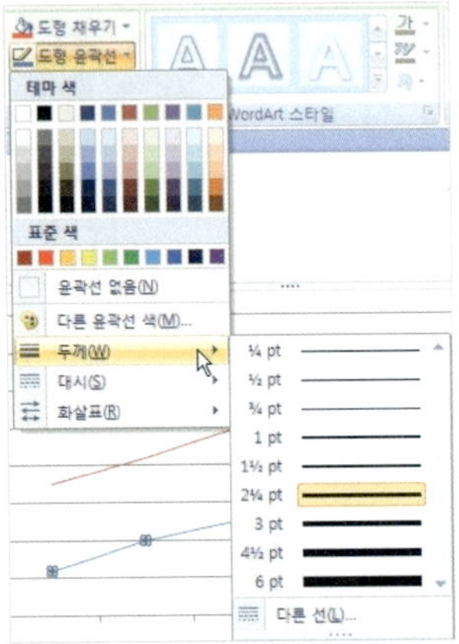

[그림5]

Part 5

창의적인 내용 개발과
논리적인 구성

실전 프레젠테이션에서 짜임새 있게 구현해야 할 각 구성요소들을 소개한다. 청중에게 핵심적으로 전달할 요지와 참신한 서론의 전달을 체크하고, 설명에 필요한 5원칙, 체계적인 본론 설명, 그리고 그에 따른 논증과 예시들을 정리하였다. 아울러 청중에게 각인시킬 감동적인 본론 요약과 결언 테크닉 등을 제시한다.

요지의 개발과 정보 수집

요지의 개발부터 하자

(1) 요지 개발의 목적

우선 무엇을 설득시키려 하는가 하는 프레젠테이션의 핵심을 이루는 프레젠터의 생각, 주장, 의견을 명확히 할 필요가 있다. 이것을 요지(要旨)라고 하는데 이에 대한 개발부터 시작해야 한다. 요지는 프레젠터에게 어떠한 방향과 범위로 세부 내용을 개발하고 이에 대한 자료를 준비할지를 한정하게 만든다.

이 개발은 '세부 목적'을 토대로 만들어야 한다. 앞서 설명한 바와 같이, 프레젠터에게는 개괄적 목적(이 목적은 프레젠테이션의 일반적인 목적이다)이 있을 것이다. 세부 목적이란 프레젠테이션을 하는 개괄적 목적을 주제와 연결시켜 보다 구체적으로 표현한 것이다.

(2) 세부 목적의 필요성

세부 목적을 쉽게 만드는 방법은 주제와 개괄적 목적, 그리고 청중의 속성을 서로 조화롭게 결합하여 프레젠테이션에서 달성하고자 하는 바를 '…하기 위하여' 라는 하나의 완전한 목적구(目的句)로 만드는 것이다. 여기서 세부 목적은 하나만 만들어야 하고, 가능한 한 구체적으로 기술해야만 한다.

예를 들면, '신기술 도입의 필요성' 이란 주제를 가지고 회사 중역들을 상대로 프레젠테이션을 한다고 하자. 주제인 '신기술 도입'은 그대로 쓰일 수 있을 만큼 자세하지 않으므로, 먼저 '○○ 신기술 도입' 등으로 조정하여 생각해본다. 여기서의 청중은 중역진이고 프레젠테이션의 개괄적 목적은 알린다가 될 것이다. 이 3가지를 조화시키면 세부 목적은 '중역진들에게(청중)', '신기술 도입의 필요성(주제)'을, '인식시키기 위해(목적)' 등이 만들어질 것이다.

Note

요지는 프레젠테이션에서 '프레젠터가 하고자 하는 말을 하나의 간결한 문장'으로 표현한 것으로 '핵심명제(purpose sentence)'라고도 하는데, 내용의 뼈대라고 할 수 있다. 요지를 서두에서 밝히면 청중에게는 어떠한 방향으로 프레젠테이션이 전개될지를 예측하게 하여 이해를 도우므로, 비교적 긴 프레젠테이션에서는 필수 사항이다.

Note

세부 목적의 결정은 직접적으로 주제와 연결되므로, 주제를 먼저 제대로 정할 수 없는 경우에는 세부 목적을 먼저 정한 뒤 주제를 결정하면 주제를 정하기가 쉬워진다.

(3) 요지의 완성

세부 목적이 제대로 개발되었다면, 이를 달성하기 위해 반드시 언급해야 할 2~3 개의 '요점'을 연상해서 생각해내야 한다. 경우에 따라 그 목적 속에 이미 언급해야 할 요점들이 명시되어 있는 경우도 있을 것이다. 요점을 찾아내어 이들을 연결하여 「…이다!」라는 하나의 '선언적 문장'을 만들면 이것이 바로 요지가 된다.

만약에 요점이 쉽게 떠오르지 않으면, 소주제를 설정해보고 이와 관련하여 '자신의 입장'을 정리해 본다. 대개 프레젠테이션의 내용은 현상에 관한 설명부분과 그 해결책이라는 대안 제시부분으로 나누어지므로 여기서 소주제(小主題)을 찾도록 한다. 이 소주제에 대한 자신의 입장을 정리하여 요점으로 발전시켜 나간다.

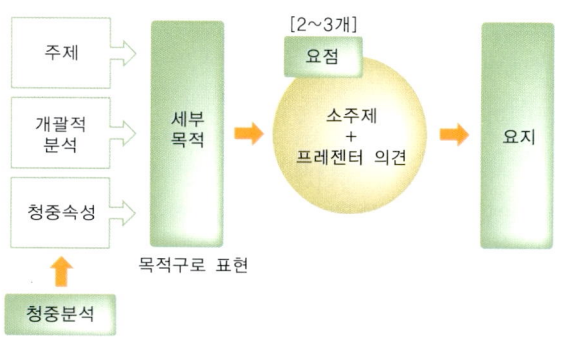

[요지의 개발방법]

이를테면 '대안학교의 필요성을 이해시키기 위하여'라는 세부 목적은 '기존 교육 제도의 문제점'과 '대안교육의 효과'라는 2가지 소주제를 내포하고 있다. 좀 더 생각하면, '기존 교육제도의 문제점'은 '기존 교육제도는 학교 부적응 학생을 방치하고 있다'라는 요점으로, 대안학교의 효과는 '대안학교는 학교 부적응 학생의 교육에 효과적이다'라는 요점으로 정리할 수 있다.

위의 예에서 두 가지 요점을 연결하여 "기존 교육제도에서 방치된 학교 부적응 학생들의 교육에는 대안학교가 효과적이다"고 하나의 문장으로 만들면, 이것이 이 주제에 대한 요지가 된다.

◯ 꼭 수집해야 할 정보

프레젠테이션은 결국,

> **'수집한 정보를 정리하여 발표한다!'**

는 작업이므로, 정보 수집력이 중요시 되는데, 여기서 중요한 것은 "정보는 가능한 많은 편이 좋다."는 것이다.

> **[수집해야 할 정보]**
>
> - 주제와 연관 있는 문제와 관점
> - 주제와 관련된 반대의견
> - 자신의 신념이나 주장을 뒷받침할 수 있는 실례
> - 주제와 관련된 최신 정보나 전망
> - 청중에게 감명을 줄 수 있는 어구
> - 일화, 위트, 특히 생생한 경험담
> - 통계자료와 그림

특히 신경을 써야 하는 것은 예시(例示)를 하는 자료이다. 예시는 구체적으로 확인할 수 있는 사실을 보여 주는 것이므로 매우 큰 설득효과를 갖는다. 미국의 샌프란시스코 주립대학교 커뮤니케이션학과 교수인 아더 아사 버거(Arhter Asa Berger)는 "Seeing is Believing" 즉, '보는 것이 믿는 것이다.' 라고 했다.

몸통에 해당하는 본론 내용의 개발

02
Chapter

🔘 왜 본론부터 준비할까?

요지를 개발하고 자료를 수집하였다면 서론, 본론, 결론 중 어느 부분부터 만들어야 할까? 프레젠테이션의 순서와 같이 서론부터 준비하고 나서 본론을 마련하고, 마지막으로 결론을 준비하는 것으로 생각하기 쉬우나, 오히려 먼저 본론을 개발하고 서론과 결론은 본론의 조직이 완성된 다음에 결정하는 것이 어려운 내용을 쉽게 개발하는 방법이다.

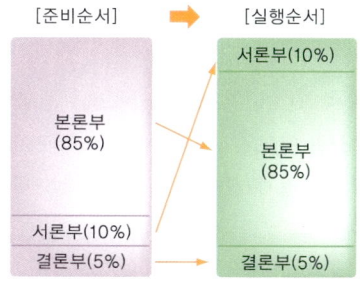

본론에서는 본질적 주제의 구체적 내용을 다루는데, 복잡한 정보는 사례를 들고 그림이나 그래픽, 도표 등을 이용하면서 견해에 대한 근거를 설명하도록 한다. 또한 장단점을 비교하거나 반대 입장을 설명하면서 반박하고 그것으로부터 결론으로 가는 징검다리를 만들어야 한다.

본론은 전체에서 몇 % 정도 차지해야 하는지 문제가 될 것이다. 본론은 전체 프레젠테이션의 85% 정도, 서론은 10% 정도, 결론은 5% 정도로 구성하도록 한다.

본론은 뼈대가 되는 대항목인 주요 아이디어, 그 세부 내용인 중항목, 그리고 소항목으로 구성되는 것이 보통이다. 따라서 본론 개발에서 제일 먼저 해야 할 것은 주요 아이디어를 먼저 도출하고 이들 사이의 체계를 잡아주는 일이다.

주요 아이디어의 개발 방법

(1) 주요 아이디어를 7항목 이내로 제한하는 이유

아웃라인의 중심이 되는 '주요 아이디어'란, 해당 프레젠테이션에서 언급하고자 하는 중요한 포인트, 즉 요점들이다. 주요 아이디어를 개발할 때는 완전하고 분명한 문장으로 표현하는 것이 좋다.

프레젠테이션은 30분~1시간 정도 되지만, 그 시간에 청중의 기억으로 무엇인가를 남기지 않으면 안 된다. 그 때문에 가능한 전하고 싶은 것을 최대한 좁히는 편이 좋다. 또한 어떤 내용에 초점을 맞추어 전개할 지는 이른바 3P분석, 특히 청중분석에 따라 결정하도록 한다.

주요 아이디어는 보통으로 말해 7항목. 인상을 남기고 싶으면 5개. 시간이 짧은 프레젠테이션이라면, 과감히 3개로 좁혀야 한다. "지금부터 중요한 점 3가지를 말씀드리겠습니다." 라고 하면 청중은 그 3가지를 알고 싶어 한다.

 화법

"우리 회사의 장점은 5가지나 있습니다."라고 말하는 것도 좋지만,"우리 회사의 장점은 이것입니다."라고 말하는 편이 기억에 남는다. 짧은시간에 5가지의 요점을 기억하는 것은 힘들다.

(2) 3단계로 개발하자

주요 아이디어나 그 세부 내용을 발견하려면, 주제나 요지와 관련된 소재나 개념들을 수집하여 이들을 몇 개의 범주로 묶어 이를 대표하는 어구를 선정해야 한다. 여기서는 다음과 같이 3단계의 과정으로 밟아 나가면 효과적이다.

① 1단계

참고 서적이나 관련 자료를 검토하고 평소의 경험과 지식을 동원하여 주제와 관련된 소재들을 수집한 후 이를 기재하여 '분석목록'을 만들어 본다. 이때에는 자신이 갖고 있는 지식, 정보, 경험, 아이디어 등을 주제에 맞게 선택하고 난 후에 참고 자료 등 외부 소재 수집에 착수하는 것이 소재를 빠르게 수집하는 유효적절한 방법이 될 것이다.

② 2단계(범주화)

분석목록을 만든 다음에는 유사한 소재들을 묶어 다음과 같은 요령으로 범주화를 해본다.

- 비슷한 소재 중에서 공통되는 소재 부분에 주목한 후 하나로 정리한다.
- 복수의 소재를 적절하게 통합시켜 새로운 관점의 소재를 만들어낸다.
- 흥미를 끌 수 있는 소재를 더욱 깊이 확대시켜 나간다.
- 관점이 상반되는 소재들은 별도의 소재들과 통합시켜 보는 작업을 해본다.

③ 3단계(취사 선택)

프레젠테이션 목적과 요지에 적당한 범주들을 골라 주요 아이디어로 정한다. 즉, 범주화된 소재에 대해 하나하나 분석과 평가를 한 후 주제에 맞게 전개시킬 수 있는 것(대항목, 중항목)을 먼저 골라낸다. 나머지는 세부내용으로 취급하고 7~3개로 선정한다.

설명의 5가지 테크닉

03 Chapter

5가지 설명 방법

설명의 목적은 이해시키는 것이지만, 그리 간단하지가 않다. 불충분한 설명으로 많은 오해가 생길 수 있으므로 설명할 때에는 납득이 되도록 노력해야 한다. 설명을 한다는 것은 청중이 모르거나 알고 있어도 불충분하게 아는 어떤 사실이나 대상에 관하여 쉽고 정확하게 알 수 있도록 해주는 것으로 이에는 5가지 테크닉이 있다.

(1) 정의

신기술에서 새로운 용어의 뜻을 설명하는 것과 같이, 정의는 주어진 개념이 무엇을 의미하는지를 밝힐 때 사용할 수 있다. 정의를 내리는 방법에는 여러 가지가 있는데, **첫째,** 사전에서 단어를 설명하는 것처럼 사전적(辭典的) 정의는 주어진 개념의 '근본 속성'을 말로써 설명하는 하는 것으로 정의할 때 많이 사용하는 방법이다. **둘째,** "문화란 사람이 사회의 구성원으로서 획득하게 된 지식, 신앙, 예술, 논리, 법률, 풍속 및 그 밖의 능력 및 습관을 포함하는 총합체이다."와 같이 한 개념은 그것을 구성하고 있는 '하부 개념'을 열거함으로써 정의한다. **셋째,** '이 점은 같고 이 점은 다르다'는 것처럼, 한 개념을 이와 유사한 개념과 공통점을 중심으로 '비교'를 하거나 차이점을 중심으로 '대조'를 시켜 정의한다. **넷째,** 한 개념은 그것을 잘 나타내는 '예(例)'를 통하여 정의할 수 있다. 주어진 개념을 보다 생생하게 정의하고자 할 때에는 예시하는 것이 효과적이다.

(2) 분석

프레젠테이션에는 분석이 많이 들어간다. 분석은 외형적인 현상보다는 배경이나 이러한 현상을 초래하는 원인을 밝히는 방법이다. 즉, 기술이나 묘사는 '무엇이 어떠하냐'를 밝혀주는 반면, 분석은 '왜 그것이 그러하냐'를 밝혀준다. 하나의 대상을 분석하다보면 이 현상을 일으킨 다른 대상이 부각되기 마련이며, 궁극적으로 두 대상 사이의 어떠한 '관계'가 있는가를 설명하게 된다.

YAM의 공식으로 분석하기로 해 본다.

Y : Know Yourself(프레젠터인 자신에 대해 파악한다)

A : Know Audjence(청중에 대해 파악한다)

M : Know Material(주제에 대해 파악한다)

TOP을 알아야 Top프레젠터가 될 수 있다.

T : Time(시간)

O : Occasin(경우, 상황)

P : Place(장소)

(3) 기술

프레젠테이션에서 현상을 보고하는 경우가 많다. 판매실적이라든지, 개발현황 등이 그 예이다. 기술은 관찰한 현상을 '있는 그대로' 서술하는 방법이다. 정확히 주요 아이디어를 자세히 기술해 나가기 위해서는 세부적 사항에 대한 구체적인 자료가 필요하므로, 충분한 사전조사와 자료 입수가 선행되어 이를 참고해야만 할 것이다.

(4) 묘사

묘사는 발표자가 어떤 모습을 그림 그리듯이 느낀 대로 표현하기 때문에 적절히 사용하면 청중의 호응을 이끌어내는 데 큰 도움이 된다. 묘사는 관찰된 현상을 표현한다는 점에서 기술과 비슷하지만, 객관적 서술을 중시하는 기술과는 달리, 주어진 대상이나 사건의 상태 또는 움직임이나 행위 등을 '주관적'으로 그려내는 방법이다.

(5) 부연 설명

부연 설명이란 주요 아이디어를 특기할 만한 내용 추가 없이 보다 자세하게 서술하는 방법으로, 명확하게 전달할 필요가 있을 때 사용하면 효과적이다. 부연 설명은 꼭 필요할 때만 해야지 그렇지 않으면 장황한 설명이 될 수 있다.

이상의 5가지 테크닉을 사용할 때에는 효율적인 정보 전달을 위하여 파워포인트를 이용하여 차트나 도표, 사진 등 최대한 시각적 자료를 만들어 이용하도록 한다.

논증의 테크닉

○ 주장의 성격을 파악하자

'투자를 해달라', '신제품을 개발해야 한다', '기술을 도입해야 한다', '공사는 우리 회사가 맡아야 한다' 라는 대부분의 비즈니스 프레젠테이션에서는 설득적 아이디어가 들어있다. 이른바 기획서에도 결국은 자신의 제안을 상부에서 받아드려 달라는 설득이 포함되어 있다.

설득적 아이디어의 핵심은 '주장' 이다. 청중에게 주장이 먹혀들어가야 프레젠테이션이 성공하는 것이라고 할 수 있다. 주장(claim)이란, 청중이 채택했으면 하고 프레젠터가 내세우는 의견을 가리키는데, 하나의 설득적 아이디어는 반드시 하나 또는 그 이상의 주장을 갖게 마련이다.

주장은 크게 3가지로 나눌 수 있는데, 그 내용의 성격에 따라 이를 뒷받침하는 근거도 달라지므로, 자신의 주장이 어떤 성격을 지니는지 파악해두어야 할 것이다.

Note

설득 아이디어의 핵심을 '주장 (主張)' 이라 하고, 이 주장의 당위성을 증명하는 과정을 '입증 (立證)' 이라 하며, 주장과 입증을 함께 제시하는 것을 '논증 (論證)' 이라고 한다.

① 사실적 주장(factual claims)은 사실여부에 대한 자신의 판단을 내세우는 의견으로, '어떤 것이 사실이다' 또는 '사실이 아니다' 라는 결론을 제시한다.
② 가치적 주장(value claims)이란 어떤 대상에 대한 평가를 밝히는 의견으로, 그것이 '좋다/바람직하다' 또는 '나쁘다/바람직하지 않다' 라는 결론을 제시한다.
③ 정책적 주장(policy claims)은 '무엇을 어떻게 해야 옳은가' 하는 행위와 실천의 당위성에 대한 결론을 제시하는 의견이다.

주장은 원칙처럼 제시되어진다. 원칙에도 예외가 있는 것처럼, 자신의 주장이 힘을 발휘하려면 약점도 밝혀 두는 것이 오히려 신뢰감을 더하게 된다. 예를 들어, 보통의 경우에는 적합하지만 특수한 경우에는 적합하지 않을 수도 있다면, 그 예외적인 경우를 밝혀 두는 것이 좋다. 그래야 프레젠터에 대한 청중의 신뢰감이 더해진다. '이 정책이 가장 좋은 대안이다' 라는 주장이 대도시의 실정과 비교할 때만 사실이고 대도시가 아닌 농촌 지역에서는 사실이 아니라면, '구태여 여러분이 다른 지역에 살고 있으면 몰라도' 라는 단서를 넣어 예외적인 경우를 밝힌다.

Note

주장을 한정하는 경우에는 여러 가지 표현을 사용할 수 있는데, 100%의 확신을 가지고 있으면 〈예외 없이〉 또는 〈틀림 없이〉 등의 표현을, 90% 정도의 확신이 있으면 〈일반적으로〉,〈대부분〉, 또는 〈보통〉 등의 표현을, 그리고 60% 정도의 확신을 가지고 있으면 〈아마〉와 같은 표현을 사용한다.

내용 만들기와 관련이 적지만, 프레젠테이션 실행 시에 주장을 말할 때 표현 방법으로 특히 주의할 점은 청중의 특성을 고려하여 그 강도를 조절해야만 한다는 것이다. 사회나 조직에는 지켜야 할 예의가 있다. 자기주장이 옳다고 밀어붙이면 반발이 생기고 감정 때문에 이치를 따지지 않고 거부해 버린다. 따라서 반발을 무마하고 받아들이게끔 테크닉을 발휘하여야 하는데, 이를 흔히 설득의 기술이라고 하기도 한다.

 화법

이를테면, 「이 정책이 가장 좋은 대안이다」라는 주장이 강하다고 생각하는 경우에 "이 정책이 가장 좋은 대안이라고 생각한다" 또는 "이 정책이 가장 좋은 대안이라고 생각하는 국민도 많다"라는 식으로 주장의 강도를 낮출 수 있다.
이 때, 사용하는 「…이라고 생각한다.」와 「…이라고 생각하는 국민도 많다.」란 말을 '한정(qualifier)' 이라고 한다.

논증의 방법들

프레젠테이션에서 자신의 주장이 타당하다는 것을 청중에게 납득시키기 위해서는 주장과 입증, 즉 '논증'을 만들어 제시해야 한다. 바로 논증하는 내용이 주요 아이디어의 세부 내용이 된다.

논증 방법에는 근거를 제시하고, 더 나아가 그 근거가 타당하다는 기준인 보장을 제시하는 방법이 있다. '근거(ground)' 란, 주장을 뒷받침하기 위해 제시하는 여러 가지 증거나 가치관이다. 예를 들어, 'TV 광고가 가장 효과적이다' 는 주장을 'TV 광고는 매우 많은 청중에게 노출될 수 있다' 라는 사실로 뒷받침하면, 이것이 주장에 대한 근거가 된다. 제시하는 근거는 청중이 신뢰할만하고 타당한 것이어야 한다. 그 근거가 옳은지, 그른지 여부는 어떤 '기준' 을 가지고 보느냐에 따라 다르다. 제시된 근거가 주장을 적절하게 받쳐 주게 하는 기준을 '보장(warrant)' 이라고 한다. 이를테면, 'TV 광고가 수많은 광고 사이에 삽입된다' 라는 입장에서 본다면, 위의 근거가 적절치 못하다. 그러나 'TV는 전국에 방영된다' 는 기준을 갖고 보면 위에 제시한 근거가 적합하다.
주장과 근거, 그리고 보장은 논증의 과정을 구성하는 기본요소이지만, 모두 제시해야 하는 것이 아니며, 자신이 가장 덜 강조하고 싶어 하는 요소를 생략할 수도 있는데, 이 경우에는 보장을 생략하는 것이 좋다.

만약에 제시하는 근거가 청중에게 잘 알려져 있지 않은 경우에는 보장을 제시하고 더 나아가 다른 증거와 가치관을 제시하여 '보강(backing)'까지 제시해야 한다. 'TV 광고는 매우 많은 청중에게 노출될 수 있다'는 근거를 뒷받침하기 위해, '시청자가 100만 명이나 된다'라는 2차적 근거를 제시한다면 이것은 근거에 대한 보강이 된다.

논증 과정에서 그 구성요소를 어떠한 순서로 제시해야 하는지에 대한 정해진 원칙은 없으며, 프레젠테이션의 상황과 목적에 맞도록 적절한 순서로 제시하면 된다. 프레젠터는 근거를 먼저 제시하고 주장을 내세울 수 있으며, 반대로 주장을 내세운 다음 이에 대한 근거와 보장을 제시할 수 있다. 경우에 따라서는 보장을 먼저 하고 이어서 근거와 주장을 제시할 수도 있다. 이와 관련하여 근거의 합리성을 드러내는 논증방법에는 여러 가지 방법이 있다.

(1) 원칙으로 논증하기

사람들은 '해는 동쪽에서 뜬다'와 같이 진리나 보편화된 원칙에는 반문을 제기하지 않고 수긍한다. 원칙(principle)은 물리적 환경과 사회적 환경 속에서 작용하는 법칙 혹은 이치 등을 총칭하는 말인데, 이를 대전제로 사용하는 논증을 '원칙에 의한 논증'이라고 하며, 그 대표적인 예가 삼단논법(syllogism)의 테크닉이다.

삼단논법은 원칙(모든 사람은 죽는다)을 대전제로, 사실(소크라테스는 사람이다)을 소전제로 제시한 후, 결론(고로 소크라테스는 죽는다)을 내세우는 논리적 증명법이다. 이를 논증에 적용시키면, 원칙인 대전제는 보장이 되며, 소전제는 근거가 되고 결론은 주장이 된다.

(2) 권위를 이용하기

사람들은 자신보다 권위가 높은 사람의 말은 제대로 들어보지 않고 수긍하는 경향이 있다. 권위(authority)에 의한 논증은 정보원의 권위나 공신력을 보장으로 이용하는 논증이다.

주장에 대한 근거로 마이크로소프트 빌 게이츠 회장과 같은 공신력이 높은 권위자나 전문가가 제시한 사실이나 의견을 인용하면서 '이 방면의 권위자가 하는 말이니까 틀림없다'는 '보장'을 제시한다.

예문

"와이브로는 지난해인 2006년 말 국제 표준으로 공식 승인됨으로써, 침체 양상을 보이고 있는 국내 IT 산업 활성화에 기폭제 역할을 담당할 것으로 전문가들은 내다 보았으며 2007년 10월 24일에는 국내 업계 최초로 와이브로 칩셋 개발에 성공했다. 정보통신부에 따르면, 와이브로 서비스 도입 이후 2010년까지 국민경제에 미칠 파급 효과는 생산유발효과 12조 9,360억 원에, 부가가치유발효과가 9조 7,755억 원에 달할 전망이다."

(3) 관계를 분석하여 논증하기

어떤 사물은 다른 사물과 어떠한 관계에 놓여 있는 경우가 대부분이다. 이 관계를 규명하여 논증하도록 한다.

> • 인과관계로 내세운다.
> • 일반화시킨다.
> • 징후를 말한다.
> • 유추에 의한 논증을 한다.

① 인과관계로 내세운다

두 대상 중 하나가 다른 하나를 초래할 때, 두 대상 사이에는 원인과 결과의 관계, 즉 인과관계(causality)가 있다고 할 수 있다. 인과관계에 의한 논증은 두 대상 또는 두 개념 사이에 존재하는 인과관계를 보장으로 삼는 논증이다.

이 방법에 의한 논증을 할 때는 과학적 근거가 있는 확실한 인과관계를 보장으로 삼아야 한다. 그렇지 않고 자신만이 믿고 있는 인과관계나 진위여부가 확실치 않은 관계를 제시하게 되면 근거가 주장을 뒷받침할 수 없어, 억지를 부린다는 인상을 준다.

② 일반화시킨다

여러 예나 사실을 종합하여 하나의 결론을 추출하는 것이 일반화(generalization)이다. 일반화의 논증에서는 "근거로 제시하는 예나 사실들이 내용상으로도 주장의 입증에 적절하고 수적으로 충분하다"는 것이 보장으로 사용된다.

예나 사실들을 일반화하여 하나의 주장을 내세울 때는 "이 예나 사실들이 주어진 주장을 가능하게 한다"는 '가능관계'가 성립되어야 한다. 이 가능관계는 생략하는 것이 보통이지만, 꼭 언급하고 싶은 경우에는 "제시한 근거가 주장으로 일반화되기에 충분하다"는 식으로 주어진 상황에 맞추어 부드럽게 표현하는 것이 좋다.

③ 징후를 말한다

상관관계는 인과관계보다 약한 관계로서 두 대상이 서로 연관은 있지만 그들 사이에 존재하는 인과관계가 불명확할 때 설정하는 관계이다. 두 대상이나 개념 사이에 상관관계가 존재하면 그 중 한 대상은 다른 대상의 '징후'가 된다. 징후에 의한 논증을 할 때는 징후가 되는 대상을 근거로, 그 징후에 의거해 예측할 수 있는 결과를 주장으로, 그리고 이 둘 사이에 존재하는 상관관계를 보장으로 내세운다.

④ 유추에 의한 논증을 한다

유추(analogy)에 의한 논증은 과거의 어떤 상황과 현재 상황 사이에 존재하는 유사관계를 보장으로 내세우는 논증이다. 즉, 과거의 상황에서 어떤 일이 발생했는지를 근거에서 설명한 다음, 이 상황이 현재의 상황과 비슷하다는 점을 보장에서 강조하고, 현재 상황에서도 과거에서 일어났던 일이 다시 일어나게 될 것이라는 것을 주장하는 것이 유추에 의한 논증이다.

주장의 근거를 제시하는 방법

◯ 불리한 근거도 제시하자

프레젠터는 자칫 자신에게 유리한 것에 치우친 정보만을 뽑아 근거로 제시해버리기 쉽다. 그러나 이것만으로는 청중을 납득시키는 것은 곤란하다.

불리한 근거도 가끔 나타내는 것에 의해, 오히려 청중과의 사이에 신뢰 관계가 생김과 동시에 이야기의 객관성이 증가하여 프레젠테이션 전체를 통하여 보면, 보다 설득력이 증가하는 경우가 자주 있음을 보게 된다.

◯ 가치관을 활용하자

어느 사회이건 주류가 되는 가치관이 있으며, 또 개인은 개인 나름대로의 가치관을 가지고 있지만, 사회와 개인의 가치관이 일치하는 경우가 더 많다. 예를 들어 '사람은 예절을 지켜야 한다' 는 가치관을 근거로 '판매 활동을 하는 경우에도 고객에게 예절을 지켜야 한다' 는 주장을 한다.

가치관을 근거로 제시할 때는 프레젠터 개인의 가치관만 내세우지 말고, 사회 전체 또는 적어도 청중 전체가 공유하고 있는 가치관을 선정해서 사용해야 근거로서 제대로 사용하는 것이 된다. 만일 사회의 주류가 되는 가치관을 무시하고 개인의 가치관을 고집할 경우, 주장의 설득력은 갖지 못하고 오히려 가치관에 대해 논쟁이 생길 가능성이 있다.

◯ 증거를 엄선하자

논증에서 사용하는 증거는 사실, 구체적인 예, 통계자료, 증언 등 주장을 직접적으로 입증해주는 자료들을 총칭하는 말이다. 근거로 사용할 증거는 원칙적으로 모든 조건과 상황을 고루 대표할 수 있는 보편적인 것을 선정해야 하며, 특수하거나 지엽적인 것은 피해야 한다. 또한 오늘날의 추세를 잘 반영하는 최신의 것들을 확보해야 한다.

(1) 최신 통계를 보여주기

숫자 취급에 자신 있는 사람들에 대해서는, 압도적으로 설득력이 있는 것이 통계이다. 금융 관계자나 경영자, 관리자층에 있어, 대부분의 경우, 통계적 사실이 가장 중요한 설득 요소가 된다. 특히, 그 통계적 사실이 청중에 있어 의외이거나 예상에 반했을 경우는, 극적인 효과를 주는 경우가 많다. 물론 최신 자료여야 한다.

(2) 전시하기

'백문이 불여일견' 이라는 말이 있듯이, 프레젠테이션 시에 실물이나 샘플 등을 전시해, 청중이 실제로 그 전시품을 보거나 접하거나 하는 것은 오감을 통하여 그것을 정확히 체험할 수 있으므로, 역시 상당한 효과가 있다.
만약, 프레젠테이션을 실시하기에 앞서 청중의 흥미를 당길 것 같은 제품 샘플이나 모형, 사진 등이 입수된다면, 망설이지 말고 활용한다. 다만, 큰 스테이지 (stage) 위에서 작은 전시물을 소개하면, 보기 어렵고 오히려 역효과가 되는 것도 있기 때문에 그 점은 주의해야 한다. 전시가 어려우면 슬라이드에 사진을 삽입하여 보여주는 것도 또 하나의 방법이 된다.

(3) 데몬스트레이션(demonstration)해 주기

청중에게 제품의 조작 순서를 이해시키는 것이 중요한 경우에는 전시에서 한 걸음 나아가 데몬스트레이션을 실시하면, 큰 효과를 발휘한다. 말로 설명하는 것이 곤란한 상황에서도 실연해 보이거나 비디오로 소개 하면, 의외로 간단하게 이해시킬 수 있다. 자동차 신차발표회에서는 신차에 탑승해보도록 하는 것이 그 예이다. 물론, 청중이 실제로 조작해 볼 수 있을 때에는 한층 설득력이 늘어난다. 프레젠터가 스스로 데몬스트레이션 하는 경우는 미리 충분히 조작을 연습해 두는 것이 필요하다.

(4) 경험 말하기

사내에서의 프레젠테이션과 같이 많은 지식과 문화를 공유하고 있는 사람들을 대상으로 실시하는 프레젠테이션은 자신의 경험을 근거로 삼는 것도 효과가 있다. 업무를 추진하다가 자신이 겪은 경험담과 청중이 이미 알고 있는 사항, 문제, 의문으로 느끼고 있는 것 등을 강조하는 것으로써, 보다 설득력을 높일 수 있다. 또한, 프레젠테이션의 서두에서 자신의 체험을 이야기함으로써 청중에게 흥미를 유발시킬 수도 있다. 이 방법은 프레젠터가 사내외의 권위자로 인식된 경우에 매우 효과적이다.

(5) 전문가의 의견 빌리기

프레젠터가 프레젠테이션의 내용에 관해서, 청중으로부터 권위자로서 인정되지 않는 경우에는, 전문가의 의견을 인용하여 이를 근거로 제시하면 좋다. 이 방법은 학술 관계자나 시니어 대상의 프레젠테이션에서는 때때로 절대효과를 발휘한다. 반대로, 젊은 층이 청중의 다수를 차지하는 경우, 너무 전문가 의견을 중시하면, 프레젠터가 겁이 많고 자신이 없다고 인식하여 역효과가 날 우려도 있다.

주의할 점은 전문가 의견을 근거로 말할 때에는 되도록 청중에게 친숙한 전문가를 선택하는 것이 중요하다. 청중에게 친숙하지 않아 일일이 설명해야 하는 전문가 의견은 효과를 반감시킬 수 있으므로 유의해서 선정해야 한다.

(6) 사실 밝히기

그다지 시간이나 인내심이 없는 사람들을 대상으로 하는 프레젠테이션에서는 사실을 논리적으로 말하고 결론을 유도하는 방법이 적절하다. 또한 프레젠테이션 내용에 관련되어 있는 사람들이 청중인 경우에도 이 방법이 효과적이다.

(7) 유사한 예화를 들기

청중에게 완전히 새로운 것, 익숙치 않은 것에 관해서 프레젠테이션을 할 때에는 유사한 예를 근거로 들어주면, 이해하기가 쉽다. 이 방법은 특히, 평소 업무로 창조력이나 직감력을 사용하고 있을 것 같은 업종의 사람들에 대해서 효력이 있다. 또, 추상적인 사항에 관해서 프레젠테이션을 실시하는 경우에도, 유사한 예화를 든다면 스토리 내용을 연상하기 쉬워지고, 임팩트도 있기 때문에 효과적이다.

⬤ 증거 제시는 어떻게 할까?

증거를 프레젠테이션 시에 어떻게 도입할까?

물론 프레젠테이션 내용 구성 문제가 아니지만, 관련되므로 여기서 살펴보기로 한다. 표현을 어떻게 하느냐에 따라 모처럼 찾아낸 근거가 위력을 발휘하지 못하면 불행한 일이 아닌가. 증거를 제시할 때 '예를 들면…'이라고 토를 달면서 도입한다. 아울러 〈…에 의하면〉 또는 〈…에 보도되었듯이〉 등의 표현을 사용하여 증거를 제시하기 전에 해당 정보원 혹은 출처를 밝히는 것이 좋다.

 화법

예를 도입할 때, 단순히 〈일례로〉 또는 〈예를 든다면〉보다는, 〈좋은 예로〉 또는 〈별로 좋은 예는 아니지만〉이라는 식으로 그 예에 대한 자신의 판단을 아울러 밝히도록 한다. 예가 주장을 적절하게 입증을 못할 경우에는 〈아주 좋은 예는 아니지만〉, 〈적절한 예가 될지 모르지만〉식으로 단서를 달아 청중의 반발을 예방한다. 반대되는 예가 존재하면, 이를 숨기지 말고 밝힌 다음, 왜 이 예가 자신의 주장을 약화시키기지 못하는지를 설명한다.

자신뿐만 아니라 청중도 경험한 적이나 들은 적이 있을 것이라고 판단되는 예라면, 〈여러분도 겪어 보시겠지만〉 또는 〈여러분도 보도를 통하여 익히 알고 계시겠지만〉이라는 식으로 청중을 끌어들여 예의 효과를 극대화한다.

> **[증거를 제시할 때 지켜야 할 일반원칙]**
>
> • 청중이 믿을 수 있는 정보원으로부터 증거를 구한다.
> • 증거를 제시할 때는 출처를 밝혀야 한다.
> • 예화와 통계는 대표성을 가져야 한다.
> • 만약 반례가 있다면 이를 짚고 넘어가야 한다.
> • '예를 들면…' 이라고 예는 토를 달면서 도입한다.
> • 청중의 경험을 이용한다.
> • 예화와 통계는 최근 것일수록 좋다.
> • 통계는 비교를 통하여 그 의미를 명확히 하여야 한다.

청중의 입장을 고려하여 구성하자

아이디어와 세부 내용을 어떻게 배열하느냐에 따라, 앞뒤 구성이 맞는 내용이 될지를 판가름 할 수 있다. 이것이 제대로 짜여 있지 않으면, 청중들은 '도대체 무슨 얘기를 하는 거지' 하며 이해하는 데 혼란을 겪게 된다. 따라서 전체적인 구성이 체계적이어야 하며, 말이나 단락의 앞뒤가 서로 논리적으로 연결되어야 하고, 자연스러워야 한다.

- 전체 구성을 고려한다.
- 종속관계를 명확히 한다.
- 하나의 화제만 담는다.
- 논리적으로 구성한다.

(1) 전체 구성을 고려하자

먼저 주요 아이디어 사이의 체계를 잡아야 하며, 이들 사이의 조직이 결정되어야 프레젠테이션의 기본 틀이 잡힌다. 또한 전체의 구성을 생각하여 주요 아이디어를 배치해 두지 않으면 안 된다.

가령, 프레젠터가 한국 기업의 경영자들 앞에서 'S/W산업의 육성전략'을 프레젠테이션을 한다고 하자. 그러면, 전체 구성을 감안하여 대항목이 되는 주요 아이디어의 조직은 1. S/W산업의 중요성, 2. 국내 S/W산업의 경쟁력 분석, 3. 중점 추진 방안이 될 것이다.

(2) 종속관계를 명확히 하자

주요 아이디어의 틀이라는 전체 구성이 잡히고 나면, 주요 아이디어 각각에 따르는 여러 세부 내용들 사이에 체계를 잡도록 한다. 즉, 주요 아이디어와 세부 내용의 종속관계를 명확히 하면서, 종속관계를 고려하여 대항목을 중항목으로 세분해 나간다.

위의 예에서 대항목의 '1. S/W산업의 중요성'은 '가). S/W산업의 잠재력, 나). 각 산업에서의 S/W 비중, 다). 새로운 S/W 시장' 등 중항목으로 분류한다.

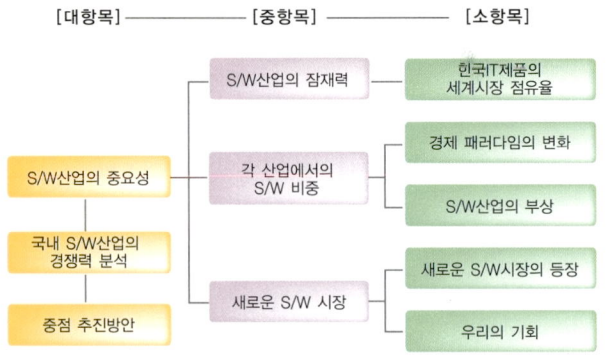

소항목에서는 구체적 사례나 데이터를 제시하여 중항목을 뒷받침해야 한다.

특히 세부 내용을 조직할 때 염두에 두어야 할 것은 그 내용을 구성하는 보조 자료나 입증 자료 또는 구체적인 설명이 반드시 제자리에 잘 삽입되어야 한다는 점이다.

(3) 하나의 화제만 담자

하나의 항목에 복수의 화제를 담으면, 청중이 명확히 이해하기 어려우므로 하나의 화제만 담도록 한다. 위의 예에서 '각 산업의 S/W산업'의 소항목이라는 세부 내용을 나누지 않고, 경제 패러다임의 변화와 S/W산업의 부상을 묶어서 하면 횡설수설의 원인이 된다.

◯ 구성은 논리정연하게

사람은 진지하고 심도있는 사고를 할 때 시간, 공간, 화제의 전개, 인과관계, 문제 해결, 일정한 기준과 가정과의 부합여부 등을 차례나 연쇄적으로 생각하는 경향이 있다. 그러므로 주요 아이디어나 세부 내용의 성격과 청중 분석을 고려하여 이 중의 하나를 중심으로 배열하도록 한다. 배열하는 테크닉에는 여러 가지 방법이 있는데, 주요 아이디어들이나 세부 내용의 속성에 맞추어 사용하도록 한다.

(1) 시간적·공간적 배열 방법

■ 시간의 흐름에 따라 배열한다

내용들이 시간적 속성을 가지고 있을 때는 시간의 흐름에 따라 배열하도록 한다. 즉, 내용의 주요 골자가 대상의 발전과정 혹은 전개과정의 각 단계를 대표할 경우에는 이들 시간의 흐름에 따라 배열하는 것이 효과적이다. 이를 시계열적(時系列的) 방법이라고 한다. 이 방법은 가령, 발표자가 인터넷의 발전과정을 설명한다면 인터넷의 기원은 1969년 알파넷의 구축에 있으며 1983년 인터넷이 탄생하고 1992년에 상용화가 허용되어 오늘날에 이르렀다고 변화해 가는 과정을 순차적으로 밝히는 것이다. 이 방법의 장점은 청중에게 시간의 흐름과 함께, 과거를 회상시키고 현재를 생각하게 하며 미래를 예측하게 하는데 아주 효과적이라는 점에 있다.

이 조직법에는 여러 가지 방식이 있으나 주요한 것 3가지만 소개하면 다음과 같다.

① "1990년에 개발하고 1995년에 실용화했으며, 2001년에 개량하였다"는 식으로 사건 진행을 시간의 흐름에 따라 정리하는 방식.

② "10세기 이전, 11~15세기, 16~19세기, 20세기 이후" 식으로 연대를 구역화하여 순서대로 정렬하는 방식.

③ "기승전결", "1단계, 2단계, …", "과거, 현재, 미래" 등의 단계에 맞춰 순차적으로 배열하는 방식.

■ 지역 순으로 정리한다

내용의 골자들이 서로 공간적, 지리적인 관계를 가지고 있을 때는 〈지리적 분포〉에 따라 정리한다. 즉, 'A지역 → B지역 → C지역'으로 배열한다.

"이 지역에서는 …, 저 지역에서는 …"와 같이 지역을 나누어 대륙 간의 차이, 각국의 제도 또는 지역의 특성, 판매액 등을 설명하거나, 사람이나 물건이 지역적으로 어떻게 분포되어 있는가를 보고하는 프레젠테이션을 할 때는 가장 중요한 지역을 먼저 언급한 다음 인접 지역으로 차차 이동해 가는 방법을 사용하는 것이 좋다. 이 때에 지노 그래프를 그려 넣은 슬라이드와 같은 시각자료를 함께 사용하면 좋을 것이다.

(2) 분석적으로 조직

어떤 사물이나 문제를 분석한 내용을 프레젠테이션 하는 경우에는 여러 조직법이 있다. 이 조직법을 사용할 때에 무엇보다 청중의 입장을 고려해야 한다는 점이다. 주의할 것은 지나친 논리의 비약이나 전제가 되는 해석에 무리가 있거나, 결론에 억지가 있으면 안된다.

■ 원인 → 결과로, 결과 → 원인으로

어느 기업의 매출 부진 원인을 분석하여 회의석상에 프레젠테이션 하는 것처럼, 어떤 현상의 원인을 진단하거나 어떤 원인으로 빚어진 결과를 분석하는 경우에는 원인으로부터 결과로, 결론으로부터 원인으로 전개해나간다. 만약 하나의 결과에 대해 여러 원인이 있을 경우에는 그 중요도에 따라 배열한다. 하나의 원인으로 인한 여러 가지 결과를 분석하는 경우에도 마찬가지 방법을 취한다.

찬반 논쟁이 심한 이슈 프레젠테이션에서는 체계적으로 잘 조직되었더라도 '적대적이냐 우호적이냐'와 같은 청중의 기존 태도를 감안하지 못한다면, 특히 적대적인 청중의 반감을 살 우려가 있다. 우호적 청중에게는 먼저 결론을 내세운 다음 이를 입증하는 조직을 해야 하며, 반대로 적대적인 청중에게는 누구나 인정할 수 있는 가치관이나 원칙에 기초한 입증과정을 거친 다음 서서히 결론으로 이끌어 나가는 조직을 취해야 한다.

■ 기본적인 소재를 앞에 배치한다

대부분의 프레젠테이션에서 주요 아이디어나 세부 내용들이 서로 직결되기보다는 따로따로 떨어진 소재(화제)들로 구성되기 마련이다. 즉, 어느 정도의 독립된 소재 등을 언급해야 할 때가 많으며, 이밖에 대상과 관련된 다양한 내용을 넣어야 하는 경우가 생긴다. 넣어야 할 소재가 다양하다고 하더라도 잘 생각해보면 이들 사이에는 자연적 · 관습적 또는 논리적 순서가 있게 마련이다.

소재별로 본론을 조직할 때는 〈기본적〉이거나, 〈다른 소재의 기초가 되는 소재〉를 앞에 두어야 한다. 바꾸어 말하면 기본적인 것에서 시작해서 점차 확장하도록 한다. 또는 주제가 포괄적이고 복잡한 경우에는 단순한 것에서 복잡한 것을 뒤에 놓는 배열을 사용한다. 그래야만 다음 소재의 논의와 이해가 쉬워지기 때문이다.

■ 문제분석 → 해결책 제시 → 장단점으로

현재의 상태·제도나 정책 등에 심각한 문제가 있어서 이를 지적하고 해결 방안을 제시하는 내용의 문제 해결식 프레젠테이션을 할 경우에는 문제를 집중적으로 분석하고 그 문제의 해결책을 제시한 후, 그 장단점을 강조하는 순서로 구성하도록 한다. 구체적으로 이 구성은 문제를 진단하는 부분과 해결책을 논의하는 부분으로 나누면 좋다. 전자에서는 문제의 역사적 배경·문제의 본질·문제의 원인·문제의 결과를 순서대로 논의한다. 후자에서는 해결책의 제시·해결 과정의 해설·해결책의 실용성과 실제성을 제시하고, 해결책의 장점을 강조한다.

대안제시적 조직은 문제해결식 조직과 유사하다. 그러나 문제해결식 조직은 모두가 현재 상황에 '문제가 있다'는 것을 인정하는 경우에 사용하는 접근법인 반면, 대안제시적 조직은 청중이 문제가 있다는 것을 의식하지 못하는 경우에 사용하는 접근법이라는 것이 결정적 차이점이다.

■ SDS법과 PREP법

연역법은 결론을 먼저 말하는 표현방법이고, 귀납법은 결론을 마지막으로 말하는 방법이다. 프레젠테이션에서도 이와 유사한 표현 수법을 사용할 수 있다. SDS법은 프레젠테이션을 Summary(전체 요약), Details(상세한 설명), Summary(전체 요약) 순으로 조립하는 방법이다.

① Summary : 청중에게 앞으로 무엇을 이야기할지를 요약하고 개요를 말한다.

② Details : 본론을 상세하게 말한다.

③ Summary : 마지막으로 다시 한 번 무엇을 이야기했는지를 종합한다.

P R E P 법은 Point(요점), Reason(이유), Example(구체적인 예), Point(요약)의 순서로 조립하는 방법이다.

① Point : 처음에 자신이 말하고 싶은 결론을 말한다.

② Reason : 다음에 그 이유를 말한다.

③ Example : 구체적인 예, 실례, 사례를 들고 상대를 납득하도록 유도한다.

④ Point : 마지막으로, 다시 한 번 자신이 말하고 싶은 포인트를 반복하고 마무리 짓는다.

07 Chapter

청중의 시선을 끄는 서론

○ 서론의 구조

(1) 서론의 기능

본론의 조직이 끝나면, 서론과 결론을 개발하여 전체 프레젠테이션의 내용을 완성시켜야 할 차례이다. 어떻게 프레젠테이션을 시작할까? 프레젠터에게 있어서 본론 구성 못지않게 고민되는 부분이기도 하다.

프레젠테이션의 도입 부분인 서론은 총 프레젠테이션에서 차지하는 분량에 비해, 그 중요성은 매우 크다. 서론은 청중의 주의력을 모으는 동시에 청중으로 하여금 '이 프레젠테이션은 들어볼 만한 가치가 있을 것 같다.' 하는 기대와 동기를 갖게 하며, 본론의 진행에 큰 영향을 미친다. 만일 서론이 길어지면 청중들은 서서히 지루함을 느끼게 되고 프레젠터도 중요한 본론을 말할 시간을 잃게 되므로, 서론은 가능한 짧게 해야 한다.

(2) 서론의 5가지 요소

어느 정도 틀을 갖춘 프레젠테이션에서는 일반적으로 서론이 전체 프레젠테이션의 10% 정도를 차지하며, '인사말' '서두'와 '주제의 소개', '발표자의 전문성 강조', '전체 스피치에 대한 예고' 등 5가지 요소로 구성된다.

즉, 인사와 서두를 통하여 청중의 관심을 유도하고 분위기를 조성한 다음, 주제를 소개하고, 이에 대한 자신의 전문성을 강조한 후에는 이어서 논의될 내용을 요약 소개함으로써 자신이 하고자 하는 이야기를 예고한다. 그러나, 필요한 경우에는 5가지 요소 모두를 언급해야 하지만, 시간과 상황에 따라 하나나 둘을 생략해도 좋다. 또한 서두나 주제 소개, 예고를 한데 묶어서 해도 좋다.

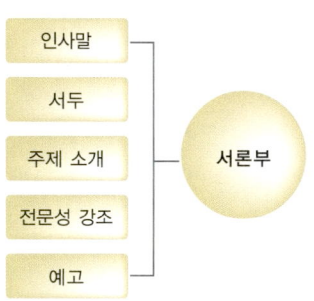

서론의 중심은 서두이다. 최소한 서두는 청중의 관심을 끌고 분위기를 조성하면서 다음에 도입될 주제에 대한 힌트를 주도록 구성되어야 한다. 구성을 하면서 반드시 프레젠터는 서두에 적절한 기법을 사용하여 원하는 분위기를 조성하도록 해야 한다.

⭕ 전문성 강조와 요지의 예고

(1) 자신의 전문성을 강조하자

청중과 프레젠테이션이 서로 알고 있는 사이라면 모를까, 청중이 프레젠터를 잘 모른다면 서론 시간은 프레젠터가 주제에 대한 전문성과 좋은 의도를 가지고 프레젠테이션에 임하고 있다는 사실을 밝힐 수 있는 적당한 기회이다.

서두를 통하여 주제를 도입한 다음, 자신이 이 주제에 관해 '얼마나 많은 관심을 가져왔는지' 그리고 '얼마나 오랫동안 직접 겪고 연구해 왔는지'를 밝힘으로써 자신의 지식이나 전문성을 강조하고, 이어 청중의 이익을 위해 이 프레젠테이션에 임하고 있음을 강조한다. 이러한 전문성 강조는 주제를 도입하고 나서 해도 되지만, 인사를 하는 부분에서 자기소개 시에 해도 된다.

전문성 강조는 노골적인 표현보다는 은근함이 좋지만, 일부 프레젠터들은 겸손의 뜻으로 '준비가 부족하다' 든가 '시간이 없었다'고 표현하는 경우가 있는데, 가급적 이런 말은 피하도록 하자. 오히려 적극적으로 자신이 전문가이며 청중에게 좋은 의도를 가지고 프레젠테이션에 임하고 있다는 인상을 심어주는 것이 바람직하다.

(2) 반드시 해야 할 주제 소개

서론에서 주제 소개는 반드시 해야 한다. 주제를 소개할 때에는 단지 주제만 소개할 것이 아니라, 2~3개의 문장으로 된 〈배경 설명〉을 하면 보다 효과적이다. 예를 들어, "지금 우리 사회에 양극화 문제가 점점 수면 위로 떠오르고 있습니다. 오늘 저는 양극화 문제 해결방안을 여러분과 함께 생각해 보고자 합니다." 라고 배경을 전제로 한 주제를 소개하는 것이다. 상황에 따라서는 "오늘 당사 신제품이 귀사의 생산성에 어떻게 이바지할 수 있는가를 말씀드리겠습니다."는 식으로 청중이 얻게 될 '이점'을 강조한다.

(3) 로드맵으로 안내하자

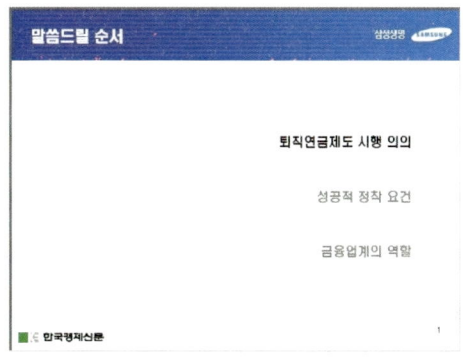

내용의 예고는 청중에게 로드-맵(road map)으로 요지나 목차를 밝힘으로써 시작되는데, 짧은 경우에는 간략하게 주제나 요지를 밝히는 것 자체로 족하다.

그러나 비교적 긴 프레젠테이션을 하는 경우에는 요지를 밝힌 후에 이를 보다 자세하게 설명함으로써 프레젠테이션 전체에 대해 예고를 하는 것이 청중의 이해를 돕는 테크닉이다. 간략한 내용과 구조를 소개하면서, 프레젠테이션의 시간이나 분량도 제시하는 것이 좋다. "프레젠테이션은 15분 정도 소요될 것입니다.", "저는 약 20분 동안 발표할 예정입니다."하며 소요시간을 밝히는 것도 좋다.

 화법

예고의 표현은 보통 「…라는 것을 말씀드리고자 합니다」라는 식으로 '의도형'으로 한다.
"이번 프레젠테이션 시간에 저는 우리 신상품의 주요 특징들을 살펴보고자 합니다."
"저는 오늘 2006년의 우리의 생산 라인에 대해 말씀 드리고자 합니다."
"오늘, 우리는 새로운 사업 모델을 살펴보고자 합니다."

요지를 밝히는 방법에는 「저는 ○○에 대해 두 가지를 말씀드리려고 합니다. 첫째는…, 둘째는…」라는 식으로 주제를 소개하고 요지의 주요 내용을 소개하는 방법과 주제의 소개 없이 요점의 수를 소개하고 이어서 요점들을 소개하는 로드 맵 방식 등이 있다. 이외에도 「…하느냐에 대하여」라는 식으로 요지를 의문형으로 표현 방법도 있다.

청중의 관심을 끄는 서두 테크닉

◯ 서두를 디자인하자

청중의 관심을 유발하는 방법은 유발 시점에 따라 두 가지로 나눌 수 있다. 서두에서부터 청중의 흥미를 끌도록 서론을 고안하는 방법과, 주제와 핵심명제를 소개한 후 이것을 청중과 결부시킴으로써 그들의 관심을 유발하도록 하는 방법이 있다.

방법 중에서 어느 한 가지 방법만을 사용할 것이 아니라, 인용과 질문을 동시에 제기하면 매우 효과적이므로 이 점도 고려해서 서두를 디자인해야 할 것이다.

[서두에서 하지 말아야 할 내용]

- 성별 또는 지역 등 차별 감정을 유발할 수 있는 이야기
- 사람의 이름을 잘못 말하는 것
- 지나치게 자화자찬하는 말
- 청중을 민망하게 하는 말

◯ 서론 기법(1) : 화법

화법은 주제와 관련된 적절한 재미있는 이야기 형식으로 풀어나가는 기법이다. 사람은 누구나 이야기에 흥미를 갖고 재미를 느낀다. 이야기를 구수하게 들려주면서 시작하면, 청중들은 그 이야기에 몰입되어 자연스럽게 주제 속으로 이끌려오게 된다. 이야기를 할 때에는 실감나게 전달하는 것이 중요하다. 책에서 인용할 경우에도 생생하게 그 현장에 있는 것처럼 말해야 한다. 이 방법에는 소재를 어디서 가져오느냐에 따라 3가지로 나눌 수 있다.

(1) 인용으로 시작하기

인용 기법은 위인들에 얽힌 일화, 설화, 누구나 알고 있는 소설이나 시와 같은 문학적 작품, 고사 성어나 속담, 유머 등을 인용하며 시작하는 방법이다. 인용할 때

에는 청중의 관심을 끌면서도 자연스럽게 주제를 도입할 수 있는 적절한 인용꺼리를 준비과정에서 찾아내야 한다.

인용 꺼리 중에서 청중의 흥미를 끄는 것은 물론 자칫 무거울 수 있는 분위기를 편안하게 바꾸어 주는 것이 유머러스한 이야기이다. 옛날 사람들의 해학, 문학적 유머, 현재 유행하고 있는 유머 시리즈, 최근 코미디언들이 개발한 유머들을 입수하여 각색해 인용하면 좋다. 그러나 유머를 사용할 때도 주제의 도입에 적절한 유머를 인용해야 그 효과를 볼 수 있음은 물론이다. 아무리 유머러스한 이야기라도 무미건조한 어조로 말하게 되면 오히려 분위기가 더 어색해질 수 있으므로, 충분히 연출해 낼 수 없다고 판단되는 유머는 인용하지 않는 것이 좋다.

(2) 주변 상황에 대해 언급하기

주변 상황 코멘트 기법은 손쉽게 청중의 호응을 유도 할 수 있는 기법으로, 현 상황 또는 주변 상황에 대한 가벼운 이야기를 꺼내면서 시작하는 기법이다. 서두로 언급할 수 있는 상황은 매우 다양하다. 상품에 관한 제안을 시작한 때에, 타깃이 되는 소비자층과 관련한 화제도 능숙하게 사용하면 효과적이다. 예를 들어 "중고생에게 인기가 있는 잡화점에서 이런 MP3가 팔리고 있을 것입니다만, …" 라고 하면서 화제에 들어가는 방법이다.

 화법

청중에 관해 언급을 할 때 칭찬을 하면 좋다. 이를테면 "오늘 여러분의 밝은 얼굴 표정을 보니, 아무리 경제가 어려워도 이 회사의 장래가 탄탄하리라고 생각됩니다".라는 식으로 표현하는 것이다.

[언급할 수 있는 주변 상황]

- 현 시국이나 정국(짧게)
- 프레젠테이션을 하는 당일에 일어난 일
- 장소, 청중의 구성, 청중의 표정, 좌석 배치
- 날씨, 시간, 계절
- 앞에서 다른 사람이 한 프레젠테이션
- 프레젠테이션을 하게 된 사연
- 어떤 행사의 일환으로 프레젠테이션을 하게 된 경우에는 행사의 성격이나 진척과정 또는 관련인사

(3) 에피소드 말하기

청중은 주제와 마찬가지로, 프레젠터에 대해 '어떤 사람일까', '어떤 성격의 사람일까', '어떤 경력을 가진 사람일까' 등 관심을 갖게 마련이다. 이런 점을 이용하여 프레젠터 자신이 보고 겪었던 일을 이야기 식으로 풀어나가며 주제를 도입하는 방법이 신변잡담기법으로, 청중과의 거리를 가깝게 만드는 효과를 지니고 있다. "제가 저지른 실수로 선생님이 크게 화를 내셨지요. …" 라고 하는 자신의 실패담도 인간미 넘치는 관계를 조성하기 때문에 효과적이다. 상황에 따라 프레젠테이션을 하는 모임과 관련하여 자신이 한 때 그 모임의 회원이었다든지, 또 어떤 유대관계가 있었다든지 등의 자신의 느낌이나 감상을 언급하면 청중과의 거리는 더 가까워질 수 있다.

◯ 서론 기법(2) : 관심 끌기

청중의 참석 동기가 약하고 주위가 산만할 것으로 예상되는 경우에는 특별히 청중의 관심을 끌기 위한 서두를 개발할 필요가 있다. 여기에는 청중의 관심을 끌기에 좋은 서두로는 '충격적인 이야기', '엉뚱한 시각자료 소개' 등이 있다.

(1) 희소식이나 충격적인 내용 말하기

사람들에게 자극이나 충격을 주면 아무래도 관심이 집중되기 마련이다. 충격적인 내용을 이용한 서두 기법은 청중이 전혀 예상하지 못했던 엉뚱하고 놀라운 이야기나 긴장하게 될 이야기, 희소식을 끄집어내어 상식을 깨뜨리는 충격을 줌으로써 주의를 집중시키고 이를 주제와 연결시켜 나가는 방법이다. 청중은 머릿속으로 '딱딱한 주제 얘기나 하겠지' 하고 기다리고 있는데 충격적인 사건이나 미처 생각하지 못한 화두로 시작한다면 청중의 이목을 끄는 데는 일단 성공이다.

 화법

'에너지 절약'에 관한 프레젠테이션을 한다면 '제3의 중동사태가 발생했습니다.' 라는 놀라운 뉴스를 발표해서 청중을 긴장시킨 다음 '여러분은 이런 일이 있을 수 없다고 생각하십니까? 물론 오늘 아침 일어난 일은 아닙니다. 그러나 이렇게 가다가는 장차 이런 뉴스를 접하게 될지 모르는 일입니다.' 라는 식으로 자신의 주제에 대한 청중의 관심을 유발시킬 수 있다. 이런 식으로 시작하면 청중들은 '이게 무슨 소린가?' 하고 모두 의아한 눈초리로 발표자를 쳐다보게 된다. 이 때 "상상해 보십시오. 이런 일이 생긴다면 최악의 상황이 되겠지요?"라고 하면서 서서히 자신의 주제로 연결시켜 가면 된다.

여기서 충격이 주는 내용이 적절하지 못하면 오히려 경박하다는 인상을 줄 수 있으므로 심사숙고해서 결정해야 한다. 그리고, 하기로 결정했다면 반드시 정신이 번쩍 들면서 일반적으로 납득할 수 있는 것을 선택해야 한다.

(2) 엉뚱한 시청각 자료를 보여주기

Note

시청각적 자료로 청중이 충분히 관심을 모아졌다고 판단되면 곧 그들이 볼 수 없는 곳으로 치워야 함은 물론이다.

엉뚱한 시청각 자료의 소개는 주제와 연관이 전혀 없는 듯한 물건이나 주제와 관련 있는 시청각적 자료를 보여주거나 들려줌으로써 시작하는 기법이다. 이 기법은 청중의 눈길을 끌어 귀를 집중시키고 주제에 대한 관심을 유발시키는 데 매우 효과적이다. 이를테면, 교통안전에 관한 프레젠테이션의 경우, 허리띠를 보여 주면서 운전을 할 때 안전벨트를 해야 한다고 하면서 시작하는 것이다. 이용할 수 있는 시각적인 자료에는 실물·모형·사진·그림·지도·만화·슬라이드 등이 있다. 음악을 틀어 주제와 어울리는 음악을 들려줄 수도 있다.

◯ 서론 기법(3) : 질문

서두에서 청중에게 하는 질문은 '긴장감'을 조성하며 주제와 관련된 여러 대상에 대해 미리 생각해 볼 기회를 갖게 함으로써 앞으로 진행될 프레젠테이션 이해의 준비태세를 갖추게 한다. 당연히 질문을 하고 난 뒤에는 프레젠테이션의 어느 부분에선가 반드시 답을 주어야 한다. 다음에 소개하는 3가지 질문 방법들은 청중의 수에 따라 그에 알맞은 것을 선택하면 좋다.

(1) 수사의문문을 이용하기

실제로는 질문이 아니지만 자신의 주장을 질문의 형식을 빌어 표현하는 것이 수사의문문이다. 예컨대 '이것이 잘못되었다'라는 주장을 '이건 잘못되지 않았습니까?'라는 질문으로 표현하는 방법이다. 이런 질문을 하면 대다수 청중들은 답을 생각해본다.

 화법

'이건 잘못되지 않았습니까?'라는 수사의문문을 쓰는 경우에 청중도 대답을 요하는 질문을 아닌 줄 짐작하기 때문에 표면적으로 아무런 반응도 하지 않는 경우가 많으므로, 잠시 청중의 반응을 살핀 다음에 "정말 잘못된 것입니다. 그 원인은 …"라는 식으로 프레젠터가 그 해답을 말해야 한다.

(2) 단정적으로 질문하기

청중의 관심사나 지식 또는 심리상태에 대해 어떤 결론을 내려놓고 이것을 질문 형식으로 표현하는 단정적 질문법은 주로 많은 청중을 상대로 할 때 효과적이다.

 화법

"여러분은 모두 건강보험 문제에 대해 관심이 많으실 것입니다."라는 단언적 표현 대신 "여러분! 요즘 들어 건강보험 문제에 대해 관심이 많아지셨죠?"라는 질문 형식으로 자신의 주장을 표현하는 것이다.

이러한 질문에 대해 청중은 "예"또는 "아니오"라는 대답을 하는데, 의도한 답이 나오면 "맞습니다. 건강보험제도는 우리의 건강을 책임지는 것이기 때문에 아주 중요합니다. 그러면 현행제도가 갖는 문제점을 하나하나 살펴보기로 합시다."하며 진행해 나간다. 청중의 응답이 없는 경우에는 "여러분께서 직접 대답은 안하시지만 모두 그러할 것으로 생각합니다."라고 스스로 응답을 제시하고 진행하면 된다.

(3) 퀴즈식으로 질문하기

프레젠터가 정답을 가지고 있는 상태에서 질문을 하여 청중이 참여하도록 하는 퀴즈식 질문법은 비교적 적은 규모의 청중과 상호작용을 통하여 요지를 도입하고자 할 때 활용하면 좋다. 특히 청중의 적극적인 참여를 유도하는 것이기 때문에 청중의 집중도가 높아진다.

 화법

이를테면, "여러분! …는 무엇일까요?"라는 식으로 물으면, 청중들은 여러 가지 답을 제시한다. 전혀 엉뚱한 대답들만 제시되는 경우에는 "질문이 좀 모호했던 것 같은데, 힌트를 드리죠. …와 유사한 것입니다."라는 식으로 의도했던 대답을 유도한다. 청중으로부터 원하는 답이 나오면 그 때는 "그렇습니다. …은 입니다."라고 마무리하고, "오늘 제가 드릴 말씀은 … 하여야 한다는 것입니다."라는 식으로 요지를 도입한다.

09 Chapter

감동을 주는 결론 테크닉

○ 결론은 반드시 필요하다

이제 결론 부문을 만들 차례가 왔다.

프레젠테이션을 마무리하는 결론 부분은 전체 내용 중 중심내용을 요약, 재인식시켜 청중이 이를 기억하게 하고, 행동을 촉구하게 하는 프레젠테이션의 목적 달성의 최후 보루이다. 종종 시간에 쫓겨 서둘러 마치려고 결론을 허둥지둥 간단한 말로 끝내버리는 사람도 자주 볼 수 있는데, 이는 결론의 중요성을 잘 모르는 사람이다. 그리고 마지막으로 기획이나 제안의 승인의 결단을 촉구하는 부분이기도 하므로 임팩트가 있게 만들어야 한다.

내용 준비과정에서는 요점 재강조 부분과 결언 부분을 반드시 마련하고 디자인해 두어야 매끄럽게 프레젠테이션을 마칠 수 있다.

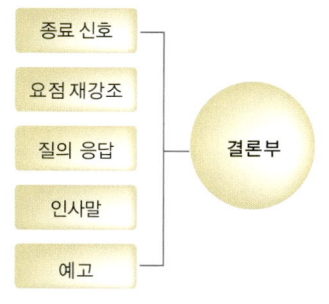

결론 부문은 일반적으로 전체 프레젠테이션의 5% 내외인 것이 보통이며, 주로 프레젠테이션이 끝나감을 알리는 '종료신호', 요지나 주요 아이디어를 재차 강조하는 '요점 재강조', 그리고 프레젠테이션을 완전히 끝맺는 '결언'으로 구성된다.

여기에서 종료신호는 모든 결론 부분에 필수적으로 들어가야 하지만, 경우에 따라 요점 재강조나 결언 중 하나는 생략할 수도 있다.

결언을 마친 뒤에는 부수적으로 질의응답, 알림, 끝인사말 순으로 진행하는 것이 프레젠테이션의 마지막 과정이 된다. 결언이 끝나고 난 후에 '알림'에서는, 지참하고 돌아가는 수령 자료의 확인, 자세한 자료가 게재하고 있는 웹사이트의 URL, 상대의 대답을 받을 때까지의 기간, 누구에 연락을 하면 좋은가의 확인 등을 생각해서 말해야 할 것이다. 그리고 '감사 표시' 의 인사말을 하고 퇴장하게 된다.

종료신호로 마무리를 시작하자

종료신호는 결론의 서두에 해당한다. 프레젠테이션이 언제 끝난 지도 모르게 갑작스럽게 마치는 코멘트를 해서는 안 된다. 종료신호를 해야만 청중들은 결론을 받아들일 준비를 하게 되고 또 머지않아 끝날 것이라는 예상을 하게 된다.

🎈 화법

본론의 논의가 끝나면 약간 템포를 늦추거나 한 호흡을 멈춘 다음, "이제 이 프레젠테이션을 끝내야 한다는 것이 참으로 아쉽습니다.", 또는 '이제 결론을 내릴 단계가 되었습니다.', "이제 본격적인 논의는 끝났습니다." 등의 표현을 빌어 본론이 끝나고 결론이 시작될 것이라는 것을 알려주어야 한다.

요점의 재강조로 기억시키기

결론의 본체가 되는 요점 재강조는 본론의 핵심 내용을 요약 정리하거나, 프레젠테이션의 요지를 강조하는 부분으로, 청중에게 정리된 것을 제공하는 것이다. 요점을 재강조함으로써 자신의 주장을 청중에게 납득시키고 행동의 동기를 부여하는 절정인 결언 부분으로 올라가야 한다. 프레젠터는 전체를 통하여 일관되게 주장하여 온 것을 짧은 몇 마디 속에 압축해서 표현해야 한다. 요점 재강조 방법에는 요지를 강조하는 방법, 요점을 정리하여 제시하는 방법과 서론으로 회귀하는 방법 등 3가지가 있다.

🎈 화법

서론에서 요지를 밝힌 경우에는 이를 보다 단언적 태도로 재언급하거나 서론과는 다른 표현으로 강조하면 된다. 많은 주요 아이디어들을 다룬 경우에는 단순히 요지만을 재언급하고 마는 것보다는 "지금까지 첫째 …, 둘째 …, 마지막으로 …에 대해 말씀드렸습니다."라며 주요 아이디어를 요약 정리하여 주는 것이 좋다. 그렇지 않으면, "서론에서 제가 두 가지 질문에 대한 답을 찾고자 한다고 말씀드렸습니다. 이제 그 답을 요약해보면 …"하는 식으로 서론에 제기했던 문제들에 대한 해답을 제시한다.

○ 효과적인 결언 테크닉

결론중의 결론에 해당하는 결언은 프레젠테이션 전체와 결론 부분을 동시에 끝맺는 역할을 한다. 여기는 한두 마디의 멋들어진 표현을 통해 지금까지 논의했던 모든 것들이 의미를 갖도록 해 주거나 청중의 머릿속에 강렬한 인상이나 여운을 남기는 것이 목표이다. 멋있고 강렬한 이미지를 남기려면, 결언 자체가 짧고 명확하게, 설득력 있게, 그리고 동기 부여가 되도록 표현해야 한다. 결언을 제시하는 다양한 방법 중에서 어떤 것이 청중과 주어진 상황에서 가장 적합한 것인가를 알고 적절하게 선정해야 한다.

(1) 결언 기법(1) : 인용과 질문의 결언

■ 〈출처+인용+의미〉의 형식을 취한다

인용에 의한 결언으로 마무리하려면 위인이나 다른 사람에게 얽힌 일화, 속담이나 고사 성어, 문학적 작품, 유머 등에서 발표자의 주장이나 정신을 잘 반영할 수 있는 것을 골라 이를 인용하며 종결하도록 한다. 인용문을 이용해서 결론을 내릴 때 호소, 즉 실천을 요구하는 내용까지 포함한다면 아주 이상적이다. 길게 인용해야만 하는 자료는 피해야 하고, 한 두 마디로 요약할 수 있는 인용문을 사용해야 한다.

 화법

〈출처+인용+의미〉의 형식을 취하는 것이 좋다. 즉, 인용문의 출처를 밝히며 인용문을 언급한 다음 그 인용문이 이 프레젠테이션에 어떤 의미를 갖는지를 이야기한다.

마음에 꼭 드는 인용문이 없을 경우에는 남의 말을 약간 변형시켜서 사용하는 패러디(parody)식 인용도 좋은 기법중의 하나이다. 패러디식 인용은 청중들이 익히 알고 있는 원전(original)을 모방해야 하며 그 패러디를 듣고 충분히 원전을 생각해 낼 수 있도록 구조 자체가 비슷하여야 한다.

■ 질문하여 강렬한 이미지를 준다

결언 부분에서 효과적인 질문을 하면, 청중에게 강렬한 이미지를 주어 기억에 오래 남게 된다. 결언에서 질문을 사용하는 방법에는 서두에서와 마찬가지로 청중의 답을 요구하는 방법과 자문자답(自問自答)식으로 프레젠터 스스로가 그 답을 제시하기 위해서 하는 방법이 있다. 결언은 간략해야 하기 때문에 청중과 질의응답을 길게 끌고 나가서는 안 되므로, 가능한 프레젠터 스스로가 그 답을 제시하기 위한 질문을 하는 것이 좋다. 반드시 청중의 응답을 들어야 하는 경우에도 되도록 한두 사람의 응답만을 듣고 빨리 그 답을 정리하여야 한다. 그렇지 않고 정답을 기다리기 위해 질의응답을 계속하게 되면 청중들이 지치게 되고 프레젠테이션은 강렬한 이미지를 남길 수 없게 된다.

(2) 결언 기법(2) : 미래지향적 결언

■ 미래를 얘기한다

대부분의 프레젠테이션은 어떤 대상의 원인을 분석하고 그 해결책을 제시하게 마련인데, 그 다가오는 미래에 보다 나은 것을 추구하자는 동기에서 비롯된 것이라 할 수 있다. 따라서 이러한 동기를 구체화하여 결언에서 청중에게 미래에 벌어질 상황을 상상하게 하거나, 미래에 대한 확신을 제시하거나, 발표자 자신의 미래에 대한 결심을 밝혀 청중에게 동기부여를 하며 마무리하도록 한다.

미래지향적 결언을 함에 있어서는 3가지 방법이 있다.

① 자신이 주장한 내용들이 채택될 경우, 일어날 수 있는 미래의 상황을 상상하게 하는 방법이 있다.

 화법

예컨대 "우리나라가 남북통일 되어 자유로이 오고갈 수 있는 그날을 상상해보십시오. 얼마나 가슴 벅찬 일입니까?"라는 식으로 결언을 하는 것이다.

② 앞의 방법과 비슷하지만, 청중에게 미래에는 반드시 좋은 일이 일어날 것이라는 확신을 주는데 더 중점을 두는 방법도 있다.

"내년도 경제도 비관적일 것이다"와 같은 부정적인 결언은 청중들에게 절망·불안, 허무주의를 안겨주게 되므로, 내년도에는 어렵지만 힘을 합쳐 노력한다면 긍정적인 결과로 이어질 것이라고 말하면서 긍정적 목표를 향해 나갈 것을 촉구한다.

 화법

"여러분! 통일을 이루려면 많은 어려움이 따릅니다. 그러나 우리 모두가 우리 민족은 반드시 하나로 합치게 될 것이라는 확신을 가지고 노력합시다!"라고 〈긍정적 전망〉을 제시하는 것이다.

③ 자신이 주장하는 행동을 스스로가 먼저 실천하겠다는 것을 공표함으로써 청중들도 '따라
   주기'를 요구하는 방법이 있다.

 화법

"여러분! 저는 무슨 일이 있더라도 이 문제 해결에 앞장을 서겠습니다. 아무리 힘들어
도 말입니다."라고 솔선수범하겠다는 식으로 자신의 의지를 밝히는 것이다.

■ 구체적인 실천 방법을 제시한다

프레젠터가 청중에게 바라는 행동이 무엇인지를 명백히 밝히면서 특정한 행동을
하라고 호소하는 방법은 설득적 프레젠테이션의 결언으로 자주 사용된다.
행동을 촉구하면서 결론을 말할 때에는 무엇을 행하여야 하는지 그 구체적인 실천
방법을 제시해야 효과가 크다. 그래야 청중은 감(感)을 잡고 자신이 지금 무언가를
할 때라고 생각하게 된다.

 화법

이를테면, "저희 회사의 시공 능력을 말씀드렸고 귀사와 더불어 프로젝트를 성공할 수
있다는 분명한 의지를 아셨을 것입니다. 저희 회사를 선정하는 도장을 꽉 눌러주십시
오."라면서 프레젠테이션을 끝맺는다.

10
Chapter

시나리오 방식으로 전개하는 방법

○ 시나리오화 하는 방법

청중들은 프레젠테이션 내내 집중하지 못한다. 15분 내외의 프레젠테이션에는 어느 정도 문제가 없지만, 20분 이상일 경우에는 집중하기 힘들다. 구성을 검토할 때, 프레젠테이션을 보다 효과적으로 하기 위해서는, 적절한 시간 배분에 유의할 필요가 있다. 그림의 집중도 곡선은 청중의 집중력이 어떻게 변화 하는지를 나타낸 것이다.

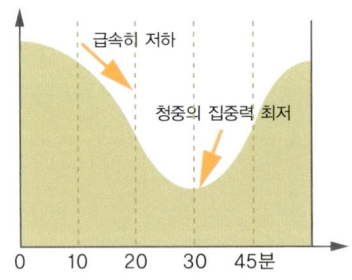

급속히 저하

청중의 집중력 최저

0   10   20   30   45분

도표에서 보는 바와 같이 청중의 집중력은 프레젠테이션 개시 약 30분 후에는 극도로 저하되고 있음을 볼 수 있다. 따라서 이 시간대에는 움직임이 있는 것 등을 가지고 청중의 집중력을 지속시키는 대책이 필요하다. 이 대책을 세우는 것이 '시나리오화' 하는 것이다.

- 웃음을 도입한다.
- 키워드를 제시한다.
- 인간다움을 표현한다.

(1) 웃음을 도입하자

프레젠테이션이 시작되고 20분~30분이 지난 후에는 흥미 있는 사례를 들거나, 퀴즈식 질문이나 유머 등을 넣어 청중의 주의를 환기시키는 방법을 도입하도록 한다. 실행에서 청중을 잠재우지 않는 최소한의 기술은 '처음의 웃음'이다.

중견 개그맨은 맨 먼저 무대에 오른 사람이 그 날 최초로 웃음이 어디에 나오는가를 분장실의 모니터로 필사적으로 듣는다고 한다. 최초의 가벼운 개그가 어느 정도 호응을 얻었는가, 거기에 따라 손님의 성격을 판단해, 어떤 개그를 하면 호응을 얻을까를 자신이 나갈 차례까지의 짧은 시간에 적응하려고 노력한다고 한다.

처음에 작은 웃음을 유발하는 말을 할 수 있으면, 청중의 머리도 유연해지고, 졸음을 막을 수 있으며, 프레젠터의 페이스에 집중시킬 수 있다. 또한 이 상태로 메시지를 보내면, 청중의 인상에 남기기도 쉽다.

웃음의 급소를 여기서 해설하는 것은 불가능하지만, 한마디만 한다면 프레젠테이션 전반에 적합한 웃음은, 야유나 경구가 아니고 폭소도 필요 없으며, 공감할 수 있는 웃음이다. "요즘 유행어에 이런 말이 있습니다만, …"하면서 밝은 화제를 도입한다면, 공감을 얻기가 쉬울 것이다.

(2) 키워드를 제시하자

특히 해결방안의 주요 골자를 제시할 때, 기억하기 쉽게 첫 글자를 따서 단어를 만들거나, 재미있는 이야기나 고사 성어, 혹은 속담을 패러디한 문구를 만들어서 키워드로 제시하는 것도 매우 효과적인 방법이 된다.

(3) 인간다운 감성을 넣자

비즈니스용 프레젠테이션 자료는 아무래도 건조한 느낌을 줄 수 있다. 하지만, 이러한 건조함 안에 '인간다움'을 넣으면 청중에게 강한 인상을 심어줄 수 있다. 이는 마치 '감성 마케팅'과 같은 효과를 주게 된다.

예를 들면, 상품기획 프레젠테이션일 경우, 첫 기획안을 검토했을 당시의 비하인드 스토리나 과거의 실패 사례, 혹은 상품기획에 착상하게 된 우연한 동기 등을 화젯거리로 삼으면 자칫 사무적인 느낌으로 치우칠 분위기를 감성적으로 분산시키는데 효과적이다.

실행 개요서를 만들자

읽어 내려가는 실행은 실패다

프레젠테이션을 성공시키려면, 원고나 개요서나 배포자료, 그리고 슬라이드 등 적절한 자료의 작성이 불가결하다는 것은 누구나 다 알 것이다. 프레젠테이션 장소에서 어떻게 실행하느냐에 따라 대본 암기식, 대본 낭독, 즉흥식, 개요서에 의한 프레젠테이션으로 나눌 수가 있다.

준비할 때 말의 논리를 정연하게 하기 위하여 미리 프레젠테이션 원고를 준비하는 것은 내용을 다듬고 프레젠터에게 안심을 준다. 하지만, 실행할 때에 원고를 읽어서는 안 된다는 것은 철칙이다.

원고를 읽어서는 안 되는 이유

- 문어체가 되기 때문에 청중이 이해가 하기 어렵다. 입말(구어체)과 글말(문어체)은 다르다. 문어체는 입말에 비해 문장의 길이가 길고, 말이 읽혀지면 빠르게 되어 청중의 이해하기 어렵다.
- 원고를 읽으면, 단조로운 소리가 되기 쉽다. 이것은 청중에게 졸음을 유혹한다.
- 원고를 읽는다면, 청중의 반응을 등한시하게 되며 아이 콘택트를 취할 수 없다.

그러나, TV 등을 통해 본 외국 대통령이나 우리나라 대통령의 연설은 대부분 원고를 보며 연설하는 것을 흔히 볼 수 있다. 대개 대통령들은 원고가 청중으로부터 보이지 않는 '프롬프터(prompter)'라고 하는 도구를 이용하여 연설을 행한다. 이처럼 원고를 읽으면서 효과적인 프레젠테이션을 행할 때는 만반의 훈련과 준비가 필요하며, 이를 경험하지 않은 초보자에게는 쉽지 않은 부분이다. 우리나라의 각료들 대부분도 원고를 단조롭게 읽고 있는 경향이 있다. 또한 그들의 시선은 원고에 정조준하고 있는데, 이것이 그들의 연설이 재미없는 이유 중의 하나이다.

가장 자연스럽고 청중과의 교감을 나눌 수 있는 방법은 개요서를 보면서 하는 것이다. 우리가 흔히 메모라고 일컫는 개요서는 완성된 대본이 아니라 프레젠테이션의 개요, 즉 주요 아이디어와 세부 내용의 골자만을 간략하게 적어둔 미완성 대본이다.

◯ 효과적인 개요서 만들기

개요서도 사람마다 천차만별이다. 거의 완전한 대본에 가까운 것도 있는가 하면, 달랑 종이 한 장에 목차 형식만 갖춘 개요서를 가지고도 거뜬히 해내는 프레젠터도 있다.
여기서는 '종이'로 개요서를 만드는 과정을 설명하기로 한다.

(1) 먼저 준비 개요서를 만들자

개요서에는 '준비 개요서'와 '실행 개요서'가 있다.
준비 개요서는 준비하는 과정에서 작성하는 개요서이다. 대본을 작성할 필요가 있는 경우에는 먼저 준비 개요서를 만들고 여기에 부연 반복이나 자세한 설명만 추가하면 된다. 준비개요서는 부연 반복이나 자세한 설명을 뺀 상태에서 주제 · 세부목적 · 핵심명제 · 서론 · 본론 · 결론, 그리고 참고 문헌으로 구성하되, 책의 목차를 적는 형식이나 개요를 기록하는 방식으로 작성한다. 항목번호는 주요 요소에만 부여하고, 한 번호에는 하나의 아이디어만을 적으며, 중간 요약과 연결문구는 번호를 부여하지 않고 특별한 기호로 표시한다. 주요 아이디어들은 동등한 관계에 있으므로 동일한 수준의 번호를 부여하고, 세부내용은 주요 아이디어보다 들여쓰기를 하며 한 단계 낮은 번호를 매긴다.

(2) 실행 개요서를 준비하자

실행 개요서는 실행할 때 잠깐잠깐 보면서 주요 내용을 잡아내야 하기 때문에 큰 글씨로 읽기 쉽고 눈에 잘 띄도록 만들어야 한다. 실행 개요서는 손에 쥐기에 편하도록 적당한 크기의 카드로 만드는 '독서 카드'로 하는 경우나, A4 용지에 워드프로세스로 작성하는 경우도 있다. 프레젠테이션에 능숙하지 못한 사람이라면 '독서카드'식 보다는 A4 용지식을 권한다. 독서 카드식으로 하면 프레젠테이션 도중 청중의 반응에 따라 일탈하는 가능성이 있고 시간 조절을 잘 할 수 없기 때문이다. 어느 경우에나 작성은 종이 한 면에만 하는 것이 좋으며 각 면에는 쪽 번호를 달아둔다.

만들 때에는 준비 개요서의 일부 항목을 제외하지 말고 모든 번호체계를 그대로 사용하되, 각 항목의 내용을 요점 위주로 압축·정리해야 한다. 세부 내용의 경우에는 요점만 간략히 적어두어야 하나, 서두와 결언, 그리고 주요 아이디어들은 표현 방식을 확정하여 완전한 문장으로 표현해 두는 것이 실행할 때 큰 도움이 된다. 특히 청중의 질문에 대비하여 참고문헌이나 자료 목록은 기록해 둔다.

실행할 때의 유의할 점으로는 이를테면 자신의 동작에 대한 주의 사항, 눈 움직임 또는 진행 속도 등에 대한 코멘트를 단락 사이사이에 자세히 적어두면 좋다.

여기에서 예측하지 못한 사정으로 프레젠테이션을 단축시켜야 할 경우의 대비책으로 생략할 수 있는 부분을 표시해두면 좋다.

Part 6

시청각 자료를 만드는 과정

실전 프레젠테이션 파일을 작성함에 있어서 중요한 시각자료 작성 원칙과 각각의 슬라이드 작성법을 소개한다. 즉, 본문 슬라이드의 배열, 적절한 차트의 활용, 텍스트 편집 방법, 서체 사용시 주의할점, 서체의 크기, 색상, 슬라이드 디자인 포인트, 동영상 활용 테크닉, 애니메이션 화면 효과, 슬라이드 쇼 구현법 등을 소개한다.

알기 쉽게 보여주는 차트 작업하기

◯ 인상적인 시각 자료는 무엇이 다른가?

사람은 말만 들을 때보다 내용을 눈으로 볼 수 있을 때, 빨리 그리고 정확하게 이해할 수 있으며 그 내용도 오래 기억하게 된다. 청중은 보는 것에 흥미를 갖는다. 그러므로 청중에게 내용을 시각화하는 것이 중요하다.

시청각 자료는 프레젠터가 뜻하는 바를 보다 명확하고 구체적으로 제시해주고, 대상이나 사실을 생생하게 보여줄 수 있기 때문에 청중의 이해를 돕고 관심을 끄는 데 큰 도움이 된다.

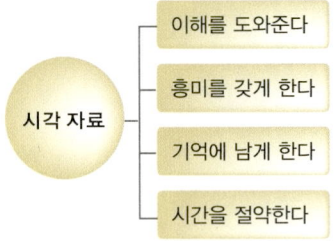

프레젠터가 프레젠테이션에 대한 불안감이 있다면 적절한 시청각 자료를 준비하여 활용해보자. 시청각 자료는 그 자체가 청중의 관심을 유발하기 때문에 청중의 시선이 자신에게 집중되는 것을 분산시킬 수 있고 어려운 시선 처리를 부드럽게 할 수 있다.

프레젠테이션에서 시청각 자료로 활용할 수 있는 대상은 매우 다양하다. 실제 대상으로 존재하고 취급이 간편한 경우에는 실물을 직접 보여주면 좋고, 실제 대상이 너무 작거나 큰 경우에는 모형을 사용하는데, 때에 따라서 프레젠터 자신도 좋은 시청각 자료가 된다.

또한 크고 복잡한 대상일 경우에는 사진이나 슬라이드를 사용하고, 사실이나 통계에 관해서는 도표 등을 활용하자. 어떤 과정이나 연속성이 필요할 때는 비디오테이프나 영화를 활용하면 좋다. 최근에는 단순히 시청각 자료를 보여주는 것뿐만 아니라 컴퓨터와 프로젝터를 활용하여 화면에 프레젠테이션의 개요와 도표 등을 영상으로 담아 진행하는 '디지털 프레젠테이션'이 많다.

- 청중의 주의를 끌 수 있어야 한다.
- 의미를 효과적으로 전달할 수 있어야 한다.
- 기억하기 쉬워야 한다.

02 슬라이드 구성 방법

Chapter

◯ 꼭 필요한 슬라이드만 만들자

디지털 프레젠테이션의 시각 콘텐츠는 슬라이드에 담겨지게 마련인데, 파워포인트 등의 소프트웨어를 이용하면, 간단한 외형을 갖춘 슬라이드를 만들 수 있다. 슬라이드를 만들 때 주의할 점은 무리하게 매수를 늘리면, 청중들이 부담스러워 한다는 점이다. 슬라이드는 적당한 매수로 엄선하고 반드시 3P분석의 결과도 고려해야 한다.

일반적으로 프레젠테이션에서 슬라이드를 사용할 때, 효과적인 것은 다음 3가지의 경우이다.

- 복잡한 정보를 화상이나 도표로 정리하고 제시할 때
- 중요한 정보를 강조할 때
- 단조롭지 않도록 변화를 줄 때

만약, 이러한 점을 고려하지 않은 슬라이드라면 해당 슬라이드 사용여부를 재검토하는 편이 좋다. 그리고 아무래도 빼기 어려운 슬라이드가 있다면, 메인 설명에는 사용하지 않고, 보충 설명이나 질의응답의 예비 슬라이드로 준비해 둘 수도 있다.

(1) 복잡한 정보를 화상이나 도표로 정리하고 제시할 때

가령, 복잡하게 얽힌 사건의 경위나 진행 과정, 수치 데이터를 설명해야 할 때는 플로차트(flow chart)나 그래프 등으로 정리하여 청중의 이해를 용이하게 할 수 있다. 이러한 경우에는 슬라이드 사용이 효과적이지만, 그다지 복잡하게 얽힌 것이 아니라면 일부러 슬라이드를 쓰지 않고 그냥 말로 설명하는 것이 청중의 주의를 슬라이드로 분산시키는 것보다 낫다.

(2) 중요한 정보를 강조할 때

중심적인 주장이나 실증 자료 중 중요한 부분은 슬라이드를 통해 반드시 제시하여야 한다. 예를 들면, 프레젠테이션의 요지가 신상품의 매출 증대방안이었다고 하

자. 이럴 때는 그 방안의 요점을 강조하기 위해 슬라이드를 사용하는 것이 비록 1 행의 슬라이드라 할지라도 효과는 훨씬 크다.

(3) 단조롭지 않도록 변화를 줄 때

만약, 프레젠터의 말투가 단조롭고 거기다가 장시간 지속되면 청중은 틀림없이 지루해할 수밖에 없다. 청중을 질리게 하지 않고, 관심을 상기시키기 위해 가끔씩 슬라이드를 비추는 것은 프레젠테이션에 변화를 주는 유효한 수단이 된다. 이때에는 관련되는 그림이나 사진 등을 넣도록 한다. 또한 3S 슬라이드 원칙을 지켜야 하는데 첫째로 Show 보여주고), 둘째로 See(청중을 바라보고), 셋째로 Speak(말하다) 이다.

○ 슬라이드 배열 포인트

(1) 표지 및 목차 슬라이드 배열

Note

앞에서 설명한 기획서의 '제목 및 본문 편집 테크닉'을 참고하기 바란다.

표지 슬라이드는 프레젠테이션의 얼굴이다. 디지털 프레젠테이션에서는 전체적인 이미지의 '상호 연결'이 중요한데, 표지가 그 역할을 한다. 표지 이미지는 보통 프레젠터의 이미지와 프레젠테이션의 내용을 상징하는 이미지와 더불어 콘셉트가 응축되어진 것이어야 한다. 표지에 들어가는 개체는 제목 및 부제목 글꼴, 배경색, 상징이 되는 배경 그림, 로고, 들어갈 내용의 대상이 되는 청중의 속성과 조화되도록 디자인해야 한다.

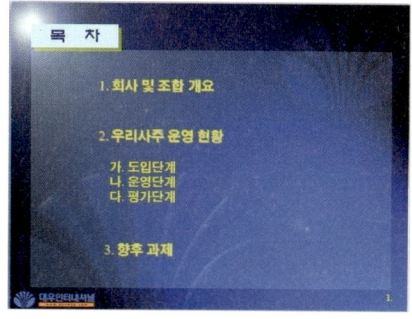

표지 다음에는 의례 청중의 이해를 돕기 위해 '목차'가 담긴 슬라이드가 온다. 목차는 프레젠테이션 전체 내용을 알리는 예고 기능을 하며, 논리 구성 그 자체이므로 계층 구조임을 유의해야 한다.

목차를 다듬는 일은 지극히 중요한 사항으로 프레젠테이션 자료를 작성할 때, 먼저 목차를 다듬은 후에 본문 작성에 착수해야 한다.

(2) 본문 슬라이드 배열

■ 가장 보이고 싶은 슬라이드를 앞부분에 놓자

알기 쉽고 설득력이 있는 슬라이드 구성을 위해서는 전체가 계층 구조에 따라 명확히 배열되어야 한다. 또한 인상적인 프레젠테이션의 출발을 위해서는 문자 슬라이드보다 그림이나 표를 이용한 슬라이드를 이용하는 것이 효과적이다.

한정된 시간에 행하는 '보고(報告)' 프레젠테이션의 경우, 결론이나 중심적 주장이 담긴 슬라이드를 다른 슬라이드 보다 앞부분에서 제시하는 것도 고려할만 하다. 중간에 배치되는 슬라이드 중에서도 중요 화제의 슬라이드는 앞부분에 놓는다.

■ 키워드로 본문 슬라이드를 작성하자

① 본문 슬라이드 제목

본문 슬라이드에는 어떤 내용인지를 표시하는 제목이 있기 마련이다. '제목 텍스트'를 작성할 때 주의할 점은 다음과 같다.

- 주요 골자를 뽑아낸 다음 적합한 제목을 정한다.
- 제목의 길이는 5단어 이내가 좋다.
- 제목은 위치, 크기, 글꼴, 색깔, 그리고 디자인 면에서 다른 내용과 구별되도록 한다.

② 본문 내용 작성의 3대 원칙

슬라이드 매수를 엄선하고 보기 좋게 레이아웃을 하려고 하는데, 무의식적으로 1장의 슬라이드에 많은 정보를 삽입시키게 된다. 이 역시 무심코 빠질 수 있는 프레젠테이션 소프트웨어의 함정 중 하나이다. 이러한 사항을 피하려면 한 장 한 장의 슬라이드마다 발표하고 싶은 내용을 모두 넣고 싶은 마음은 강하겠지만, '무엇을 이야기할까?'를 정리한 후 다음의 3가지 원칙을 상기해보자.

> - 한 장의 슬라이드에는 하나의 화제만 수록한다.
> - 요점을 엄선한다.
> - 문자의 양을 엄격히 제한한다.

첫째, 한 장의 슬라이드에 하나의 화제(항목)만 수록한다는 원칙으로 해야 한다. 한 장의 슬라이드에 복수의 '화제'를 포함시키면, 초점이 흐려지고 이해하기 어렵게 된다. 조금이라도 다른 화제로 연결될 때에는 반드시 다른 슬라이드로 넘어가야 한다.

둘째, 요점을 엄선하고, 많은 정보를 담지 말아야 한다. 여기에서 나온 것이 'KISS 원칙'이다. KISS는 'Keep it simple and short'의 약자로서 시각 자료를 제시할 때 내용은 간단해야 한다는 의미이다. 앞서 언급했듯이 슬라이드에는 필요한 정보만 간결하게 작성하고 넣지 못한 내용은 슬라이드 노트에 기록하여 추후에 구두로 표현하자.

셋째, 슬라이드에 넣을 문자의 양을 엄격히 제한할 필요가 있다. 슬라이드에는 공간적 제약과 글꼴의 크기가 있기 때문에 완전한 문장체로 작성을 했을 경우, 전달할 정보가 현격히 적어지거나 많아질 수 있다. 따라서 함축적인 표현이나 핵심 '키워드'를 사용하여 긴 문장보다는 짧은 문장으로 만들어야 할 것이다.
때에 따라 한두 개의 단어를 생략해도, 의미가 올바르게 전해질 수 있다면 생략해도 좋다. 만일 내용이 길어서 한 슬라이드에 모두 작성할 수 없는 때에는 [계속]이란 말을 오른쪽 하단에 괄호로 쓴 후에 다음 슬라이드에 이어서 작성한다.

(3) 마지막 슬라이드를 넣자

지금까지 표지, 목차, 본문 슬라이드 작성에 관하여 간략히 알아보았다. 프레젠테이션 파일의 마지막에 해당하는 결언 부분의 라스트 슬라이드는 프레젠테이션의 전체적인 균형을 공고히 해주는 역할을 한다. 라스트 슬라이드에서 프레젠테이션의 골격을 간략히 요약해주고 청중의 기억을 상기시키는 내용을 넣도록 한다.

03
Chapter

슬라이드 텍스트 편집 방법

Note

파워포인트 2007에서는 '맑은 고딕체'를 기본 글꼴로 하고 있다.

🔵 서체의 선택

요즈음에는 정말 다양한 글꼴들이 개발되어 선택에 애를 먹기도 하지만, 궁서체나 필기체는 슬라이드 작성에서 피해야 할 서체이다. 굵은 서체는 제목이나 강조를 할 때에는 적합하지만, 본문을 굵은 서체로 남용하는 것은 좋지 않다. 기울임꼴(이 탤릭체) 서체는 따옴표를 쓰는 대신에 인용문을 작성할 때 사용하도록 한다.

밑줄체는 강조하기 위해 사용할 수 있으며, 윤곽체나 그림자체는 제목 등에만 사용하고 한글은 받침이 있는 단어가 많으므로 그 이외에는 가급적 사용을 피해도록 한다. 영문 서체는 크게 세리프(Serif)체와 산세리프(Sans-Serif)체가 있는데, 산세리프체는 가는 선이 없는 서체이다. 세리프체는 인쇄용에 알맞은 서체이고, 시각 자료에는 산세리프체가 적합하다. 영문은 대문자로 일관하면 읽기가 부담스러울 수 있으며, 원칙적으로 제목의 첫 글자는 대문자를 쓰되, 나머지는 소문자로 한다.

🔵 서체의 크기

슬라이드는 기본적으로 아래와 같이 3가지 유형으로 수록하게 된다.

① 텍스트 위주의 슬라이드
② 텍스트와 개체가 혼용된 슬라이드
③ 개체 위주의 슬라이드

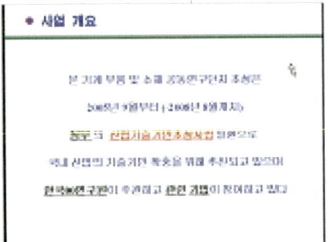

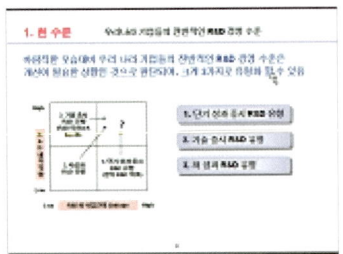

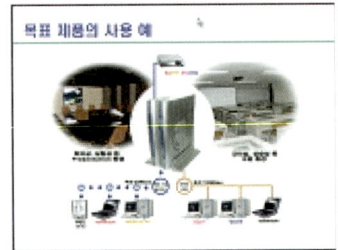

디지털 **스피치** 시대의 유쾌한 **프레젠테이션**

위 어느 유형의 슬라이드에도 작은 문자는 종이나 프레젠터 바로 옆에서는 읽을 수 있어도 스크린에 투영된 슬라이드로는 읽기가 어렵다. 투영 자료의 글자가 너무 작으면 읽기가 매우 곤란하므로 가급적 큰 포인트를 쓰도록 하자.

> • 가장 큰 서체는 36포인트, 일반적인 크기는 24포인트, 가장 작은 서체는 18포인트로 한다.
> • 7행을 기준으로 작성하도록 한다.

문자만 입력한 부분은 충분한 크기라도, 그래프 안의 글자나 기호가 너무 작으면 투영 자료에서도 좀처럼 보이지 않는다. 또한 문장 기호가 너무 작으면, 색이나 형태가 잘 구별이 되지 않으므로 문자를 키우거나 장식하여(볼드, 이탤릭, 밑줄, 색 등) 변화를 줌으로써 중요성의 차이를 주도록 한다.

참고로 프레젠테이션용 이외의 목적으로 만들어진 자료, 즉 논문이나 서류를 확대하지 않고 그대로 카피하거나 스캐너로 스캔하여 비추면, 글자가 작아 거의 읽을 수가 없으므로 슬라이드에 적용시키려면 미리 해당 부분을 충분히 확대하여 보여주도록 하자.

◐ 텍스트의 정렬 방식

텍스트 정렬은 왼쪽, 오른쪽, 가운데 정렬이 있다. 가장 좋은 정렬은 왼쪽 정렬인데, 이는 보는 사람의 시각을 고정시켜 주기 때문에 쉽고 빨리 읽을 수 있게 한다. 예외적이기는 하나, 오른쪽 정렬은 비교적 텍스트의 양이 적을 때, 그리고 특별하게 청중의 주의를 끌고자 할 때 사용하도록 한다. 가운데 정렬은 대개 제목이나 부제목을 제시할 때 많이 사용하나, 텍스트가 2줄이나 3줄 이상 될 때에는 읽기가 어려우므로 사용하지 말아야 한다.
아울러 하나의 프레젠테이션에 세로와 가로 슬라이드를 혼용하여 쓰지 않고, 쓰기의 종횡 방향은 통일하여야 한다. 보통 가로방향으로 통일하는 편이 보기 쉽다.

슬라이드 디자인 포인트

◯ 디자인 작업시 고려해야 할 점

시각 자료
구성 목표

1. 시선을 끄는 디자인

2. 읽기 쉬운 글꼴

3. 잘 배치된 레이아웃

슬라이드 디자인은 프레젠테이션 내용을 청중이 쉽게 알아보고 머릿속에 깊이 남도록 하는 시각화 작업의 일환이다.

왜냐하면 디자인도 청중에게 시각적인 정보를 주는 하나의 메시지이기 때문이다. 시각적으로 세련된 디자인은 너무 튀거나 강하지 않으며 산만하지도 않다. 은은하거나 상큼한 이미지를 주는 디자인이면서도 메시지를 전달하는데 도움을 주는 디자인이라면, 가장 이상적인 디자인이 될 것이다. 보통 시각 자료의 구성은 시선을 끄는 디자인과 읽기 쉬운 글꼴, 그리고 알맞게 배치된 레이아웃의 결합이다.

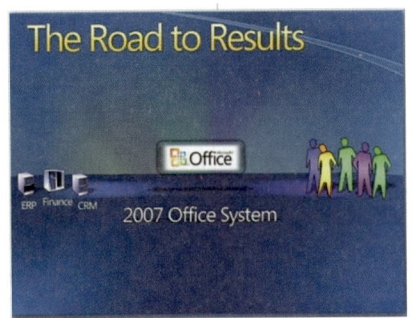

MS사 빌게이츠 회장의 프레젠테이션 중에서의
오피스를 소개하는 슬라이드

슬라이드를 구성할 때 우선 다음을 주지하자.

첫째, 큰 틀이 되는 레이아웃의 구성이다. 레이아웃은 그 구성에 다라 다양한 느낌을 전해준다. 파워포인트 2007에서는 이전보다 적은 11종의 슬라이드 레이아웃을 제공하고 있는데 삽입할 내용의 성격과 개체들을 고려하여 선택하도록 한다. 하지만 파워포인트의 레이아웃은 비교적 큰 레이아웃이어서 개체들을 좀 더 연구해서 배치할 필요가 있다.

둘째, 보는 사람 시선의 움직임이다. 사람의 시선은 화면상에서 왼쪽 상단에서 가운데 아래쪽으로 이동한다는 사실이다. 따라서 중요 내용은 물론 텍스트 배열시 이 점을 고려해야 한다. 아울러 지나친 도식화도 피해야 하는데, 차트나 도형을 많이 넣으면 오히려 산만하다는 느낌을 줄 수 있으므로 적재적소에 맞게 도식화를 사용해야 한다.

셋째, 선과 여백 및 공백의 적절한 처리이다. 보여주기에 급급해서 무의식적으로 슬라이드를 뭔가 있어보이게 꽉 채우려는 욕심이 강하게 들겠지만, 이는 자제해야 할 사항이다. 슬라이드가 꽉 차 있으면 시각적으로도 답답하고, 좀처럼 읽고 싶은

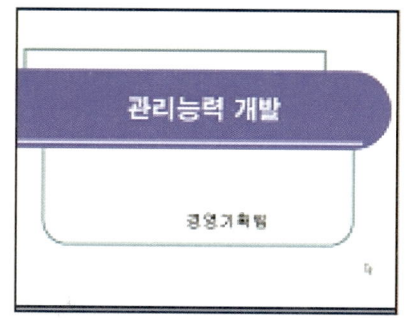

마음이 생기지 않는다.

슬라이드를 꽉 채우지 않는 구성, 어느 한쪽을 비워 놓는 여유, 비워 있지만 채워진 듯한 느낌을 줄 수 있어야 하며, 이를 위해서는 간결한 곡선 처리와 여백 사용을 통해 디자인해야 한다.

색상 선정 방법

문서인 기획서에는 큰 문제가 없으나 스크린에 비출 경우, 배경색이 깔려야 하고 이를 바탕으로 해서 글꼴 색, 차트 색 등 개체의 색들이 조화를 이루어야 한다. 파워포인트 2007에서는 테마 기능을 도입하여 다양한 색 배치를 지원하고 있다.

색은 3가지 측면에서 해석할 수 있는데, 색이 주는 인상에 관심을 갖는 해석, 색을 통해 감정을 표현하는 해석, 그리고 색을 통해 어떤 상징을 나타내고자 하는 구성적인 것에 관심을 갖는 해석이 그것이다. 따라서 어떤 색을 사용하느냐가 중요한 문제가 될 수 있다.

색의 종류	메시지
빨강	자극적, 용기, 애국심, 위험
파랑	맑고 명랑함, 겸허, 헌신, 정의, 차가움
노랑	밝고 쾌활함, 따스함, 적대적, 불쾌감, 질투
초록	즐거움, 평화, 조용함, 신선함, 젊음, 활기, 선망
오렌지색	건강함, 자극적, 강렬, 요란스러움, 불쾌함, 수확
보라색	풍족함, 당당함, 위험, 고독, 승리, 권위, 정열
흰색	고상함, 깨끗함, 순진함, 희망
검정색	심오함, 슬픔, 비애

아울러, 색깔 선택 시에는 다음과 같은 점을 고려해서 결정하는 것이 좋다.

- 청중의 시선을 끌 수 있는 색
- 주제와 부합되는 색
- 쉽게 피로를 느끼지 않는 색

비즈니스 프레젠테이션에서는 주로 파란색을 배경색으로 많이 사용하는 편이다. 파란색은 성공과 믿음, 그리고 깔끔한 이미지를 주기 때문에 기업 프레젠테이션에서 많이 사용된다. 따라서 무난한 프레젠테이션을 하고자 할 때에는 파란색을 배경색으로 택하도록 한다.

안전이나 환경, 자연 등과 관련한 프레젠테이션에서는 녹색을 배경색으로 사용하는 경우가 있는데, 녹색은 투사할 때 다르게 색이 나타날 수 있으므로 반드시 색을 확인해보고 사용해야 한다. 그밖에 검정색 계열과 회색 톤은 고상한 느낌을 주므로 잘 쓰면 아주 훌륭한 시각 자료를 만들 수 있다.

하나의 프레젠테이션에는 여러 색을 섞지 말고 3가지 정도의 색을 통일적으로 사용하도록 한다. 여러 색을 사용하면 세련된 이미지와는 거리가 멀 수밖에 없다. 굳이 여러 가지의 색을 써야 할 상황이라면 색의 채도나 명도를 달리하여 사용하는 것을 권한다. 배경 색상이 짙고 어두울 때에는 텍스트나 개체의 색상을 밝게 하고, 배경이 밝을 때에는 어두운 색을 사용해야 한다.

◯ 일관성 있는 이미지 통일

일관성 있는 이미지의 통일과 디자인은 청중이 프레젠테이션 내용에 집중할 수 있도록 해준다. 이러한 기능이 파워포인트의 마스터 기능이다. 파워포인트 슬라이드는 배경과 레이아웃을 통일하면, 일관성이 있어 보이고 임팩트가 살아있어 완성도를 높일 수 있다. 목차, 중간 목차, 본문 슬라이드에 배경과 레이아웃을 동일하게 주어 통일감을 주도록 하자. 통일감을 주려면 레이아웃은 물론, 서체, 클립아트, 그래프 색 등에 일관성을 유지해야 한다.

■ 배경색

흰 바탕에 검은 글씨	• 지면에서는 가독성이 좋다 • 깨끗한 이미지를 주며 작업이 용이 하다 • 화면에서는 빛의 반사로 피로감을 주며 집중력을 약하시킨다. 따라서 강조 또는 짧은 시간 동안에 제시될 내용에 사용하는 것이 좋다 • 빨강, 블랙, 블루, 마젠타, 그린, 청록(cyan)이 어울린다

검은 바탕에 흰 글씨	• 집중이 잘 된다 • 장시간 보아도 피로하지 않다 • 자칫 분위기가 쳐지거나 단조롭고 지루해질 수 있다 • 흰색, 노랑, 빨강, 블루, 그린이 어울린다
청색	• 판독성이 뛰어나다 • 지루함을 덜 느끼게 하나 주의를 집중시키지 못한다 • 대부분 비지니스 프레젠테이션에는 청색 배경을 사용한다(무난하다)

■ 서체색

녹색	• 녹색은 강조(Highlight)로 사용한다
검정	• 검정은 폰트 배경에 모두 좋은 색이다. 왜냐하면 많은 색과 좋은 대조를 이룰 수 있 기 때문이다.
흰색	• 짙은 배경에 흰색 글씨는 집중력에 좋다.

Note

하이퍼링크 실행
링크

슬라이드
안에서 다
른 슬라이
드나 웹
사이트, 혹은 다른 프레젠테이
션으로 연결하여 프레젠테이션
하는 경우를 보여 줄 수도 있
는데, 이때에는 '삽입 탭'의
'링크 그룹'에 있는"하이퍼링
크(Hyperlink)"도구를 사용하여
연결시켜야 한다.

실례

◯ 개체의 선택 포인트

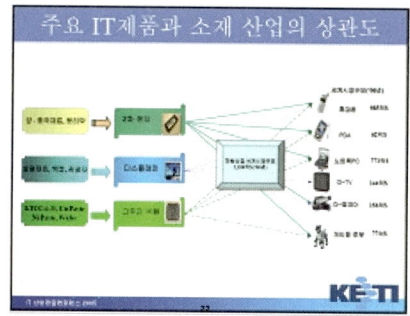

[전자부품연구원의 프레젠테이션중에서]

프레젠테이션의 목적은 자료 만들기에 있는 것은 아니라 자신이 전하고 싶은 것을 알기 쉽게 표현, 전달하는 것이다. 그림이나 도표 등의 개체를 많이 배치한다면, 청중은 그 쪽으로 정신을 빼앗겨, 본래 목적을 놓치게 될 수 있다. 예를 들어, 종종 슬라이드 마스터에 '회사 로고', 'ISO 인증 로고', '타이틀', '그림' 등 여러 개체를 잔뜩 배치하는 사람이 있다. 이는 자기만족일 뿐, 청중이 과연 이를 어떻게 생각할지는 전혀 고려하지 않은 자세임을 알아야 한다.

동영상 및 소리 작업

종이에 출력하는 기획 문서에는 적용할 수 없지만, 스크린에 출력하는 경우에는 프레젠테이션의 효과를 극대화하기 위해 동영상, 설명, 음악(효과음) 등의 다양한 멀티미디어 요소를 추가할 수 있다. 물론, 프레젠테이션 진행 중에 녹음도 가능하다.

◯ 동영상 작업하기

(1) 동영상 삽입

동영상은 생생한 모습을 전달하는 장점이 있으며, 때에 따라 프레젠테이션 앞부분에 배치하여 청중의 관심을 유도하거나, 본론부에서 자세한 설명을 할 때도 시각자료로 활용하면 그 효과가 크다. 또한 실제 프레젠테이션에 참석할 수 없는 임원 등의 얼굴과 목소리가 담긴 인사말 등을 동영상으로 삽입하거나, 교육 또는 데모시연의 동영상 등을 삽입할 수 있다.

파워포인트에서는 Windows Media파일(asf), Windows 비디오파일(avi), Microsoft 녹화된 TV프로그램(dvr-ms), 동영상 파일(mpeg) 등의 동영상 파일을 삽입할 수가 있는데, 삽입하려면 사전에 동영상이 준비되어 있어야 한다. 동영상을 추가하는 경우에도 3P분석과 프레젠테이션의 성격과 목적에 부합하는 것이어야 한다.

Note

동영상 연결 관련 문제가 발생하지 않도록 하려면, 동영상을 프레젠테이션에 추가하기 전에 프레젠테이션과 동일한 폴더에 복사하는 것이 좋다.

[그림1] 미디어 그룹

동영상을 삽입하려면, '삽입 탭'의 '미디어 그룹'에서 [동영상] 아래의 화살표를 클릭하고, 다음 중 하나를 실행한다.

① [동영상 파일]을 클릭하고 파일이 있는 폴더를 찾은 다음 추가할 파일을 두 번 클릭한다.
② [Clip Organizer 동영상]을 클릭하고 클립아트 작업창에서 스크롤하여 원하는 클립을 찾은 다음, 해당 클립을 클릭하여 슬라이드에 추가한다.

(2) 동영상 재생방법의 지정

동영상 재생방법은 5가지가 있는데, 프레젠터가 동영상의 용도에게 맞게 지정할 수가 있다.

■ 자동 실행

동영상을 삽입하면 동영상을 어떻게 시작할지를 묻는 '메시지'가 나타난다. 이때 자동으로 시작되도록 하려면 [자동 실행]을, 동영상 프레임을 클릭할 때 시작되도록 하려면 [그림2]에서 보는 바와 같이 [클릭하여 실행]을 선택한다.

[그림2]

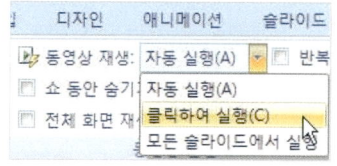

[그림3] 동영상 재생 목록

이 옵션은 언제든지 변경할 수 있으며, 변경하려면 [동영상]을 클릭하고 '동영상 도구'에서 '옵션 탭'을 클릭한 다음, '동영상 옵션 그룹'의 [동영상 재생 목록]에서 원하는 3가지 옵션 중에서 선택하도록 한다[그림3] 참조.

■ 클릭할 때 시작

[클릭하여 실행]을 선택할 경우에는 앞의 자동 실행과 다르게 작동된다. 동영상을 재생하려면 슬라이드를 클릭하는 것이 아니라 동영상을 직접 클릭해야 한다. 동영상을 삽입하면 일시 중지 시작 옵션 효과가 추가된다. 슬라이드 쇼에서 동영상 프레임을 클릭하면 일시 중지되고 다시 클릭하면 다시 재생된다.

■ 모든 슬라이드에서 실행

동영상이 슬라이드 쇼 전체에서 재생되도록 하거나 중지할 때까지 계속 재생되도록 할 수 있다. 이 절차에서는 동영상을 동영상 파일 길이만큼 한 번만 재생하며, 동영상을 반복해서 재생하지 않는다.

모든 슬라이드에서 동영상을 실행하려면, 먼저 슬라이드에서 동영상 프레임을 클릭한다. 이어서 '동영상 옵션 그룹'의 [동영상 재생 목록]에서 [모든 슬라이드에서 실행]을 클릭하여 적용한다[그림4] 참조.

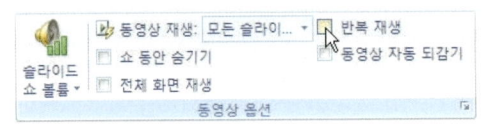
[그림4] 동영상 옵션 그룹

■ 전체 프레젠테이션에서 동영상 연속 재생

프레젠테이션을 진행하는 동안 계속 동영상을 재생하거나 재생을 중지할 때까지 동영상을 재생할 수 있다. 동영상의 길이가 프레젠테이션의 길이보다 짧을 경우, 동영상 끝에서 반복 재생되도록 설정하면 프레젠테이션을 진행하는 동안 동영상이 항상 재생된다. 이렇게 하려면 슬라이드에서 동영상 프레임을 클릭하고, '동영상 옵션 그룹'에서 [반복 재생] 확인란을 선택한다.

■ 여러 슬라이드에서 연속적으로 재생

다음 슬라이드로 진행할 때도 프레젠테이션에 삽입한 동영상이 계속 재생되도록 할 수 있다. 이때는 동영상의 재생이 중지되는 방법을 지정해야 하는데, 이 방법을 사용하면 동영상 파일이 해당 길이에 맞게 한 번만 재생되며 계속하여 반복 재생되지 않는다.

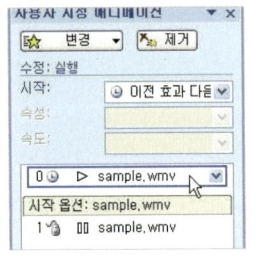
[그림5] 사용자 지정 애니메이션 작업창

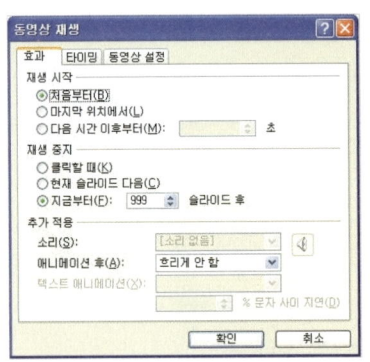
[그림6] 동영상 재생 대화상자

이렇게 지정하려면 슬라이드에서 동영상 프레임을 클릭하고, '애니메이션 탭'의 '애니메이션 그룹'에서 [사용자 지정 애니메이션]을 클릭한다. '사용자 지정 애니메이션 작업창'[그림5]에서 동영상 재생 효과를 나타내는 줄, 즉 삼각형이 있는 줄

디지털 스피치 시대의 유쾌한 프레젠테이션

을 클릭하고 화살표를 클릭한 다음 '효과 옵션'을 클릭한다. 나타난 '동영상 재생 대화상자' [그림6]에서 '재생 중지'에서 [지금부터]를 클릭한 다음, 동영상 파일을 재생할 총 슬라이드 수를 설정하도록 한다.

■ 전체 화면으로 동영상 재생
프레젠테이션을 진행하는 중에 동영상을 프레젠테이션의 슬라이드 내에서 재생하지 않고 전체 화면으로 재생할 수 있다.

전체 화면 옵션을 사용하면 동영상이 슬라이드 안에서 재생되는 것이 아니라 자체 화면에서 재생되는 것처럼 보인다. 전체 화면으로 확대해도 동영상 파일이 제대로 재생되면 이 옵션을 사용하는 것이 좋다. 원본 동영상 파일의 해상도에 따라 전체 화면으로 재생하는 것이 적절하지 않을 수도 있으므로 동영상 미리 보기를 실행하여 화질이 나쁜 경우에는 전체 화면 모드를 취소할 수 있다.

전체 화면으로 재생하려면 슬라이드에서 전체 화면으로 재생할 동영상 프레임을 클릭하고, '동영상 옵션 그룹'에서 [전체 화면 재생] 확인란을 선택한다.

Note

일반적으로 작은 동영상은 확대될 경우 제대로 나타나지 않으므로 전체 화면으로 재생하지 않는 것이 좋다.

소리 작업하기

파워포인트에서는 기존의 소리 파일을 사용하거나 직접 소리를 녹음하여 프레젠테이션에 이를 활용할 수 있다. 예를 들면, 프레젠테이션 시작 부분에서 표지 화면과 더불어 음악을 넣을 수도 있고, 프레젠테이션 시간이 길 경우 간지 슬라이드마다 음악이나 효과음도 넣어 분위기를 전환할 수도 있다. 하지만, 불필요하게 본문 슬라이드에까지 넣어 프레젠터의 육성과 효과음이 섞이지 않도록 주의하자.

(1) 소리 파일 추가 및 재생

소리 파일인 WAV 파일(wav), AIFF 파일(aiff), AU 파일(au), MIDI 파일(midi), MP3 파일(mp3) 등을 슬라이드에 삽입할 수 있다. 그 중 wav 소리 파일만 포함할 수 있고 다른 모든 미디어 파일 형식은 연결로 처리된다. 기본적으로 100KB가 넘는 .wav 소리 파일은 프레젠테이션에 포함 개체로 추가되지 않고 자동으로 연결 개체로 추가됨을 알아두자.

Note

연결 관련 문제가 발생하지 않도록 하려면, 소리를 프레젠테이션에 추가하기 전에 프레젠테이션과 동일한 폴더에 복사하는 것이 좋다.

[그림1]

소리 삽입의 경우도 [그림1]처럼 '미디어 그룹'의 [소리]의 [소리 파일]을 선택한 다음 [소리] 대화상자에서 삽입할 소리 파일을 선택하고, 두 번 클릭해 슬라이드에 삽입한다. 소리를 슬라이드에 삽입하면 소리 파일을 표시하는 '소리 아이콘'이 나타난다.

[그림2] 소리 옵션 그룹

음악이나 소리가 슬라이드를 표시할 때 자동으로 시작하거나, 마우스를 클릭할 때 시작하거나, 시간 지연이 있는 상태에서 자동으로 시작하거나, 애니메이션 시퀀스의 일부처럼 재생되도록 설정할 수 있다.

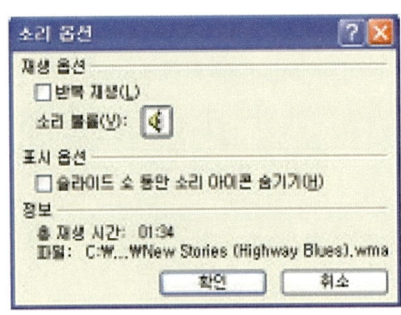

[그림3] 소리 옵션 상자

이러한 방법들은 소리 도구의 '옵션 탭'에 있는 '소리 옵션 그룹'[그림2]에서 할 수 있으며, 동영상 재생 지정 방법과 거의 비슷하므로 이을 참고하여 작업하도록 한다. 또한 '소리옵션 상자'에서 소리 아이콘이 안 보이도록 할 수 있고, 소리 볼륨을 조정할 수 있다[그림3] 참조.

(2) CD오디오 재생하기

프레젠테이션을 실행하기 전후에는 청중이 입장하거나 퇴장할 때 재생할 수 있다. 또는 자동 실행 프레젠테이션을 만든 경우 음악을 추가하여 프레젠테이션과 함께 재생할 수 있다.

CD 음악은 프레젠테이션에 추가되지 않으므로 프레젠테이션의 파일 크기가 커지지 않지만 프레젠테이션을 발표할 때 반드시 CD를 가져가야 한다.

추가 및 재생 지정방법은 다음과 같다.

① CD 드라이브에 CD를 삽입하고 음악을 재생할 첫 번째 슬라이드를 클릭한다. 다음에는 '삽입 탭'의 '미디어 클립 그룹'에서 [소리] 아래의 화살표를 클릭하고 [CD 오디오 재생]

Note

만약에 CD 드라이브에 CD를 넣지 않고 CD의 사운드 트랙을 재생하려면, 소리 파일을 WAV 파일로 저장한 다음, 슬라이드에 포함 개체로 추가하도록 한다.

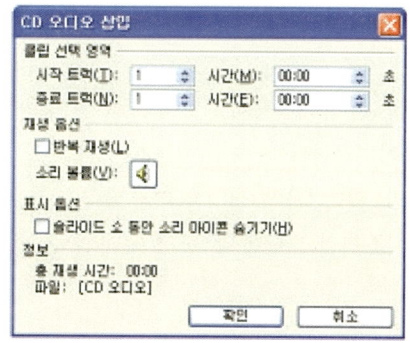

[그림4] 소리 옵션 상자

을 클릭한다.

② 나타난 'CD 오디오 삽입' 대화상자[그림 4]의 '클립 선택 영역'의 [시작 트랙]과 [종료 트랙] 상자에 시작 트랙 번호와 종료 트랙 번호를 입력한다.

③ 트랙을 하나만 재생하거나 트랙의 일부만 재생하려면 두 상자에 같은 번호를 입력한다.

④ 다음 중 하나 또는 모두를 실행한다.

• 시간 상자에서 시작 트랙의 시작 시간과 종료 트랙의 종료 시간을 설정한다. 기본적으로 시작 시간은 0이고, 종료 시간은 종료 트랙이 재생되는 시간(분 단위)이다.

• 음악을 반복해서 재생하려면 '재생 옵션'에서 [반복 재생] 확인란을 선택한다.

⑤ 프레젠테이션에서 소리가 시작되는 방법을 지정하라는 메시지가 표시되면 다음 중 하나를 실행한다.

• 해당 슬라이드로 넘어갈 때 자동으로 음악을 재생하려면 [자동 실행]을 클릭한다.

• CD 아이콘을 클릭할 때 음악을 재생하려면 [클릭하여 실행]을 클릭한다.

(3) 소리 녹음하기

마이크를 컴퓨터에 연결하고, '삽입 탭'의 '미디어 클립 그룹'에서 [소리] 아래의 화살표를 클릭하고 [소리 녹음]을 선택한다. 선택하면 '소리 녹음 대화상자'[그림5]가 나타난다. 적당한 이름을 입력하고 녹음 버튼을 클릭하여 마이크를

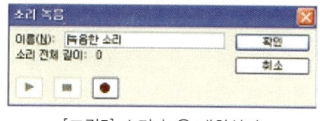

[그림5] 소리 녹음 대화상자

이용해 녹음한 후, 정지 버튼을 클릭하면 슬라이드에 소리 아이콘이 나타나면서 소리가 삽입된다. 소리녹음의 재생은 소리파일의 재생 방법과 같이 지정하도록 한다.

◯ 설명 녹음 작업하기

프레젠테이션을 실행하기 전에 설명을 녹음하거나 프레젠테이션 도중에 설명을 녹음할 수가 있다. 청중의 의견도 함께 녹음할 수 있다. 프레젠테이션 전체의 설명이 필요하지 않은 경우에는 선택한 슬라이드의 메모만 녹음하거나 설명을 해제하

Note

설명을 녹음하고 들으려면 컴퓨터에 사운드카드, 마이크 및 스피커가 장착되어 있어야 한다.

여 필요할 때만 재생할 수 있다.

슬라이드에 설명을 추가하면 슬라이드에 소리 아이콘이 표시된다. 일반적인 소리와 마찬가지로 아이콘을 클릭하여 소리를 재생할 수도 있고 소리가 자동으로 재생되도록 설정할 수도 있다. 음성 설명은 다른 소리보다 우선하며 프레젠테이션에서는 한 번에 하나의 소리만 재생할 수 있다.

(1) 프레젠테이션 전에 설명 녹음

설명을 녹음할 때는 프레젠테이션 전체를 실행하고 각 슬라이드에서 녹음한다. 녹음을 일지 중지하거나 다시 시작할 수가 있다.
녹음 과정은 다음과 같다.

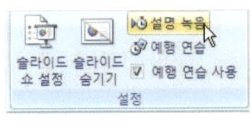

[그림1] 설정 그룹

[그림2] 설명 녹음 대화상자

기본 보기에서 녹음을 시작할 슬라이드를 선택하고, '슬라이드 쇼 탭'의 '설정 그룹'에서 [설명 녹음]을 클릭한다[그림1] 참조.

나타난 '설명 녹음 대화상자'[그림2]에서 [마이크 수준 설정]에서 지시를 따라 마이크 수준을 설정하고 [확인]을 클릭한다.

다음 중 하나를 실행한다.

① 설명을 포함 개체로 추가하려면, [확인]을 클릭한다.
② 설명을 연결 개체로 추가하려면, [설명 연결] 확인란을 선택하고 찾아보기를 클릭한 다음, 목록에서 폴더를 클릭하고 [선택]을 클릭한다.

다른 슬라이드에서 녹음을 시작하도록 선택한 경우에는 '설명 녹음 대화 상자'가 나타난다. 다음 중 하나를 실행해보자.

① 프레젠테이션의 첫 번째 슬라이드에서 설명을 시작하려면 [첫째 슬라이드]를 클릭한다.
② 현재 선택되어 있는 슬라이드에서 설명을 시작하려면 [현재 슬라이드]를 클릭한다.

슬라이드 쇼 보기에서 설명할 내용을 마이크에 말한 후 슬라이드를 클릭하여 다음 슬라이드로 이동한다. 설명을 추가할 각 슬라이드에 대해 이 과정을 반복한다.

검은색 종료 화면을 클릭한다.

설명은 자동으로 저장되며 프레젠테이션 시간을 함께 저장할 것인지 묻는 메시지가 나타난다. 다음 중 하나를 실행한다.

① 시간을 저장하려면 [저장]을 클릭한다. 여러 슬라이드 보기에 슬라이드가 나타나며 각 슬라이드 아래에 슬라이드 시간이 표시된다.
② 시간을 저장하지 않으려면 [저장 안 함]을 클릭한다. 이 경우 시간을 별도로 기록할 수 있다.

(2) 프레젠테이션 도중 설명 녹음

프레젠테이션 도중 발표자 자신의 설명이나 청중의 의견을 캡처하려면 프레젠테이션을 시작하기 전에 설명 기능을 설정해야 한다. 녹음방법은 앞의 '프레젠테이션 전에 설명 녹음'과 동일한 방법으로 하되, 슬라이드 쇼 보기에서 발표자의 설명과 청중의 의견을 함께 추가하고 슬라이드를 클릭하여 다음 슬라이드로 이동하도록 한다.

애니메이션과 화면 전환 효과

06
Chapter

화면에 줄 수 있는 동적 효과에는 크게 애니메이션 효과와 화면 전환 효과가 있다. 애니메이션이 한 슬라이드 내에서 개체들이 어떻게 움직일지를 지정하는 것이라면, 화면 전환 효과는 한 슬라이드에서 다음 슬라이드로 넘어갈 때 화면이 어떻게 바뀌는지를 지정하는 것이다.

○ 애니메이션 효과

애니메이션 효과는 슬라이드의 텍스트, 그림, SmartArt 그래픽 또는 SmartArt 그래픽의 개별 도형, 및 기타 콘텐트에 '특수 시각 효과'나 '소리 효과'를 줄 수 있다. 예를 들어, 텍스트 글머리 기호를 왼쪽에서 한 번에 한 단어씩 날아오게 하거나 그림이 나타날 때 박수 소리가 나게 할 수 있다.

이 애니메이션 효과로 프레젠테이션을 흥미롭게 만들고 중요한 요점을 강조하며 정보의 흐름을 제어할 수 있다. 그러나 애니메이션을 너무 많이 적용하면 메시지가 제대로 전달되지 않거나 청중이 프레젠테이션 내용에 집중하기 어려울 수 있으므로 적용에 신중을 기하도록 하자.

개체에 애니메이션 효과를 적용시키는 방법에는 '표준 애니메이션'과 '사용자 지정 애니메이션' 2가지가 있다.

(1) 표준 애니메이션 적용

Note

[표준 애니메이션] 목록 상자 ([그림1])에서 선택만 하면, 동시에 애니메이션을 재생해 보여준다.

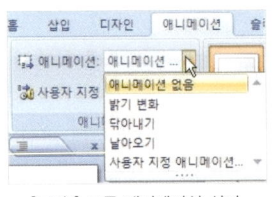

[그림1] 표준 애니메이션 상자

표준 애니메이션(이전 버전의 '애니메이션 구성'과 비슷하나, 2007 버전에서는 개량되었다)은 슬라이드에 삽입된 개체에 애니메이션과 화면 전환 효과를 한 번에 지정하게 하는 통합기능으로 보다 쉽게 사용하도록 고안된 기능이다.

이 상자에는 효과로 '밝기 변화', '닦아내기', '날아오기'가 있으며, 개체에 따라 적용 범위가 나타나고, 선택하여 효과를 지정할 수 있다. 또한 이 목록 상자에서 '애니메이션 없음'을 선택하여 애니메이션 효과를 적용시키지 않을 수 있다.

화면 전환 효과를 적용한 상태에서도 쉽게 애니메이션 효과를 적용할 수가 있다. 이 기능을 사용하려면 표준 애니메이션을 적용하려는 텍스트 또는 개체를 클릭하고, '애니메이션 탭'의 '애니메이션 그룹'에서 원하는 애니메이션 효과를 '애니메이션 목록'으로부터 선택한다.

(2) 사용자 지정 애니메이션 작업

[표준 애니메이션]을 사용하지 않고 독자적으로 애니메이션 효과를 적용하려면 사용자 지정 애니메이션 작업을 해야 한다. 다음과 같은 방법으로 해보자.

[그림2]와 같은 [사용자 지정 애니메이션 작업 창]을 통해서 각 개체에 다양한 애니메이션 효과를 적용하거나 수정할 수 있다. 이 작업 창을 열려면 '애니메이션 그룹'에서 [사용자 지정 애니메이션]을 선택한다. 작업 창의 [애니메이션 목록]에는 개체에 적용한 애니메이션을 순서대로 보여준다.

[그림2]

■ 애니메이션 선택하기

슬라이드에 애니메이션 효과를 선택 적용하기 위해서는 다음과 같은 단계를 거쳐야 한다.

① [기본 보기]에서 애니메이션을 적용할 텍스트나 개체가 들어 있는 슬라이드를 표시한다. 선택한 슬라이드에서 애니메이션을 적용할 개체를 선택한다.

② '애니메이션 그룹'에서 [사용자 지정 애니메이션]을 클릭한다. 나타난 [사용자 지정 애니메이션 작업 창]에서 [효과 적용] 단추를 클릭하면 효과 메뉴가 나타나는데 여기서 선택하도록 한다.

■ 효과 적용 선택

효과 적용에는 [그림3]과 같은 나타내기, 강조, 끝내기, 이동경로 4가지 메뉴가 있고 각 하위 메뉴에는 다양한 효과가 있는데, 순차적으로 따라가며 선택하도록 한다.

[그림3]

• 나타내기 : 슬라이드 쇼 프레젠테이션에 텍스트나 개체를 효과와 함께 나타내려면, [나타내기]를 가리키고 효과를 클릭한다. [나타내기]는 선택한 개체가 처음에는 화면에 없다가 나타나게 하는 효과로, 이것의 하위 메뉴에는 [그림4]와 같은 다양한 효과가 있다.

• **강조** : 슬라이드에 이미 표시되어 있는 텍스트 또는 개체에 회전 효과와 같은 효과를 적용하려면, [강조]를 가리키고 효과를 클릭한다. [강조]는 선택한 개체가 눈에 띄도록 강조하는 효과로서 이것의 하위 메뉴에는 [그림5]와 같은 다양한 효과가 있다.

[그림4]   [그림5]   [그림6]

• **끝내기** : 특정 시점에서 텍스트나 개체가 슬라이드에서 사라지는 효과를 추가하려면, [끝내기]를 가리키고 효과를 클릭한다. [끝내기]는 선택한 개체가 화면에 있다가 사라지게 하는 효과로, 이것의 하위 메뉴에는 [그림6]과 같은 다양한 효과가 있다.

• **이동 경로** : 지정된 패턴으로 개체가 이동하는 효과를 추가하려면, [이동 경로]를 가리키고 효과를 클릭한다. [이동 경로]는 선택한 개체가 지정한 경로를 따라 이동하게 하는 효과로서, 이것의 하위 메뉴에는 [그림7]과 같은 다양한 효과가 있다.

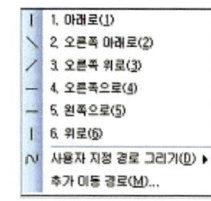

[그림7]

효과는 적용한 순서에 따라 위에서 아래로 사용자 지정 애니메이션 목록에 표시된다. 애니메이션이 실행되는 모양을 미리 보려면 [슬라이드 쇼] 버튼을 클릭하면 된다.

■ 적용 방법의 지정
애니메이션 효과의 적용방법을 지정할 수 있다.

① 시작 시점 선택하기
애니메이션 효과를 선택했다면 [사용자 지정 애니메이션 작업 창]의 [시작]에서 애니메이션을 언제 시작할 것인지를 선택한다[그림8]. 개체를 클릭했을 때 시작할 것인지, 이전 애니메이션과 동시에 진행할 것인지, 이전 애니메이션이 끝나자마자

이어서 할 것인지를 선택한다.

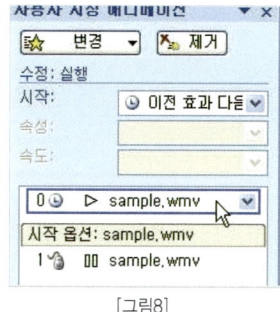

[그림8]

② 방향 설정하기

적용한 애니메이션 효과에 따라 방향을 설정해야 할 경우가 있다. 예를 들어, [날아오기] 애니메이션은 개체가 날아오는 방향을 왼쪽, 오른쪽, 위, 아래 등으로 설정할 수 있다. 설정이 필요 없는 경우에는 속성 부분이 회색으로 표시되어 있다.

③ 속도 조정하기

똑같은 애니메이션이라도 어떤 개체에 적용하느냐에 따라 실행 속도를 조절해야 한다. 속도 유형에는 [매우 빠르게], [빠르게], [중간], [느리게], [매우 느리게]가 있다. 애니메이션을 실행하면서 그 내용을 충분히 볼 수 있게 하려면 천천히 실행해야 하겠지만, 동적인 움직임에만 초점을 맞춘다면 되도록 빠르게 진행하는 것이 좋다.

④ 순서 설정하기

하나의 개체에는 여러 애니메이션을 적용할 수 있다. 실행 순서는 적용순서에 따라 결정되는데, 이 단계에서는 [순서조정]의 방향 표시를 클릭해 적용순서를 설정해준다.

⑤ 실행하기

개체에 적용한 애니메이션을 확인하기 위해 '사용자 지정 애니메이션 작업 창'의 [재생] 버튼을 클릭해 슬라이드 창에서 확인하거나 [슬라이드 쇼] 버튼을 눌러 현재 편집중인 슬라이드로부터 슬라이드 쇼를 실행해 확인해본다.

■ 애니메이션 효과 옵션

적용 방법을 보다 세밀하게 지정하려면 [효과 옵션]을 선택한다[그림9] 참조. [그림10]과 같은 이 대화상자에 나타나는 탭은 어떤 애니메이션 효과를 선택했느냐에 따라 달라진다. 여기에서 효과의 진행 방향을 설정하거나, 애니메이션을 실행할 때의 효과음을 설정하는 등 효과를 지정할 수 있다.

① 텍스트에 대한 설정을 지정하려면 '효과', '타이밍' 및 '텍스트 애니메이션' 탭에서 사용

방향, 속도는 [효과 옵션]에서 보다 세밀하게 지정할 수 있다.

슬라이드의 애니메이션 항목마다 인쇄되지 않는 번호 태그가 붙는다. 이 태그는 사용자 지정 애니메이션 목록의 효과에 대응하며 텍스트 또는 개체의 옆에 표시된다.

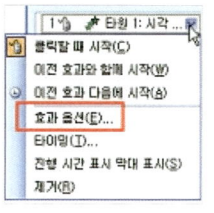

[그림9]

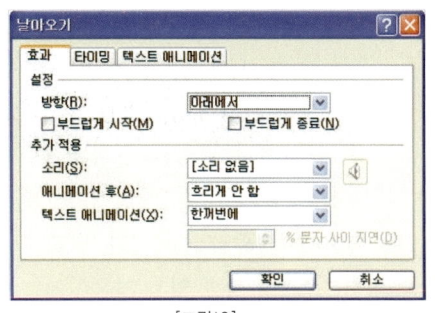
[그림10]

할 옵션을 클릭하여 텍스트에 애니메이션을 적용한다.

② 개체에 대한 설정을 지정하려면, '효과' 및 '타이밍' 탭에서 원하는 옵션을 클릭하여 개체에 애니메이션을 적용한다.

(3) SmartArt 그래픽에 애니메이션 적용

추가로 강조하거나 단계적으로 정보를 표시하기 위해 SmartArt 그래픽 또는 SmartArt 그래픽의 개별 도형에 애니메이션을 추가할 수 있다. 예를 들어, 도형을 화면 한쪽에서 빠르게 날아오게 하거나 천천히 나타나게 할 수 있다.

SmartArt 그래픽에 적용할 수 있는 애니메이션은 도형, 텍스트 또는 WordArt에 적용할 수 있는 애니메이션과는 다르다. 도형 사이의 연결선은 항상 두 번째 도형에 연결되어 있으며 개별적으로 애니메이션을 적용할 수 없으며, SmartArt 그래픽의 도형에 애니메이션을 적용하면 도형이 표시되는 순서에 따라 애니메이션이 실행된다. SmartArt 그래픽에 애니메이션 적용은 도형, 텍스트 또는 WordArt에 적용할 수 있는 애니메이션 적용방법과 같이 하면 된다.

◯ 화면 전환 효과

화면 전환은 슬라이드 쇼 보기에서 슬라이드 간을 이동할 때 표시되는 애니메이션과 같은 효과이다. 이 효과를 적용하면 화면이 좌우로 갈라지게 하거나, 작게 나뉜 화면을 하나로 합치는 효과를 만들 수 있으며, 이 외에도 다양한 시각적 연출을 할 수 있다. 각 화면 전환 효과의 속도를 제어할 수 있으며 소리도 추가할 수 있다.

파워포인트에는 '애니메이션 탭'의 '슬라이드 화면 전환 그룹' [그림1]에서 화면 전환 효과의 빠른 스타일을 메뉴 상에서 바로 선택하게 하고 있으며, 더 많은 전환 효과를 보려면 빠른 스타일 목록에서 [자세히] 버튼을 클릭하게 하여 매우 다양한 종류의 화면 전환을 선택하도록 되어 있다

[그림1] 슬라이드 화면 전환 그룹

화면 전환 효과를 적용하는 방법은 애니메이션을 적용하는 방법보다 비교적 간단
하다. 슬라이드마다 다른 화면 전환을 적용할 수 있지만, 각 화면마다 서로 다른
효과를 적용하면 산만하게 느낄 수 있으므로 전체적으로 동일한 효과를 적용하는
것이 좋다.

화면 전환 추가를 하려면 다음과 같은 절차에 따르도록 한다.

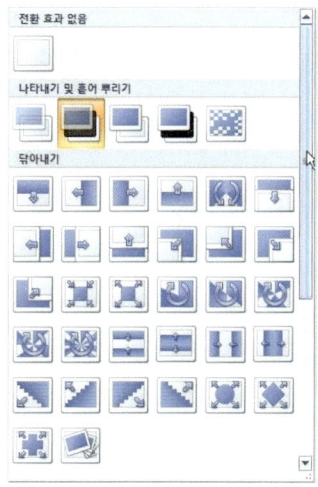

[그림2] 화면 전환 효과 목록

① 개요 및 슬라이드 탭이 있는 창에서 '슬라이드 탭'을 클릭하고 '홈
　탭'에서 슬라이드 축소판 그림을 클릭한다.
② '애니메이션 탭'의 '슬라이드 화면 전환 그룹'의 빠른 스타일에서
　원하는 화면 전환 효과를 클릭한다. 이 경우에 더 많은 전환 효과를
　보려면 빠른 스타일 목록에서 [자세히] 버튼을 클릭한다[그림2].
③ 화면 전환 속도를 설정하려면, '슬라이드 화면 전환 그룹'에서 [화면
　전환 속도] 옆의 화살표를 클릭하고 원하는 속도를 선택한다.
④ 프레젠테이션의 모든 슬라이드에 같은 화면 전환 추가하려면, 슬라
　이드 화면 전환 그룹에서 [모두 적용]을 클릭한다.

화면 전환 효과를 선택한 후 속도를 선택하고 효과음을 추가하
거나 자동 전환으로 지정할 수 있다.

화면 전환에 소리를 추가하려면, '슬라이드 화면 전환 그룹'에서 '화면 전환 소리'
를 클릭하고 다음 중 하나를 실행한다.

① 목록의 소리를 추가하려면 원하는 소리를 선택한다.
② 목록에 없는 소리를 추가하려면 다른 소리를 선택하고 추가하려는 소리 파일을 찾은 후에
　확인을 클릭한다.

점검하고 저장하자

◯ 점검한다

지금까지의 작업을 정리해보면 슬라이드 작업의 90%는 완료이다. 다만, 작성된지
얼마 안 되어 다듬어지지 않은 것이 있을 수 있으므로 다시한번 내용을 다듬고 확
인해 보아야 할 것이다. 몇 번씩이라도 다시 읽고, 예를 들어 발표 내용과 연관된
조크도 메모나 [슬라이드 노트]에 기록해둔다.

처음에 해야 하는 것은 자신의 PC 상에서 실제로 파워포인트의 [슬라이드 쇼]를
실행해, 올바르게 슬라이드나 애니메이션이 생각대로 작성되고 표시되는지 확인
한다.

다듬기는 다음과 같은 관점에서 확인하자.

① 전체를 통과하는 스토리 전개(논리 전개)는 순조로운가?

청중의 입장이 되어, 스토리 전개를 확인한다. 이때에는 [여러 슬라이드 보기]를
통해 점검한다. 전혀 사전 정보가 없는 사람들이 들어도 이해할 수 있는 흐름인가.
기승전결이 될 필요한 것인가. 슬라이드 매수가 너무 많다면 초반에 결론을 제시
하는 것이 나을지 등 스토리 확인을 실시하도록 한다.

② 목적과 합치하고 있는가?

몇 번이나 강조하지만, 프레젠테이션은 최종적으로 테마의 확인으로 분명한 '목
적' 달성을 위해 실시하는 것이다. 그러므로 프레젠테이션 데이터가 목적을 달성
할 수 없으면 아무 의미가 없으므로, 목적과 합치하는지를 재확인한다.

③ 인명, 부서명, 숫자에 실수는 없는가?

인명이나 부서명의 실수는 돌이킬 수 없는 사태에 빠질 수 있으므로, 주의를 필요
로 한다. 언제나 생각지 못한 곳에서 불똥이 튀기 마련이다. 아울러 연도, 금액 등
도 틀리지 않도록 몇 번씩이라도 다시 확인해야 한다.

④ 오탈자는 없을까?

오탈자가 없는지 꼼꼼히 확인한다. 극히 기본적인 것이지만 한자(漢字)의 오기에도 조심하자. 정작 작성한 본인은 낯익어 의외로 실수를 체크하기 어렵다(영어의 철자도 마찬가지). 그러므로 가능하면 주위 사람에게 크로스 체크를 부탁해서 실행 중에 당황하는 일이 없도록 한다. 오기는 프레젠테이션에도 영향을 미친다.

🌓 결론 시간을 확보하자

특히 프레젠테이션 시간을 엄수해야 될 경우, 모처럼 작성한 자료를 전부 발표할 수 없고 중단해야 할 상황이 생길 수 있으므로 반드시 시간 체크를 하면서 점검을 해야 한다.

프레젠테이션 시간 설계는 보통 1시간의 프레젠테이션이라면 40분을 말하고 20분을 질의응답 시간으로 하는 '3분의 2형'이 많을 것이다. 자주 잊히는 부분이지만 필요한 것은 '최후 2분의 정리'이다. 이 최후의 정리를 하지 않기 때문에, 질의응답의 내용에 의하여 결론을 희미해지는 프레젠테이션이 되는 경우가 매우 많다. 최후의 정리를 하는 것으로 프레젠테이션의 인상은 완전히 바뀐다. 이를 확보하기 위해서도 본론의 설명을 너무 길지 않게 하며 결론 시간을 충분히 확보하여 강조점의 부각을 제대로 해야 한다.

🌓 프레젠테이션 파일의 복사

최종적으로 프레젠테이션 파일을 만들었다면 파일을 만든 컴퓨터에서 직접 실행하기보다 노트북에 저장하거나 CD에 넣어 다른 장소나 다른 컴퓨터에서 실행하는 경우가 대부분이다. 가장 편리한 방법은 CD나 USB에 복사하는 것이다. 이렇게 하면 휴대하기도 편하고 웬만한 컴퓨터에서 모두 재생할 수 있기 때문이다.

(1) CD로 복사 방법

이 작업을 수행하려면 컴퓨터에 CD 데이터를 기록할 수 있는 CD 라이터(writer)가 장착되어 있어야 한다.

① 복사할 프레젠테이션을 연다. 아직 저장하지 않은 새 프레젠테이션으로 작업하고 있는 경우에는 프레젠테이션을 먼저 저장한다. CD 드라이브에 CD를 삽입한다.

Note

파워포인트 2007 프레젠테이션을 CD, 네트워크 또는 컴퓨터의 로컬 디스크 드라이브에 복사하면 동영상이나 소리 등의 연결된 모든 프로그램 및 PowerPoint Viewer 2007이 함께 복사된다.

[그림1] CD패키지 대화상자

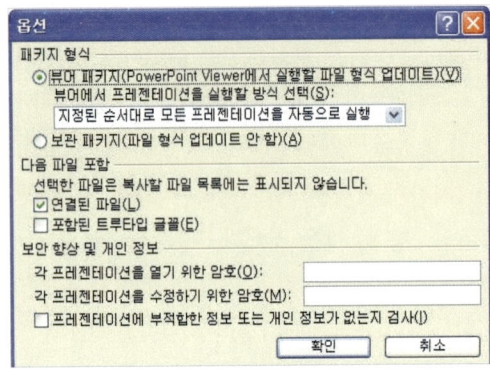
[그림2] 옵션 대화상자

② [Microsoft Office] 버튼을 클릭하고 [게시] 옆의 화살표를 가리킨 다음 [CD용 패키지]를 클릭한다. 'CD용 패키지 대화 상자'[그림1]의 CD 이름 상자에 프레젠테이션을 복사할 CD 또는 폴더의 이름을 입력한다. 다음에는 CD에 기록하기 위한 환경을 설정하기 위해 [옵션] 버튼을 클릭한다. 그러면 '옵션 대화상자'[그림2]가 나타난다.

③ 프레젠테이션에 특별한 글꼴을 사용했을 때에는 [포함된 트루타입 글꼴] 앞에 체크한다. 다른 이가 파워포인트 파일을 함부로 읽거나 수정하지 못하게 하려면 암호를 설정한다. 환경을 설정했으면 [확인] 버튼을 누른다.

④ 그런 다음 'CD 패키지 대화상자'에서 [CD로 복사] 버튼을 클릭하면 된다. 만일, 여러 개의 프레젠테이션 파일을 하나의 CD에 넣고 싶다면 [파일 추가] 버튼을 클릭하여 추가하면 된다.

⑤ 잠시 기다리면 프레젠테이션 파일이 기록되기 시작하고, 기록을 마치면 또 다른 CD에 같은 내용을 기록할 것인지 묻는 메시지가 나타난다. [아니오] 버튼을 클릭하고 [닫기] 버튼을 클릭하여 CD 패키지 작업을 완료한다. 작업한 CD를 CD-ROM 드라이브에 넣으면 자동으로 [파워포인트 뷰어]가 실행되면서 슬라이드 쇼가 실행된다.

(2) 웹 페이지로 저장하기

파워포인트에서 만든 슬라이드를 웹 페이지로 저장하면 파워포인트 프로그램이 없는 곳에서도 [웹 브라우저]로 열어볼 수 있다.
프레젠테이션 파일을 웹 페이지로 저장하려면, [Microsoft Office] 버튼에서 [다른 이름으로 저장]을 선택하고 그 대화상자에서 '웹 페이지'로 지정하면 된다.

(3) MS워드로 저장하기

프레젠테이션 파일을 파워포인트에서 유인물로 인쇄할 수 있지만, 슬라이드 내용이 많을 경우 MS워드 문서로 저장하여 볼 수 있다. MS워드 문서로 저장하려면 [Microsoft Office] 버튼을 클릭하고 [게시] 옆의 화살표를 가리킨 다음

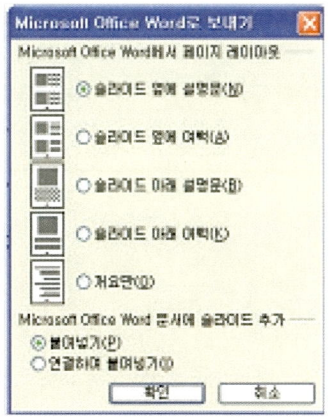

[그림3]

[Microsoft office word에서 유인물 만들기]메뉴를 선택한다. 나타난 '[Microsoft office word로 보내기] 대화상자'[그림3]에서 저장할 레이아웃 유형을 선택하고 [확인]을 누른다. 그러면 MS워드가 열리며 변환하는데 여기서 저장하면 된다.

08 슬라이드 쇼 설정하기

Chapter

이제 콘텐츠인 슬라이드 작업을 통해 프레젠테이션의 내용과 디자인을 완전히 마쳤다면 현장에서 수행할 실행 준비를 해야 한다. 그중 하나는 슬라이드 쇼를 설정하는 작업이며, 이 작업을 마치고 저장하면 하나의 완전한 프레젠테이션 파일이 완성된다. 이 작업은 파워포인트의 '슬라이드 쇼 탭'에서 할 수 있다.

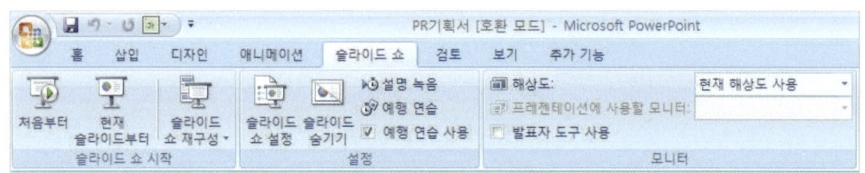

[그림1] 슬라이드 쇼 탭

◯ 슬라이드 쇼 설정 작업하기

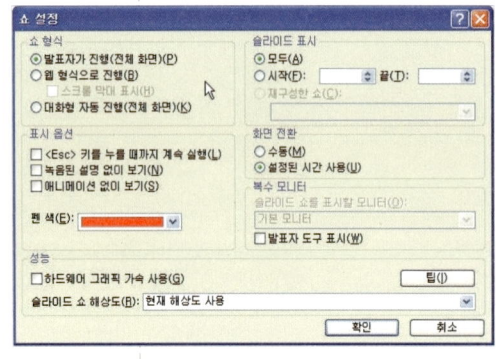

[그림2] 쇼 설정 대화상자

프레젠터의 의도에 맞게 슬라이드 쇼 설정을 하려면, '슬라이드 쇼 탭'의 '설정 그룹'의 [슬라이드 쇼 설정]을 클릭한다.

'쇼 설정 대화상자' [그림2]가 나타나는데, 여러 항목들은 슬라이드 쇼를 다양한 조건에서 진행할 수 있게 하는 옵션이다. 이 옵션에서 하나씩 선택해 나가도록 한다.

(1) 쇼 형식

① [발표자가 진행(전체 화면)] : 일반적인 프레젠테이션 진행방식으로 발표하는 사람이 슬라이드 쇼를 조작하면서 발표한다.

② [웹 형식으로 진행] : 파워포인트 창에서 슬라이드 쇼를 진행한다.

③ [대화형 자동 진행(전체화면)] : 슬라이드 쇼가 자동으로 실행한다. Esc 키로 정지한다.

(2) 표시 옵션

① [Esc 키를 누를 때까지 계속 실행] : 프레젠터가 Esc 키를 누를 때까지 슬라이드 쇼가 반복 실행된다.

② [녹음된 설명 없이 보기] : 슬라이드에 '설명'이 녹음되어 있어도 녹음이 들리지 않게 하려면 이 항목을 체크한다.

③ [애니메이션 없이 보기] : 개체에 '애니메이션'이 적용되어 있어도, 애니메이션이 실행되지 않게 하려면 이 항목을 체크한다.

(3) 펜 색

포인터를 펜으로 전환하였을 때 펜 색을 지정한다. 펜 색으로 지정할 수 있는 색상은 파워포인트의 색상표와 같이 아주 다양하다.

(4) 슬라이드 표시

① [모두] : 슬라이드 쇼에서 프레젠테이션에 있는 슬라이드를 모두 보여준다.

② [시작/끝] : 시작과 끝에서 지정한 번호 사이의 슬라이드만 슬라이드 쇼에서 보여준다.

③ [재구성한 쇼] : 재구성한 쇼에 있는 슬라이드만 보여준다. 재구성한 쇼가 여러 개일 경우 쇼를 선택할 수 있다.

(5) 화면 전환

① [수동] : 슬라이드 쇼에서 화면을 수동으로 전환한다.

② [설정된 시간 사용] : 지정된 시간 후에 자동으로 화면이 전환된다.

(6) 복수 모니터

① [슬라이드 쇼를 표시할 모니터] : 모니터가 2대 이상 연결되어 있을 때 슬라이드 쇼를 보여줄 모니터를 선택한다.

② [발표자 도구 표시] : 발표자가 보고 있는 모니터에만 도구가 표시되게 할 경우 체크한다.

(7) 성능

① [하드웨어 그래픽 가속] : 그래픽 가속 기능을 이용하여 슬라이드 쇼 성능을 향상시킬 수 있다.

② [슬라이드 쇼 해상도] : 슬라이드 쇼 화면의 해상도를 지정한다.

◯ 슬라이드 쇼 파일 만들기

파워포인트에서 파일을 저장하면 파워포인트 프로그램에서 파일을 열어볼 수 있다. 따라서 파워포인트를 제작한 사람이 아니더라도 누구나 파워포인트 파일을 열어서 수정할 수가 있다. 다른 사람이 파워포인트 파일을 수정하지 못하게 할 때에는 '슬라이드 쇼 파일'로 저장하면 된다. 슬라이드 쇼 파일로 저장하면 슬라이드 쇼로만 볼 수 있다. 이 파일로 저장하려면 [Microsoft Office] 버튼을 클릭하고 [다른 이름으로 저장]] 메뉴를 선택한 후 [PowerPoint 쇼]를 선택하면 된다.

◯ 슬라이드 쇼의 재구성

파워포인트로 프레젠테이션을 할 때에는 청중에 따라 발표 내용과 순서가 달라질 수 있다. 그렇다고 매번 파일을 새로 만들 수도 없는데, 이럴 때 슬라이드 쇼 재구성 기능을 이용해 슬라이드를 상황에 맞도록 추가하거나 순서를 바꾸어 재구성할 수 있다. 슬라이드 쇼를 재구성하려면 다음의 2단계를 거쳐야 한다.

(1) 슬라이드 선택하기

[그림1] 상황별 탭

먼저 원래 슬라이드 중에서 새로 구성할 슬라이드만 따로 골라 목록을 만든다. '슬라이드 쇼 시작' 그룹에서 [슬라이드 쇼 재구성] 버튼을 클릭한다. 나타난 '쇼 재구성 상자' [그림1]에서 [새로 만들기]를 클릭한다.

그러면 [쇼 재구성하기] 대화상자[그림2]가 나타나며 기존의 슬라이드 제목을 보면서 새로 구성한 슬라이드를 오른쪽 재구성 목록에 추가한다.

(2) 쇼 설정하기

슬라이드 쇼에서 사용할 슬라이드를 선택하였으면, 골라놓은 슬라이드만으로 슬라이드 쇼를 해야 한다고 파워포인트에게 알려 주어야 하는데, 그 역할은 [슬라이드 쇼 설정] 대화상자의 '슬라이드 표시' 항목에서 [재구성한 쇼1]을 선택하면 나타난 대화상자에서 나머지 설정을 하면 된다.

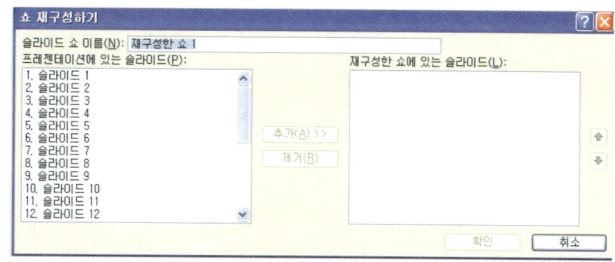

[그림2] 쇼 재구성하기 대화상자

◯ 슬라이드 쇼에서 펜으로 표시하기

슬라이드 쇼를 진행하다보면, 형광펜으로 주요부분을 표시하거나 사인펜으로 간단히 표시하면서 하고 싶을 것이다. 이럴 때 마우스 포인터를 변환해서 펜으로 이용하면 편리하다. 여기에서는 포인터를 펜으로 변환하는 방법과 잉크 색을 바꾸는 방법을 알아보기로 한다.

Note

슬라이드 쇼를 진행하면서 '슬라이드 쇼 도구'를 사용해 슬라이드를 앞뒤로 전환하거나 필요한 메뉴를 선택할 수 있다. 슬라이드 쇼 도구는 화면 왼쪽 아래에 있는데, 평소 사용하지 않을 때는 반투명으로 표시되기 때문에 거의 눈에 띄지 않는다. 하지만 필요한 도구 위로 마우스 포인트를 가져가면 도구 아이콘이 진해진다.

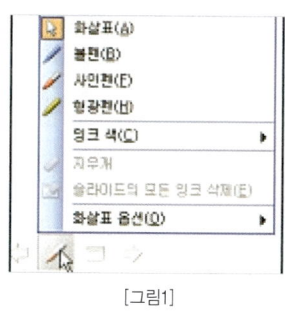

[그림1]

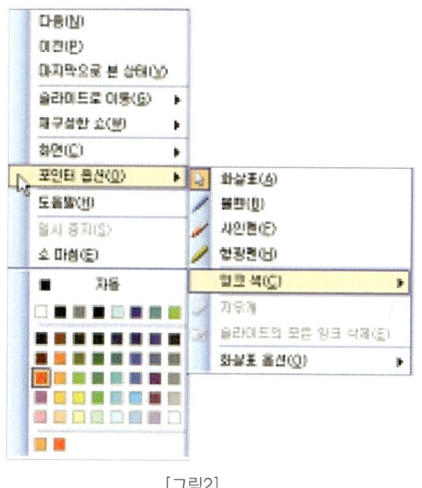

[그림2]

① 슬라이드를 선택한 후 슬라이드 쇼를 실행한다. 하단에 있는 '슬라이드 쇼 도구모음'[그림1]에서 [사인펜]을 선택한다.(화면에 슬라이드 쇼 도구가 보이지 않는다면, 마우스 오른쪽 버튼을 클릭하면 슬라이드 쇼 도구가 나타난다.)

기본적으로 빨간색으로 표시된다. 마우스 포인트를 클릭한 상태로 밑줄을 그을 수 있고 원을 그리거나 사각형을 그릴 수 있다. 펜을 선택한 후 펜의 잉크 색상도 쇼 도구 모음의 [잉크 색]을 선택하면 색상표가 나타나는데, 여기서 원하는 색상을 선택한다[그림2] 참조.

② 사인펜으로 쓴 부분을 지울 수도 있는데, 쇼 도구 모음을 클릭한 후 [지우개]를 선택하고 드래그 할 필요 없이 지우고 싶은 펜 표시 부분을 클릭하면 된다.[그림2]

③ 펜으로 할 일을 마쳤으면 원래의 마우스 포인트로 변환해야 다음 슬라이드 화면으로 넘어가는 등 마우스 포인트로서의 역할을 할 수 있다. 이럴 때에는 간단히 Ctrl + A 를 누르거나, 쇼 도구모음에서 [화살표]를 선택하면 화살표 모양으로 바뀔 것이다.

④ 이제 마우스 오른쪽 버튼을 클릭한 후 [쇼 마침]을 클릭한다. 이를 클릭하면 잉크 주석을 유지할 것인가를 물어

보는 창이 나타난다. 펜으로 표시해 놓은 창을 그대로 저장하고 싶다면 [예] 버튼을 누른다.

⚙ 슬라이드 숨기기

수십 장의 슬라이드 중에서 일부 슬라이드만 골라 새로운 프레젠테이션을 만드는 것을 '슬라이드 재구성'이라고 하는데, 이보다 더 편리한 방법이 '슬라이드 숨기기'이다.

프레젠테이션에 필요하지만 슬라이드 쇼에는 나타나지는 않았으면 하는 슬라이드가 있다면 해당 슬라이드를 숨길 수 있다. 슬라이드를 숨기는 경우 슬라이드 쇼 보기에서 프레젠테이션을 실행할 때는 표시되지 않지만 파일 안에는 여전히 남아 있다. 슬라이드 숨기기 옵션은 슬라이드 각각에 대해 설정 또는 해제할 수 있다. 숨기는 방법은 다음과 같다.

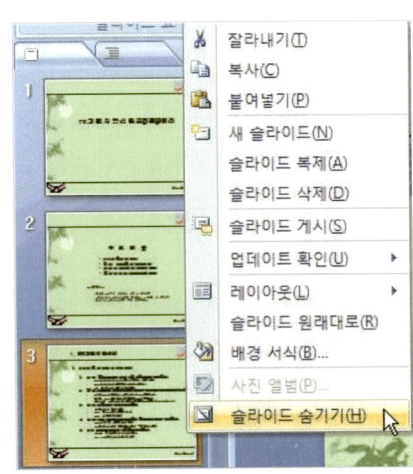

[그림1] 슬라이드 숨기기

① 개요 및 슬라이드 탭이 있는 창에서 홈 탭을 클릭하고, 다음 중 하나를 실행한다.
② 슬라이드를 숨기려면, 숨기려는 슬라이드를 마우스 오른쪽 버튼을 클릭하여 [그림1]처럼 [슬라이드 숨기기]를 클릭한다. 슬라이드 번호 둘레에 숨겨진 슬라이드 아이콘이 표시된다.
③ 숨겨진 슬라이드를 표시하려면, 표시하려는 슬라이드를 마우스 오른쪽 버튼을 클릭하여 [슬라이드 숨기기]를 클릭한다.

⚙ 슬라이드 쇼 시작

슬라이드 쇼 설정을 마쳤다면, 현장에서는 슬라이드 쇼를 시작하며 프레젠테이션을 실행한다. 그 전에 '슬라이드 쇼 탭'의 '모니터 그룹'에서 노트북의 해상도나 발표자 도구를 조정하고, '슬라이드 쇼 탭'의 '슬라이드 쇼 시작' 그룹의 [처음부터]를 클릭하여 프레젠테이션을 시작하면 된다.

표현해 보는 과정과
리허설 준비

프레젠테이션 수행 시 발표를 담당하는 프레젠터의 표현 스타일을 점검하고, 대상 청중을
고려한 화법과 이해를 돕는 표현방식, 그리고 요약, 수사법 등을 설명한다. 또한 강조할 때
나 핵심을 전달할 때 적절한 화법도 함께 제시한다. 아울러 발표를 앞두고 진행되는 리허
설 과정에 대해서도 살펴보자.

표현의 기본 원칙

◌ 표현 스타일을 결정하자

프레젠테이션을 하는 방법 중에는 청중에게 말하는 일관적으로 드러나는 표현양식, 즉 말투라는 스타일(style)이 있다. 이 스타일은 주로 사용하는 언어와 표현 기법으로 이루어진다. 스타일은 어조를 결정하고 프레젠터와 청중과의 심리적 거리에 영향을 미치기 때문에 프레젠테이션 목적과 청중의 속성에 따라 적절한 스타일을 선택해서 실행해야 한다.

스타일은 가까운 사람들 끼리 거리감 없이 사용하는 '친근체(intimate style)'와 서로 어려운 사이에서 어느 정도 거리감을 두고 사용하는 '격식체(formal style)'가 있다.

(1) 친근체를 적용하는 법

친근체는 프레젠터나 청중의 체면이나 권위를 제쳐두고 청중과의 거리감을 없애 보다 가깝게 하려는 의도가 역력한 스타일이다.

청중의 특성을 분석한 결과, 특히 딱딱하고 어려운 말을 싫어하는 젊은 층을 상대하거나, 정감 있는 프레젠테이션을 좋아하는 여성을 상대하거나, 청중을 가까이 끌어들여야 더 좋은 효과를 볼 수 있는 경우에는 친근체를 사용하는 것이 좋다.

청중에게 다가가는 친근한 스타일은 쉽고 정감을 나누는 어휘를 사용하며, 단순한 문법 구조를 사용하도록 한다.

 화법

청중에 대한 호칭을 할 경우에는 〈사랑하는 국민 여러분〉, 〈우리 가족 여러분〉하는 식으로 자신이 청중과 같은 입장에 있다는 동질성을 강조하는 호칭을 써야 한다. 프레젠터 자신을 부를 때도 〈저〉 또는 〈나〉와 같이 일상적인 호칭을 써야 하며, 자신과 청중을 함께 묶는 〈우리〉라는 표현을 자주 사용해야 한다.

〈유일무이한〉라는 표현 대신 〈하나밖에 없는〉라고 하는 식으로 어휘를 선택할 때 쉽고 직접적으로 의미를 주는 단어를 주로 써야 하며 어려운 한자어는 풀어서 사용해야 한다.

또한 "…라고 생각하는 바입니다" 대신에 "…라고 생각합니다"하는 식으로 짧고 단순한 문장이나 능동형 문장을 주로 사용하도록 한다. 그리고 정을 나누는 말을 간간이 섞고, 목소리도 주로 부드럽게 발성하도록 한다.

(2) 격식체를 적용하는 법

격식체는 발표자와 청중간의 권위나 품위를 존중하자는 의도가 있는 정중하고 의례적인 표현 스타일이다. 격식체를 사용해야 하는 경우는 크게 3가지가 있다.

① 청중이 자신보다 지위가 높은 상사이거나, 사회적으로 신분이 높은 사람들인 경우에는 정중한 격식체를 구사하여 청중의 권위를 존중해 주어야 한다.
② 내용을 이해시키는 것보다, 의도적으로 자신의 품위를 돋보이게 하거나 권위를 세우고자 하는 경우에는 격식체를 사용하는 것이 효과적이다.
③ 요식적인 행사에서 식사(式辭)를 하거나, 방송 등에서 격식을 갖춘 토론에 참여하는 경우에는 격식체를 사용해야 한다.

격식체는 일단 청중과의 거리를 두기 때문에 경어와 예절을 지키는 말을 많이 사용하여야 한다.

　화법

호칭부터 〈친애하는 ○○ 여러분〉하는 식으로 매우 정중한 호칭을, 자신을 지칭할 때도 〈본인〉 또는 자신의 직책을 사용하도록 한다.

어휘를 선택할 때, 어렵고 격식 있는 단어나 한자어를 많이 사용하며, 주로 명사와 명사절을 많이 사용해야 한다. 이것은 명사가 동사보다 더 무거운 느낌을 주기 때문이다.

　화법

예를 들어, "심심한 위로와 사의를 표해 마지않습니다"나 "여러분의 앞날에 기쁨과 영광이 충만하기를 기원합니다"라는 표현에서 〈사의〉, 〈위로〉, 〈기쁨〉, 〈영광〉등의 명사가 사용되었다.

어구와 같이 복잡한 문장, 그리고 능동형이 아닌 피동형 문장을 주로 사용하도록 한다. 예를 들면, "번영된 삶의 꽃을 피운 민족은 역사를 주체적으로 창조하고 역사적 현실을 긍정할 줄 아는 예지와 그것을 바탕으로 가치와 덕목을 창조할 줄 아는 슬기로운 민족이었음을 우리는 잘 알고 있습니다."와 같이 표현하는 것이다.

청중과 함께하고 있음을 표현하자

프레젠테이션 내용은 프레젠터만의 문제가 아니고 청중이 가지고 있는 문제라는 점을 부각시켜야 한다. 그러기 위해서는 먼저 청중을 참여하도록 촉구하거나 청중 속으로 들어가서 함께 생각하고 해결한다는 표현을 자주 사용해야 할 것이다. 즉, 청중과 프레젠터라는 선을 긋지 말고, 청중과 함께한다는 심리를 갖게 하는 표현을 해야 한다.

■ 청중 중심으로 전개하는 표현법을 사용한다.
프레젠테이션에서는 '저는' 보다 '여러분과 함께' 라는 표현 등으로 청중이 주인공이라는 점을 부각시켜야 한다. 또한 청중 중심으로 전개한다는 표현을 하도록 한다.

 화법

예를 들어 "제가 오늘 말씀 드리고자 하는 이 이야기는 …" 보다는 "오늘 여러분과 함께 저는 이 문제에 대해 생각해 보고자 합니다."라고 표현한다.

■ 동류의식을 나타내는 표현을 한다.
동류의식은 친근감을 갖게 하며, 내용이 자신에게 필요한 내용이라는 것을 간접적으로 인식하게 한다.

화법

동류의식을 갖게 하는 호칭을 사용한다. '청중 여러분' 이라하지 말고 '우리' 라는 표현을 사용해 동류의식을 붙어 넣는다. 청중을 '위로' 하는 표현하는 형용구나 절을 붙여 청중을 이해하고 있음과 동시에 친근감을 표현하도록 한다.

■ 내용이 청중의 것임을 주지시킨다.
내용이 청중에게 얼마나 중요하고 실제로 청중이 적용하는 방법을 지적해서 청중의 것임을 주지시킨다. 이는 중요한 설득 방법으로 보다 구체적인 데이터로 뒷받침하면서 하면 좋다.

 화법

예를 들면, 중간 중간에 " 이 해결방안은 우리들에게 어떤 의미를 가져오며 …." 라든지, "이 문제가 갖는 중요성은 … ."라고 내용의 중요성을 강조한다.

"이렇게 적용하고 …."라든지 "이런 효과가 있다."라고 내용이 실제 어떻게 적용하고 효과가 있음을 안내하도록 한다.

이해를 돕는 표현법

02
Chapter

○ 청중의 수준을 맞추자

표현방식을 결정할 때 청중의 교육정도나 직업, 취미에 알맞고 상대가 이해할 수 있는 수준의 말을 사용한다. 슬라이드에 입력할 때도 마찬가지이다.

일반인을 상대로 하는 경우에는 가능한 짧은 문장 형식을 사용하도록 하며 하나하나 문장을 끊어 표현하거나 주어에 수식 어구를 너무 많이 붙이지 않도록 한다. 전문가만 아는 전문용어나 약어 및 잘 쓰지 않는 어려운 한자는 피한다. 우리말이 된 외래어는 그대로 사용해도 좋지만, 보편화되지 않는 번역어는 피한다.

반대로 전문가를 상대로 하는 경우 전문용어와 복잡한 구문을 사용한다. 전문적 어휘나 관념적 표현에 익숙한 전문가를 상대로 하는 경우에는 너무 쉽게 표현하면 오히려 자신들을 무시한다는 평가를 받을 수 있다.

주요 아이디어와 세부 내용 등 요소들 사이의 관계를 명확하게 해주고 연결을 부드럽게 해주어야 하며, 예고(preview), 중간요약(internal summaries), 그리고 문간 이동(transitions) 등을 삽입하여 청중의 이해를 돕는 표현을 사용하여야 한다.

예고가 본격적 논의가 시작되기 전에 청중을 준비시키고 이끌기 위해 하는 것인데 반하여, 중간 요약은 일단의 논의가 끝난 후에 청중의 이해를 정리해 주기 위해서 사용하는 것이다.

○ 예고를 한다

"다음에는 ○○에 관하여 말씀드리겠습니다."와 같이, 예고(preview)란 어떤 주요 내용에 관한 본격적인 논의를 시작하기 전에, 그 논의가 무엇에 대한 것인지를 요약하여 발표하는 것으로 청중이 생각할 준비를 하게 하는데 목적이 있다.

하나의 프레젠테이션을 하다 보면 여러 차원에 걸쳐 예고를 할 수 있는데, 가장 차원이 높은 예고는 프레젠테이션 전체 내용에 대한 예고이고(파일에서 '목차 슬라이드'를 보여 줄 때에는 이 예고를 하여야 한다), 다음 차원은 주요 아이디어들에 대한 예고이며, 가장 낮은 차원의 예고는 세부 내용에 대한 예고이다.

 화법

'전체 프레젠테이션에 대한 예고'는 주로 요지를 밝히는 것으로, 서론이 끝나고 본론이 시작되기 전에 삽입하는 것이 좋다.

이를테면, "오늘 저는 쇼핑 매장이 인터넷 쇼핑몰과 경쟁을 하려면 매장을 찾는 고객이 온 몸으로 즐거움을 체험할 수 있도록 해야한다는 쇼핑 매장의 성공법칙에 관하여 말씀드리고자 합니다."하며, 책의 목차와 같은 주요 아이디어의 제목을 간단히 언급하도록 한다.

주요 아이디어들에 대한 예고는 비교적 짧은 프레젠테이션에는 적용할 필요는 없으나, 주로 긴 프레젠테이션을 할 때 하면 좋다. 그리고 세부 내용에 대한 예고는 거의 할 필요가 없으나, 주요 아이디어가 너무 방대해서 많은 세부 내용을 다룰 필요가 있을 때는 청중의 이해를 돕기 위해 사용하는 것이 좋다.

중간요약을 한다

비교적 긴 논의를 하는 경우, 이해수준이 천차만별인 청중이 프레젠터의 의도를 충분히 이해하리라고 기대하기는 어렵고 이해 여부를 가늠할 수도 없다. 따라서 중간마다 말한 것을 요약해주면, 청중은 말한 것을 명쾌하게 이해할 수가 있다. 요약을 잘하면, 청중의 머릿속이 잘 정리되어진다는 점을 알아두자.

 화법

이를테면 중간요약은 한 단락의 논의가 끝난 후에 "지금까지 말씀드린 것을 요약하면 첫째 …,"하는 식으로 요약해서 말하는 것이다.

프레젠테이션을 하면서 중간 요약을 할 수 있는 경우는 많다. 본론에 대한 논의가 모두 끝난 후 결론을 시작하기 전에 전체 프레젠테이션에 대한 요약을 제시할 수 있는데, 이 요약은 반드시 해야 한다.

본론부 중간에 일련의 주요 아이디어들에 대한 논의가 끝난 후 이들을 요약해 발표할 수 있으며, 하나의 주요 아이디어에 대한 논의가 끝난 후 세부 내용을 중간 요약할 수 있다. 요약 부분의 설명은 요약이 담긴 '본문 슬라이드'와 연계하여 하면 효과적이다.

중간 요약을 발표할 때에는 유용한 표현을 제시하면 다음과 같다.

· 지금까지 드린 말씀을 요약하면
· 지금까지 우리가 당면한 문제의 성격을 논의했는데 이를 간단히 요약하면
· 지금까지 설명드린 문제의 본질을 잘 이해하셨으리라 믿습니다. 간략히 재강조하면
· 잠깐, 쉬면서 지금까지의 요점을 정리하면

연결어를 사용한다

내용을 표현하는데 있어서 중요한 것은 '통일성'과 '일관성'이다. 상호관련성을 유지시키고 단락과 단락 사이의 문맥을 분명하게 연결시켜 주어야 한다.

아이디어들 사이의 관계를 이어주는 '연결어'를 사용함으로써 이어지는 말이 앞부분과 어떤 관련이 있음을 밝혀준다. 연결어(BridgeWord)에는 결과 · 원인 · 반대 측면 · 추가 · 예 · 부연설명 · 요약 등을 도입하는 것들이 있다.

연결사는 그 목적에 따라 사용하도록 한다.

① 앞 아이디어의 결과를 도입하는 것 : 따라서, 그러므로, 그래서, 그렇기 때문에, 이런 이유로, 결과적으로, 결국, 그렇게 해서 등
② 앞 아이디어의 원인을 설명하는 것 : 왜냐하면, 그 이유는, 그 배경은, 등
③ 앞 아이디어의 반대 측면을 도입하는 것 : 그렇지만, 그러나, 허나, …라 하더라도, 등
④ 앞 아이디어에 새 아이디어를 첨가하는 것 : 그리고, 그 외에도, 또한, 더군다나, 게다가, 뿐만 아니라, 더욱이, 등
⑤ 앞 아이디어의 예를 도입하는 것 : 이를테면, 예를 들면, 일례로, 실례로. 등
⑥ 앞 아이디어의 핵심을 도입하는 것 : 이처럼, 여기에서 볼 수 있듯이, 이와 같이, 등
⑦ 앞 아이디어를 부연 설명하는 것 : 바꾸어 말하면, 즉, 등
⑧ 앞 아이디어들을 요약하는 것 : 요약하면, 한 마디로, 요는, 지금까지의 말을 줄이면, 등

이 연결어들은 항목을 예고하고 종속 관계나 인과관계를 설명해주는 등 내용의 연결을 매끄럽게 하는 윤활유 역할을 한다.

단락내용을 급격히 변화시킬 때에는 상호관련성을 떨어뜨리지 않게 하기 위해 "이야기가 조금 비약되었지만, …" 또는 " 여기서 실제 예를 들어본다면 …" 등을 집

어넣어 배려해야 한다. 그러나 연결사가 너무 없는 것도 문제지만, 불필요하게 많은 연결어를 사용하면 사고의 흐름이 부자연스러워지고 리듬이 끊어지는 결과를 초래해서 오히려 청중에게 혼란을 준다. 따라서 연결어는 꼭 필요한 곳에 적절한 것을 골라 사용하여야 한다.

번호를 붙인다

문간 이동을 자연스럽고 명확히 하기 위해서는 특정 주요 아이디어를 시작하는 부분에서 앞으로 논의할 아이디어의 수를 밝히고, 진행과정에서 '첫째', '둘째', '셋째' 등으로 아이디어의 번호를 부쳐가며 세부 내용을 꺼내는 것이 좋다. 이미 슬라이드 작업 시에 글머리 기호나 번호 매기기를 하였을 것이다. 이와 일치되는 표현을 하면서 스피치를 해야 한다.

 화법

예를 들면 "이 문제가 발생한 세 가지 원인을 말씀드리겠습니다."라고 시작한 다음 "첫 번째 원인은 …"라고 첫 아이디어를 설명하고 그 설명이 끝나면 "두 번째 원인 …"라고 하면서 둘째 아이디어로 들어가는 것이다.

이를 사용할 때는 '다음은', '또 하나는', '또 다른 예는' 등과 같이 순번이 불명확한 연결어를 사용하면 오히려 안 하는 것만 못하다. 주요 아이디어를 언급이 끝나면 소주제를 밝히면서 선을 긋고 다음의 아이디어에 마찬가지로 소주제를 밝히며 번호를 매기면서 시작하는 방법도 있다.

 화법

예를 들면, "지금까지 고객만족을 증진시키는 첫 번째 방법 즉, 고객에게 전달되는 총체적 가치를 증대시키는 방안을 말씀드렸습니다. 지금부터는 두 번째 방법, 즉 서비스 질을 향상시키는 방법에 대해 말씀드리겠습니다."라고 논의가 전환되고 있음을 밝히는 것이다.

스피치 표현 연습 과정

03
Chapter

🔵 수사법 적용의 원칙

Note

수사학(修辭學)이란 생각하고 있는 점, 말하고 싶은 점을 어떻게 적절하게 표현할 것인가를 연구하는 것이다.

가급적 남들이 흔히 쓰는 표현을 피하고 자신의 독창성이 돋보이는 표현을 사용함으로써 스피치에 신선감을 주어야 한다.

수사법은 크게 3가지로 나눌 수 있다.

한 사물을 다른 사물에 비추어 표현하는 비유법, 말의 가락을 강하게 하여 청중의 인상을 깊게 하는 강조법, 그리고 말의 단조로움을 피하고 청중이 흥미를 가지고 듣도록 하는 변화법 등 3가지다. 이 수사법을 자유자재로 구사할 수 있다면 보다 능숙한 프레젠터로서의 자격을 갖춘 셈이 된다.

수사법을 적용할 때 지켜야 할 4가지 원칙으로는 다음과 같다.

첫째, 추상적인 것을 구체화시켜 표현하고 구체적인 것을 더 구체화시켜 막연해서 포착하기 어려운 사물에 형태를 줌으로써 뚜렷하고 확실한 인상을 주거나 실감나게 표현해야 한다.

둘째, 나타내고자 하는 내용에 다른 내용을 보충 표현함으로써 그 내용을 충실하게 하고 내용에 암시를 줌으로써 청중으로 하여금 상상력을 자극하게 하여야 한다.

셋째, 극단적 표현은 삼가야 하며, 꼭 필요한 곳에만 사용해야 한다. 너무 많이 사용하면 오히려 청중이 이해하기 어려워지고 시간이 길어진다.

넷째, 청중에게 깊은 인상을 심어 주려면 가령, '정보화', '고객만족'처럼 흔히 사용되는 문구의 인용은 피하는 것이 좋다. 아무리 좋은 내용을 준비하였더라도 진부한 표현을 사용한다면 청중들은 이미 들은 이야기 같아 고개를 돌리게 된다.

🔵 흥미를 주는 비유 표현

말하고자 하는 대상의 성격 · 형태 · 의미 같은 것을 한층 더 쉽게 더 명확하게 더 흥미롭게 이해시키려면, 자신이 표현하고자 하는 바를 어떤 대상에 빗대어 표현하는 비유에 의한 표현기법을 사용하도록 한다. 대상이 중요한 것이라면 슬라이드에 그림이나 사진을 넣어 더불어 표현하는 것도 아주 청중에게 강렬한 이미지를 심어준다. 이 기법에는 여러 가지가 있으나 기본적인 3가지 방법을 소개하기로 한다.

(1) 다른 대상과 나란히 연결시킨다

한 대상이나 현상을 그것과 비슷한 속성을 가진 다른 대상이나 현상과 나란히 연결하고, 공통적 속성으로 부각시켜 실감나고 명료하게 형용하는 기법이 직유법(直喩法)이다. 단순한 개념에만 적용되는 것이 아니며, 복잡한 심정이나 하나의 상황이나 현상을 문장으로 표현할 수도 있다.

"전쟁과 같은 대학입시", "여야의 치열한 공방전"과 같은 표현이다. 여기에서는 〈마치〉, 〈같이〉, 〈듯〉, 〈처럼〉, 〈양〉, 〈마냥〉, 〈다름없이〉, 〈모양〉, 〈인양〉, 〈흡사〉 등의 말이 연결된다. 이 기법을 사용할 때, 비유는 진부한 것을 피하고 신선한 표현을 사용하도록 해야 하며, 알기 쉽고 적절해야 한다.

(2) 비슷한 대상을 지적한다

은유법(隱喩法)은 한 대상이나 현상을 그것과 비슷한 속성을 가진 다른 대상이나 현상을 통하여 표현하지만, 직유법처럼 비유가 드러나 보이는 것이 아니라, 표현 속에 비유를 감춰두는 기법이다. 두 개의 사물을 비유하여 훨씬 강력하고 실감나게 표현을 하는 데 효과가 있다.

"인생은 나그네길이요, 고난의 길이요, 빈 술잔과 같은 것입니다.", "고양이에게 생선가게 맡긴 셈이 됩니다."라고 표현하는 것이 그 예이다.

은유는 전달하고자 하는 개념을 직접 언급하지 않기 때문에 청중이 은유된 바를 충분히 헤아릴 수 있도록 그들에게 어느 정도 익숙한 은유를 사용해야 한다. 유추가 가능한 범위 내에서 창의적인 표현을 찾으려고 노력해야 한다.

(3) 청중이 짐작하게 한다

풍유법(諷諭法)은 무엇을 무엇에 비유한다는 비유의 본체는 나타내지 않고, 비유의 말만을 제시함으로써 표면에 드러나지 않은 다른 것을 청중이 짐작하도록 하는 방법이다. "마이동풍(馬耳東風)", "금강산도 식후경(金剛山도 食後景)"과 같이 대개 속담이나 격언 같은 것과 이솝우화와 같이 한 편의 이야기 전체를 사용하는 경우도 있다. 풍유는 정면에서 자기의 주장과 소신을 직접 나타낼 수 없는 경우나 남을 설득할 때 효과적이다.

깊은 인상을 주는 강조 표현

문장에 힘을 주어 더 한층 피부에 와 닿는 듯한 절실한 표현으로 청중의 인상을 깊게 하는 테크닉이 필요한데, 이것이 바로 강조법이다.

크게 말하면 비유법이나 변화법도 모두 문장을 강조하는 구실을 하지만, 자신의 의견을 강조하고자 할 때에는 강조법을 사용해야 한다. 애니메이션 효과라든가, 화면 전환 효과를 통하여 슬라이드 작성에도 강조하려는 의미가 담겨 있으면 수사법도 한층 빛난다.

(1) 자신의 주장이 원칙임을 강조한다

프레젠터 자신의 주장이나 생각을 강조하는 방법 중에 쉬운 3가지 방법이 있다.

① 자신의 주장을 〈하나의 원칙〉처럼 표현하는 방법 : "한국이 자동차 생산국 5위에 걸맞은 자동차 산업을 영위하기 위해서는 국제 경쟁력 제고가 선행되어야 합니다." 라고 표현하는 것이다.
② 자신의 주장을 〈신념화〉하여 표현하는 방법 : "저는 한국이 자동차 생산국 5위에 걸맞은 자동차 산업을 영위하기 위해서는 국제 경쟁력 제고가 선행되어야 한다고 믿습니다." 라고 표현하는 것이다.
③ 자신의 주장이 〈일반적 믿음〉이라고 주장하는 방법 : "한국이 자동차 생산국 5위에 걸맞은 자동차 산업을 영위하기 위해서는 국제 경쟁력 제고가 선행되어야 한다는 데는 이견이 있을 수 없습니다." 라고 표현하는 것이다.

(2) 표현을 과장하거나 약화시킨다

과장법은 중요한 부분이나 주장하고 싶은 부분의 의미를 더 크게 또는 더 작게 과장함으로써, 프레젠터의 기분을 실감 있게 느끼게 할 수 있으며 청중에게 흥미와 공감을 불러일으키게 한다.

① 자신의 주장을 부각시키기 위해서, 눈에 보이는 것이나 그 뒤에 숨어있는 의미를 크게 과장하여 표현한다.
  "최근 야심차게 추진되던 사회복지 개혁정책이 의료보험 재정파탄과 의약분업의 효과성 문제가 불거지면서 그 뿌리부터 흔들리고 있다." 라는 표현은 "정책이 실패했다"는 자신의 주장을 부각시키기 위해 과장 기법을 사용하고 있다.
② 약화시켜 과장하는 기법은 눈에 보이는 현상이나 그 뒤에 숨어 있는 의미를 약하게 표현함으로써 오히려 그 의미를 강조하는 기법이다.

이 기법을 적용할 때에는 표현은 약하게 하되 의미자체는 자신이 의도한 바를 그대로 전달할 수 있는 표현을 해야 한다. "국가 안보가 무기로만 되는 것은 아닙니다." 라는 표현은 "국가 안보에는 무기보다도 더 중요한 것이 있다"는 것을 약하게 표현한 것으로 문제의 심각성을 그대로 전달하고 있다.

(3) 감탄어를 통해 기분을 표현한다

크게 감명을 받거나 비통한 경우를 표현할 때 억제할 수 없이 일어나는 벅찬 기분을 감탄어(감탄사, 감탄형, 어미, 감탄조사 등)를 사용하여 강렬한 감정을 표시하여 청중에게 강하고 깊은 인상을 남기는 기법이 영탄법이다.

이 기법은 고조된 감정을 압축하고 압축한 나머지 더 이상 참을 수 없게 되었을 때 터져 나와야 효과적이다. 보통 감탄사를 사용하지만 "아! 얼마나 괴로운 일입니까?" 하는 식의 의문형으로 쓸 경우도 있다.

(4) 리듬에 맞춰 말을 반복한다

두 번 세 번 같은 구절, 같은 말을 되풀이해서 인상을 깊게 하는 표현법이 반복법으로, 뜻을 강조하고 흥취를 돋우는 데 효과가 크다. 〈멀고 먼 나라〉, 〈옛날 옛날 아득히 먼 옛날〉은 같은 말을 되풀이 한 예이지만, 때로는 〈넘어지고 쓰러지고〉와 같이 어구의 일부를 바꾸어 말할 수도 있다.

또한 케네디 미국대통령의 취임사에서 널리 알려진 말인 "국가가 여러분을 위해 무엇을 해 줄 것인지를 묻지 말고, 여러분이 국가를 위해 무엇을 할 것인지를 물으십시오."와 같이, 같은 구조를 가진 말을 반복하되 뒤에 나온 말이 앞에 나온 말을 뒤집는 방법도 있다.

(5) 연관이 있는 모두를 열거한다

내용상 긴밀성이 있는 말을 연결하여 늘어놓는 기법이 열거법이다. 이 표현법을 사용할 때에는 늘어놓는 말 한 구절 한 구절이 다 표현할 내용을 부분적으로 대표하는 것이며 어느 것이나 다 같은 자격과 가치를 지녀야 한다. 그래야 그것들이 모여서 전체적으로 강력한 표현을 이룬다. 예컨대 현 정부가 실패한 정부라는 주장을 하기 위해서 경제, 교육, 치안, 보건정책 등의 실패한 사실을 일일이 열거하는 것이다.

(6) 점진적으로 고조시킨다

낱말이나 문장이 점차적으로 그 뜻을 강하게 하거나(점층법) 약하게 하는(점강법) 기법이 점진법인데, 청중의 감정을 고조시킬 대로 고조시켜 자연스럽게 감정을 절정에 끌어올리는 강조법이다. 이 기법은 청중을 설득하여 감동을 주는 데에 특히 효과가 있다.

미국 건국 당시의 명연설가인 패트릭 헨리의 연설문 중에서 "싸움을 피하기에는 이미 시기가 너무 늦었습니다. 자! 나갑시다. 싸움터로 나갑시다. 여러분의 싸움터로 용감히 진군합시다."와 같은 표현이다.

(7) 비교시켜 돋보이게 한다

대조법은 나타내고자 하는 사물과 반대되는 사물 또는 고저강약의 한도가 서로 다른 사물을 비교시켜 표현하여 사물의 상태나 흥취를 더 한층 강하고 인상을 선명하게 하는 기법으로 대유법이라고도 한다.

"인생은 짧고 예술은 길다", "여자는 약하나 어머니는 강하다", "잘 되면 제 탓, 못 되면 조상 탓"등이 그것이다. 이 기법은 일언일구(一言一句)를 대조시키는데만 사용될 뿐만 아니라, 한 편의 문장, 스피치 전체에 쓰이는 일이 많다.

(8) 이치에 어긋난 표현을 한다

이치에 어긋난 듯한 표현으로 숨은 진리를 강조하거나 비난 · 경멸하는 표현법이 역설법이다. 예컨데, "해가 서쪽에서 뜬다" 라든가, 정부의 정책을 비판할 때 "과연 정부가 있는 것인가" 라고 하는 표현하는 것이다.

(9) 더욱 아름답게 표현한다

미화법은 사물을 구체적으로 묘사하지 않고 아름다운 것을 더욱 아름답게 추한 것도 아름답게 미화하는 표현기법이다. '정이 든다' 는 사랑한다와 같이 속되지도 끈끈하지도 않으며, 좋아한다와 같이 되바라지거나 가볍지도 않습니다. 그것은 깊고 은은한 마음의 흐름, 독점의 욕심도 없이 질투의 불꽃도 없이, 맑고 담담한 마음의 흐름입니다.와 같이 표현하는 것이다.

(10) 누르고 치켜세운다

억양법은 우선 누르고 후에 치켜세워준다든지, 혹은 치켜세워준 다음에 눌러버린다는 식으로 "… 하지만, 그러나 …"라고 하는 수사법이다. 즉, 칭찬을 하기 위하여 먼저 내려 깎는다든지, 비판하기 위해 먼저 칭찬을 한다든지 하는 표현법이다. "그는 재주는 비상하지만, 인간성이 나쁩니다."라고 하는 것이다.

(11) 문답식으로 표현한다

어떤 사건이나 주제를 서술할 때 정면에서 평탄하게 서술하면 효과가 적다고 생각될 때에 발표자가 자문자답을 하는 것이다. 이해하기 어려운 문제 같은 것을 지적 수준이 높지 않은 대중이나 어린이들에게 설명할 때 사용하면 좋다. 이 표현법은 새로운 주요 아이디어를 도입할 때에 해도 효과적이다.

○ 표현에 변화를 주는 법

꼭 슬라이드만 가지고 변화를 주어서는 안된다. 표현으로 변화를 주는 것이 더 효과적일 경우가 있다. 프레젠테이션이 너무 단조롭게 진행되는 것을 피하기 위해서 말이나 서술에 다양한 변화를 주어야 한다. 변화를 주는 방법에도 여러 가지가 있으나 보다 효과적인 것만을 설명하기로 한다.

(1) 의문 형식으로 던진다

의심의 여지가 없는 말을 일부러 〈의문 형식〉을 취하여 청중으로 하여금 생각할 여유를 주어 스스로 결론을 내리게 하는 기법이 설의법인데, 청중을 유인하는 효과가 있다. 예컨대, 어떤 사람의 정직한 행위를 열거한 후에 "그는 참으로 정직한 사람입니다"하면 되는 것을 "그는 참으로 정직한 사람이 아닙니까?"하고 묻는 형식을 취하는 것이다. 이 기법은 연설이나 변호나 공격을 가하는 스피치나 청중의 동의를 구할 때에 많이 사용된다.

(2) 말의 순서를 바꾼다

도치법은 바른 말의 순서를 뒤바꾸어서 강조하려는 부분을 앞에 놓는 기법이다. 가령 "어서 가거라" 한다면 문법상으로나 논리상으로 제대로 구성된 말인데, 이를 바꾸어서 "가거라, 어서" 라고 표현하는 것이다. 이 실감나게 하는 표현법은 청중의 관심거리나 분노를 유도할 때 효과적이다.

(3) 기발한 말로 자극을 준다

경구법은 평범한 말투를 쓰지 않고 기발한 말귀로 청중에게 자극을 주거나 익살·
암시·교훈 등의 뜻을 내포시키는 방법으로 스피치에 생동감을 불어넣는다. 소위
속담이나 유머를 패러디하는 방법도 여기에 속한다.

속담을 들어 경구법의 예를 들면, ① 〈아닌 밤에 홍두깨〉, 〈작은 고추가 매운 법이
다〉등과 같이 모순이 되는 말을 써서 말의 변화를 꾀하는 방법과 ② 〈소 잃고 외양
간 고친다」, 〈긁어 부스럼〉 등과 같이 재치를 부려서 옳은 이치를 설파하는 방법과
③ 〈원님 덕에 나팔분다〉, 〈방귀 뀐 놈이 성낸다〉 등과 같이 익살과 교훈을 섞어
기발한 표현을 하는 방법이 있다.

(4) 핵심적인 개념만 노출시킨다

말을 간결하게 줄여 그 핵심이 되는 부분만을 임팩트하게 이야기하는 기법인 생략
법은 말의 흐름을 강하게 하거나 여운이나 함축 있는 말이 되도록 함으로써 여러
말을 하는 것보다 오히려 청중에게 어필하는데 더 큰 효과가 있다. 여기서는 비교
적 생략된 세세한 부분은 청중의 상상에 맡기는 것이다. 예컨대 시이저의 말인 "왔
노라! 보았노라! 이겼노라!"와 같은 표현이다.

04
Chapter

리허설과 실행 점검 과정

연습할수록 다듬어 진다

박력 있는 프레젠테이션을 하려면, 제안 자료나 개요서를 모두 숙지하는 것이 중요하다. 그 숙지하는 과정이 바로 연습과정인 셈이다.

아나운서들은 어떻게 시간에 맞춰 잘 말 할 수 있을까, 그들은 스톱워치를 가지고 원고 연습을 하기 때문이다. 연습은 3단계로 하는 것이 이상적인데, 첫째는 그냥 원고를 읽으며 연습하는 것이고, 둘째는 시각 자료와 원고를 가지고 실제로 프레젠테이션을 하듯 연습하는 것이다. 셋째는 총연습으로 실제 행하여질 장소에서 원고와 시각 자료 모두를 갖추고 리허설을 해보는 것이다.

전체 설명 시간은 적당한가?, 내용은 전달하기 쉬운가?, 자료는 설명 내용과 제대로 연결되어 있는가? 등 어색한 단어, 긴 문장, 명확치 않은 표현 등을 발견하게 되고 하다보면 새로운 표현이나 예화, 더 좋은 아이디어가 떠오를 수가 있다. 이러한 과정을 반복하다보면 내용은 더욱 견고하게 다듬어진다.

거울 앞에서도 연습해 보자. 거울은 자신을 잘 볼 수 있고 비치는 모습이 청중 역할을 한다. 거울을 보면서 표정은 어떤지 살펴본다. 더불어 녹음한 후 들어보는 것도 좋다.

연습하는 방법

[그림1]

노트북을 보며 파워포인트로 연습하는 경우에는, '슬라이드 쇼 탭'의 '설정 그룹'의 '예행연습'으로 실행이 가능하다. '예행연습'에는 슬라이드 재생 기능과 타이머가 포함되어 있어 발표 시간을 미리 예측할 수 있다. 예행연습이 끝나면 총소요 시간을 알려주는 대화상자 창이 뜬다.

[그림2]

리허설(rehearsal)은 프레젠테이션의 공개를 앞두고 실제처럼 하는 연습으로 예행연습이라고 한다. "저는 리허설을 하지 않습니다. 왜냐하면 자연스러운 스타일을 좋아하기 때문이죠."라고 말하는 프레젠터도 가끔 볼 수 있다. 그러나 프로에게 철저한 리허설은 결코 손해 볼 일 없는 과정 중 하나이다.

어떻게 하면 남 앞에서 상기되지 않을까!

근본적인 해결 방법은 역시 익숙해지는 수밖에 없다. '배우는 것보다 익숙해져라!' 라는 말이 있다. 오히려 연습이나 리허설을 통해 익숙해지고 그 행동 자체가 자연스러운 스타일로 받아들여지게 해야 한다. 부담 없는 '자연스러운' 프레젠테이션을 수행하기 위한 유일한 방법은 몇 번을 강조해도 지나치지 않은 연습과 리허설임을 명심하자. Practice makes perfect – 연습은 완벽을 낳는다.

◯ 총연습시 현장을 점검하자

	체크 내용	문제점	개선점
1	도입부로부터 결론부까지 전체를 일관되게 얘기해 본다 문제점을 메모한다 얘기 흐름이나 구성에 문제가 없는가?		
2	전달에 주의하면서 리허설을 실시한다 워킹은 올바른가? 발음은 명료한가? 속도, 억양, 강약은 적당한가? 효과적인 바디랭귀지를 사용하는가?		
3	비주얼 기기를 사용하면서 프레젠테이션을 실시한다 비주얼 데이터는 충분한가? 비주얼은 효과적인가? 비주얼과 멘트가 매칭이 되는가?		

늘 하는 사내 회의에서는 총 리허설까지 행할 필요가 없을지 모르나, 기업설명회나 대외 행사 등 조직 외부에서 대규모 청중을 상대로 프레젠테이션을 하는 경우에는 그 장소에서 모든 기자재를 동원하여 실제에 가까운 총연습을 해보아야 할

것이다.

이는 실제로 프레젠테이션을 실시하는 환경을 접해 보고 방해 요소나 장애 요소를 사전에 제거하는데 그 주된 목적이 있다. 총연습에서는 주최 측과 함께 다음과 같은 사항을 점검해야 한다.

(1) 장소의 크기와 설비

예상 청중의 수와 장소의 규모는 적합한가, 사람은 적은데 너무 넓지는 않은가, 반대로 사람은 많은데 너무 협소하지 않을까를 살핀다. 적합하지 않음을 파악하고 장소를 도저히 바꿀 수 없는 경우라면 실행할 때, 서두에서 이에 대한 언급을 하도록 준비한다. 아울러 대기실의 위치라든가 화장실의 위치도 알아둔다. 시작 전에 연단에 앉는지, 소개가 끝나고 연단으로 올라가는지도 알아보아야 한다.

(2) 효과적인 책상과 의자의 배열은?

장소가 세미나실, 회의실, 교실 등 좌석 배열을 조절할 수 있는 경우에는 의도에 맞게 좌석을 재배열하는 것이 바람직하다. 물론 좌석이 붙박이식이라면 재배열은 불가능할 것이다. 청중이 적절한 간격을 두고 앉는 좌석의 전체 면적은 실내 전체 면적의 3분의 2에서 4분의 3쯤이 적당하다.

청중과의 커뮤니케이션을 중시한다면 'ㅁ자형'이나 '대면형'도 좋으나 '반원형'의 세팅이 가장 좋다. 이를 세팅할 때는 테이블이나 연단 등 불필요한 것을 치우고 의자만 레이아웃 한다. 청중이 다수인 경우, 정보 전달을 주목적으로 한다면 학교 교실 같은 '학교형'으로 배치한다. 예를 들어, 프레젠테이션 실행시에 '이 점은 반드시 기록하세요'라고 강조할 수 있는데, 책상이 없다면 매우 불편할 것이므로 이 경우에는 "반드시 기억해두세요."라고 표현해야 할 것이다.

(3) 프레젠터용 연설대와 받침대

프레젠터용 연설대를 사용할 경우, 서봐서 그 높이가 적당한지 점검해야 한다. 만일 너무 높으면 불편할 뿐만 아니라 청중이 프레젠터의 머리와 마이크만 볼 수 있기 때문이다. 연설대의 높이 조절이 되지 않으면 올라설 수 있는 발판이나 보조 받침대를 마련하도록 하자.

(4) 시청각 기자재

사용할 수 있는 시청각 기자재를 점검해야
한다. 여기서 마이크 성능 시험은 반드시
해본다. 시청각 기자재를 사용할 경우 미리
작동을 해봐서 이상이 없는지 점검하고 이
상이 있으면 교체하거나 하여 실전에 대비
하도록 하자.

빔프로젝트

특히, 디지털 프레젠테이션을 하는 경우에
노트북과 프로젝터를 접속할 수 없거나, 생각대로 배색 표시가 잘 되지 않는 경우
가 종종 발생한다. 그렇다면, 지금까지의 노고가 물거품이 될 수도 있으므로 사전
에 모든 환경을 점검 후 보완하도록 한다. 이러한 점검과정에서 발생할 수 있는 문
제는 다음의 사항을 참고하여 대비하자.

- 노트북과 프로젝터를 접속시키는 커넥터가 없다.
- 노트북과 프로젝터를 연결하는 인터페이스 케이블과 커넥터가 맞지 않는다.
- 프레젠테이션 자료를 작성한 PC가 프로젝터로 연결한 PC의 OS 버전이 달라,
  문자가 엉뚱한 위치로 바뀌었다.
- 프로젝터 해상도가 거칠어 문자가 이상하게 표시된다.
- 노란색의 문자나 도형이 제대로 보이지 않는다.
- 희미한 색으로 자료를 작성했지만, 프로젝터로 비추자 거의 색을 표현하지 못한다.

Part 8

프레젠테이션 실행 과정

프레젠테이션 실행시에 염두해두어야 할 프레젠터의 자세와 청중을 향한 제스쳐, 그리고 청중과 교감 할 수 있는 시선과 표정 등을 알아본다. 또한 청중들로부터 신뢰를 받을 수 있는 몸짓과 처리 등도 교정해야 한다.

언제나 인간성이 먼저

◯ 마음을 움직여야 한다

프레젠테이션의 성공은 청중의 마음을 움직이는 것이 아닌가?

그렇다면 신뢰성을 전달하는 것이 기본이 되어야 한다. 프레젠테이션을 성공시키기 위해서 제일 중요한 것은 '기술'이 아니라, '프레젠터의 인간성, 즉 신뢰성과 열정을 주는 것'이라는 것을 명심하라.

사람이 사람을 상대하는 것이기 때문이다. 청중에게 이야기를 시작하여 그 내면에 어떠한 메시지를 남기는 것, 즉, '청중의 마음을 움직이는 프레젠테이션'을 할 줄 알아야 비로소 프레젠테이션의 성공을 가져 올 수 있다. 청중을 위한 쇼(Show)이기 때문이다.

프레젠테이션이라고 하는 것은 단순한 종이(기획안)나 화면을 프레젠테이션하는 것이 아니라, 오히려 '자기 자신을 프레젠테이션 하는 것이다'라는 점이다. 특히 경합하는 다른 회사가 여럿이 있는 때, 상대는 당신과 '파트너가 될까, 아니면 되지 말아야 하는가?'를 판단한다. 그 때, 의외로 중요하게 여기는 것은 기획의 내용과 함께 인간성과 신뢰성이다.

왜냐하면, 청중은 감정을 가진 '사람'이기 때문이다. 사람은 단순히 논리만으로 판단하지 않는다. 마음에 드느냐 안드느냐, 즉 논리를 넘어 감정으로 판단하는 경우가 더 많기 때문이다.

02 Chapter 효과적인 보디랭귀지 사용

○ 청중은 눈으로 보고 귀로 듣는다

미국 캘리포니아 대학의 심리학자 앨버트 메라비안(Albert Mehrabian) 교수는 커뮤니케이션을 구성하는 3개의 요소를,

① 말(무엇을 말하는가) : 7%
② 말하는 방법(목소리의 어조, 높낮이, 음색 등) : 38%
③ 보디랭귀지(태도, 자세, 몸짓, 손짓, 생김새, 외양, 시선, 복장 등) : 55%

로 꼽고, 이중에서 말 외에 비언어 커뮤니케이션의 역할이 전체의 93%라고 연구 발표했다. 즉, 프레젠테이션의 방법도 이러한 관점에서 다시 생각할 필요가 있는 것이다.

청중은 귀로 들으면서 프레젠터의 동작을 끊임없이 눈으로 살핀다. 언뜻 프레젠테이션은 그냥 말만 잘하면 되는 것이라고 생각할 수 있지만, 그 내용인 메시지 전달은 목소리뿐만 아니라 몸짓언어를 통해서도 이루어지므로, 충분한 관심을 기울여 연출해야 한다. 몸짓언어의 사용은 프레젠테이션이라는 상황에 프레젠터 자신을 잘 적응하게 해주고, 청중의 관심과 주목을 확보, 유지하며, 의미를 명확하게 함은 물론 중요한 것을 강조하게 도와준다.

실행할 때 유의해야 할 중요한 몸짓언어에는 자세, 몸 움직임, 눈 움직임, 얼굴표정, 제스처 그리고 외양 등이 있다. 몸짓언어를 적절히 연출하면 프레젠테이션의 효과를 배가시킬 수 있지만, 반대로 어색하면 그 효과를 크게 떨어뜨릴 수 있다. 따라서 몸짓언어는 자연스럽게 메시지가 담긴 몸짓언어가 되어야 한다.

○ 몸짓은 설득력에 영향을 미친다

몸짓언어는 프레젠터의 현재의 감정 상태를 청중에게 노출시킨다. 잦은 움직임, 굳은 얼굴 표정, 방황하는 눈빛, 그리고 자주 옮겨 다니는 손놀림 등은 '불안정한 상태에 있다', '초보 프레젠터이다', '내용에 자신이 없다' 라는 이미지를 청중에게 준다. 반면 안정된 자세와 밝은 얼굴 표정, 그리고 청중에 대한 긴 응시와 명확한 제스처는 뭔가 믿음직하고 자신에 차 있음을 보여준다.

신뢰성을 주는 단정한 몸짓

03 Chapter

◉ 연단에서의 이상적인 자세

실행 도중에도 자세가 한쪽으로 기울어져 있거나 잦은 몸놀림을 하는 경우에는 청중에게 뭔가 부족하다는 느낌을 주고, 그 때부터 청중은 내용에서 벗어나 그 몸짓에 신경을 쓰게 된다.

연단에서 프레젠터의 이상적 자세는 청중이 보아서 흉하게 느끼지 않으면서, 편안하면서도 침착하다는 인상을 줄 수 있는 자세여야 한다.

(1) 서는 방법

개요서를 보고 한다면 연단 앞쪽에 놓고, 노트북을 가지고 한다면 보기 쉽도록 놓는다. 인사말을 할 때에는 스크린 중앙에 서야 하지만, 일단 시작하면 스크린 옆으로 이동해서 서야 할 것이다.

발은 약 15~30㎝ 쯤 단상이나 스크린에서 떨어진 위치에서 두 발을 어깨 넓이만큼 벌리고 체중을 양발에 골고루 준 상태로, 허리와 어깨를 곧게 펴고 머리를 똑바로 든 자세를 취한다.

몸을 앞으로 수그리는 자세나 뒤로 젖혀진 자세, 턱을 쳐들고 있는 자세는 보기에 흉하므로 삼가야 한다. 가끔 두 손으로 연단을 짚어도 좋지만, 내내 짚으면 곤란하다. 권위적이란 이미지를 주기 때문이다. 도입부 인사말이 끝나면, 바로 '앉아서' 얘기를 시작하는 프레젠터가 있는데, 이는 잘못된 것이다. 일반적으로 청중은 앉아서 듣지만 프레젠터는 앉아서는 안 된다.

(2) 손과 팔의 처리

자세를 취할 때 가장 처리가 곤란하게 여겨지는 것이 팔과 손의 처리이다.

스크린을 가리키거나 제스처를 하기 위한 경우가 아니면, 팔의 위치는 하의의 재봉선에 맞추어 자연스럽게 내려놓는다. 손을 이런 위치에 놓는 것만으로도 단정한 이미지를 준다.

두 손을 쭉 뻗어 연설대를 붙잡거나, 두 손을 깍지 끼어 아랫배 앞에 두거나, 팔짱을 끼거나, 뒷짐을 지거나, 두 손을 모두 호주머니 속에 넣어 두면 보기도 좋지 않거니와 제스처를 하는 등 필요할 때 쉽게 움직일 수가 없음으로 삼가는 것이 좋다.

연단을 사용하지 않고 보통의 테이블에서 할 경우에는 테이블에 손대지 말아야 한다. 손을 대고 말하면 자세가 나빠지고 머리를 수그린 모습이 된다.

◯ 몸의 이동은 심리전의 일환

프레젠테이션 프로 중에는 돌아다니면서 말하는 경우가 많다. 이는 청중과 심리전을 하며 청중을 장악하기 위한 방법이다. 청중에게 가까이 다가가면 갈수록 청중을 긴장시킬 수 있다. 이를테면 하나의 아이디어를 강조하고 싶다고 할 때, "제가 제안하는 아이디어는 …"이라고 청중에게 다가가면서 말해 보자. 그러면 청중이 그 제안에 집중하게 마련이다. 반대로 청중으로부터 떨어져 있으면 청중의 긴장을 풀어줄 수 있다.

연단 뒤에서 좌우로 움직이거나 청중 쪽으로 몇 발자국 걸어 나가는 것과 같은 움직임은 청중의 시선을 모아주기 때문에 의도적으로 움직여 주어야 한다.

실행할 때의 몸 움직임은 굵으면서 단호하고 편안하면서도 절도가 있어야 한다. 3~10분 동안 발표를 하는 경우라면 이리저리 움직일 필요가 없으나, 30분~60분 정도 하는 프레젠테이션에서는 어느 정도 움직이는 것이 좋다.

도중에 특별한 목적을 갖지 않은 무의미한 움직임은 청중의 시선을 현혹하고, 집중력을 흩트려 놓는다. 이런 불필요한 동작은 무의식적으로 나오는 것이 보통인데, 가능한 이런 동작은 삼가해야 한다.

프레젠테이션의 실행은 결언을 마치고 인사를 했다고 해서 끝나는 것이 아니라, 프레젠터가 완전히 퇴장해야만 끝나는 것이다. 즉, 퇴장행위도 프레젠테이션 실행의 일부분이 됨을 인식해야 한다. 절도 있고 당당하게 퇴장하되, 중요한 사명을 성공적으로 완수하였다는 보람찬 표정을 지으면 더욱 좋다.

잘 해내지 못했다는 듯한 멋쩍은 표정을 지으며 퇴장하거나, 고개를 숙이면서 퇴장하거나, 빠른 걸음으로 퇴장하는 것도 한 순간에 청중에게 프레젠테이션이 별로 좋지 못했다던가 마지못해 했다던가 하는 이미지를 주어 설득 효과를 반감시킨다.

⬤ 이상적인 프레젠터의 몸짓언어

다음은 실제 프레젠테이션을 한다고 할 때 전체적으로 어떤 몸짓언어를 사용할지 생각하여 보기로 한다. 세련된 매너는 내용에 신뢰성을 더해준다.

	과　정	몸짓언어
등 단	1. 호명을 받으면	일어서서 복장을 점검한다.
	2. 연단까지 걸어간다	앞을 보면서 천천히 걸어간다
	3. 청중에게 절을 한다	공손하게 한다
	4. 원고·메모를 연단 위에 놓는다	스크린을 띄운다
도입부	5. 사회자에게 예의를 표한다	사회자에게 아이콘택트하고 예의를 표한다
	6. 청중에게 환영의 말 내지 인사 말을 한다	미소를 지으며, 두 손을 가볍게 연단에 대는 정도로 놓고 둘러보면서 인사한다
	7. 자기소개를 한다	성명 등을 천천히 분명하게 말한다
	8. 주제를 말한다	음조를 바꾸며 배경과 더불어 말한다
	9. 서두를 꺼낸다	천천히 자신있게 한다
	10. 예고를 한다	손가락을 사용하여 본론의 대항목을 제시한다.
본론부	11. 본론부를 전개한다	내용에 따라 목소리를 조절하며 아이콘택트, 제스처를 한다.
결론부	12. 종료신호	잠간 간격을 두고 종료신호를 말한다
	13. 요약 강조	음조를 바꾸며 요약한다
	14. 결언을 한다	자세를 바꾸며 강조점에서 단호하게 말한다
	15. 질의응답	질문자를 주시하고 답을 할 때에는 청중을 보고한다
	16. 인사한다	미소를 지으며 청중을 둘러보고 나서 인사를 한다
	17. 퇴장	당당하게 퇴장한다

청중에게 교감을 주는 표정과 시선

○ 미소 띤 표정을 짓자

표정관리는 주로 소규모의 청중을 상대로 하는 프레젠테이션에서는 문제가 될 수 있다.

가장 이상적인 얼굴 표정은 진지하면서도 옅은 미소를 띤 얼굴이다. 진지한 표정을 한다는 것은 바짝 정신을 차리고 있음을, 미소를 띤다는 것은 여유가 있음을 보여준다. 시작 부분에는 은은한 미소가 좋을 것이다. 그러나 실행 내내 미소를 지으면 이상하게 생각한다.

얼굴 표정은 내용의 변화에 따라 적절히 변화를 주어야 한다. 즐거운 이야기를 할 때는 즐거운 표정을, 진지한 이야기를 할 때는 진지한 표정을 지어야 한다. 이 경우에 손과 몸짓을 병행하면 보다 실감나는 표현이 된다.

예를 들어, "우리는 반드시 해야 합니다"라는 설득적 주장을 할 때 프레젠터의 조금 상기된 표정은 시각적인 임팩트를 늘리고 청중에게 강렬한 인상을 주어 설득력을 준다. 만일 프레젠테이션을 하다가 실수를 한 경우 쑥스런 표정이나 머쓱한 표정을 짓는 것은 좋지 않다. 실수를 했더라도 아무렇지 않은 듯한 표정으로 넘어가야 그 실수가 필요 이상으로 확대되지 않는다.

○ 시선으로 교감하자

(1) 청중의 집중력을 높여준다

바디랭귀지 가운데에서도 중요한 것은 시선을 청중의 눈으로 향하는 것이다. 이것을 아이콘택트(eye contact)라고 한다.

많은 사람들이 어렵다고 생각하는 것은, 'Speak : 이야기한다' 이겠지만, 프레젠테이션에서 어려운 것은 'See : 청중을 본다' 는 것은 아닐까 한다. 자신의 발언에 신념을 갖고, 이해받고 싶다라는 기분이 있으면, 당신의 눈은 자연히 그 기분을 나타낸다.

우리나라 사람들은 아이콘택트에 매우 서툴다. 거기에는 문화적, 사회적 이유가 있는데, 모르는 사람의 눈을 응시하는 것이라면 실례라고 생각한다. 상대와 이야기하고 있을 때도, 눈을 보며 이야기하지 않는 경우도 많다. 그러나 너무 눈길을 마주 치지 않으면, 이 사람은 나의 이야기를 듣고 있는 것일까하고 의심하게 된다.

아이콘택트가 중요한 이유는 2가지 점에 있다. 예의상의 이유와 설득력의 문제이다. 먼저, 예의상의 문제이다. 서구에서는 상대의 눈을 보고 이야기하지 않으면, 자신이 없다, 불성실하다, 거짓말을 하고 있다는 것으로 간주되어 매우 실례되는 행위가 된다. 두 번 째인 설득력의 문제인데, 대처 전 영국 수상은 실제로 인터뷰 시간의 80퍼센트 동안 아이콘택트를 하며 말한다고 한다.

청중 한 사람 한 사람과 눈을 마주 치면서 얘기하면 청중은 보다 흥미를 가지고 열심히 듣게 된다. 청중의 집중력이 높아지면 이해도 높아진다.
프레젠터의 청중에 대한 주시율이 실행 전체의 15% 이하 즉, 좀처럼 눈길을 주지 않으면, 청중은 프레젠터가 변명하는 투라고 간주하던지 미숙하거나 냉정하다는 느낌을 갖게 된다. 그러나 주시율이 80% 정도, 즉 청중과 일일이 눈으로 교감을 나누면 발표자에 대해 자신이 있어 보인다든지 능숙하거나 친근하다는 느낌을 갖는다.

(2) 골고루 눈길을 준다

■ 응시가 부담스럽다고 고개를 다른 방향으로 돌리거나, 고개는 정면을 향하되 눈을 다른 방향으로 돌리는 것은 좋지 않다. 고개와 눈은 언제나 청중 쪽을 향한 상태에서 자신이 편안하게 생각하는 청중을 응시하면 된다.

청중에는 크게 3종류가 있다.

① 좋은 청중(프레젠터의 눈을 보고, 미소 짓고 있는 사람, 끄덕이는 사람)
② 나쁜 청중(자고 있는 사람, 아래를 향하고 있는 사람, 창밖을 보고 있는 사람, 매섭게 쏘아보고 있는 사람, 팔짱을 낀 사람)
③ 보통의 청중(재미있으면 듣고 그렇지 않으면 싫증낸다)

아이콘택트는 좋은 청중과 하는 것이 용이하고, 격려도 된다. 초보자는 그러한 좋은 청중을 여러 명을 찾아내어, 눈으로 말을 거는 것이 좋다. 그것이 부담스러우면 청중의 머리 바로 윗부분을 쳐다보는 방법이 있다. 프레젠터는 대개 위에서 내려다보면서 하므로 청

Note

아이콘택트 훈련으로써 눈싸움 놀이 연습을 하는 것이 좋다. 웃으면 패배가 아니라 눈을 떼면 패배이다.

중의 머리끝 부분을 쳐다보면, 청중들은 자신들을 정면으로 보고 있는 것처럼 느낀다.

■ 청중을 골고루 응시하되, 천천히 하는 것이 좋다. 빠른 속도로 고개를 이쪽저쪽으로 돌리는 것은 가볍다는 인상을 준다. 비록 짤막한 프레젠테이션을 하더라도 청중이 적으면 개개인을 여러 차례 쳐다보는 것이 좋다. 청중의 수가 많으면 청중 전체와 장소를 몇 개로 나누어 천천히 시선을 옮긴다. 특히 핵심인물이 참석하고 있으면 주의를 기울여 아이콘택트를 해야 한다. 그러나 응시가 지나치게 강렬하거나 한 사람만을 뚫어지게 쳐다보면 오히려 부작용이 생긴다.

Part 9

질의 응답의 과정

프레젠테이션이 끝나 후의 마무리 과정이다. 청중의 질의에 효과적으로 답변하는
방법과 다소 산만할 수 있는 분위기를 끝까지 안정적으로 이끌어가는 모습 등을
언급한다.

01 질문을 두려워 말라
02 여유를 갖고 정확히 답변하라

질문을 두려워 말라

◯ 질문 또 다른 기회

판매나 수주를 목적으로 하거나 조직 내의 기획 안 프레젠테이션에서 어떻게 질의응답을 처리하는가는 그 프레젠테이션의 하이라이트가 된다. 또한 백여 명 이상의 대규모 청중일 때에도 그 대미(大尾)를 장식하는 중요한 요소가 되기도 한다.

프레젠테이션 마지막에 행해지는 질의응답은 프레젠테이션을 매듭짓는 중요한 커뮤니케이션임에도 불구하고, 때때로 준비를 허술하게 하기 십상이다.

모처럼 시나리오대로 진행되고 있어도, 예기치 못한 사태가 일어나는 경우가 있다. 예를 들어, 생각하지 않은점에서 "그러나 당신! 그렇게 안 될 것이요"라든지, "그 것, 다르지 않아요?" 등 누군가 나서서 프레젠터의 약점을 파고든다면, 지금까지 순조롭게 진행되던 프레젠테이션과 달리 거짓말처럼 얼어붙어, 횡설수설하게 되거나 얼굴이 빨게 지는 등의 모습을 보이는 사람도 있다.

질문자는 프레젠터의 의도를 충분히 이해하고 논리적인 질문만을 하는 것이 아니다. 질문 중에는 '지금까지 무엇을 듣고 기분이 상했다.' 는 질문에서 예상에 대한 어긋남의 차이로 질문하는 일도 있다.

청중이 많고 형식을 갖춘 프레젠테이션이라면 실행이 끝난 후에 따로 응답시간을 갖는 것이 흐름을 잃지 않는 요령이 될 것이다. 청중으로부터 미리 또는 중간에 질문요청이 왔을 때엔 발표가 끝난 후에 받겠다고 말하거나, 들으면서 질문할 것이 생기면 메모한 후에 말미(末尾)에 질문을 하도록 정중히 부탁하는 것도 하나의 방법이다.

프레젠테이션의 달인은 문답을 찬스라고 생각한다. 그 이유는 잘 전해지지 않은 부분을 질문이 명확히 해준다는 것이다. 기본적 설명이 부족한 곳이나, 아무리 잘 설명을 해도 이해되지 않은 것이 있게 마련이다. 청중에게 다시 한번 강조할 수 있는 좋은 기회라 생각하고 답변에 임해야 한다.

◯ 질문하기 쉬운 분위기 조성하기

질의응답 시간에 주제에서 벗어난 질문을 받을 수도 있을 것이다. 그러나 이때에도 감정적으로 대하거나 질문을 차단하는 것은 금물이다.

듣는 사람은 회답의 내용 그 자체보다 프레젠터의 반응이나 답변 방법으로 프레젠터를 판단하고 있다.

특히 명심할 것은 프레젠테이션에서는 '질문자만이 상대가 아니라 회의장에 있는 모든 사람이 상대라는 것'을 잊지 않도록 해야 한다. 질문으로 인해 난처한 상황도 발생할 수 있겠지만, 프레젠테이션에서는 청중이 질문하기 쉬운 분위기를 만드는 것이 매우 중요하다. 이는 내용에 관해 '자신감'이 있다는 것을 간접적으로 보여준다.

 화법

"뭔가 질문이 있으신지요?"라고 말하는 것 보다는 "지금까지, ○○에 관하여 설명했습니다. 이것에 관해 뭔가 질문이 있습니까?" 또는 " 제가 말씀드린 것 중에서 이해하기 힘든 내용은 없었습니까?"라고 말하는 편이 청중이 손을 들기가 쉽지 않을까 싶다.

여유를 갖고 정확히 답변하라

02
Chapter

○ 충분히 준비하자

모든 질문을 사전에 예측하고 대답을 미리 준비해 두는 것은 불가능하다. 그러나 적어도 '이 점에 대해 질문이 나올 것이다.'고 생각되는 부분에 관해서는 사전에 답변할 부분을 준비해 둘 필요가 있다.

이렇게 질의응답을 준비하다 보면, 이미 작성한 원고를 수정할 필요성을 느끼게 되는데, 이는 오히려 큰 도움이 된다. 질의응답에서 나올 수 있는 질문들을 내용에 삽입하여 자문자답하는 것도 청중의 이해에 큰 기여를 할 것이다. 사전에 예상된 질문 사항에 관해서 미리 보충 설명용 슬라이드를 준비해 두는 것도 인상적인 프레젠테이션을 만드는 효과가 있다. 또한, 리허설 단계에서 동료들을 배석시켜 그들에게 엄격한 질문을 하게 하는 등 질의응답 연습을 해 두자.

○ 질문에 대처하는 발표자의 자세

질문의 대처 요령에는 임기응변이 어느 정도 필요하다.

첫째, 질문을 잘 들어야 한다. 프레젠터가 잘 빠지는 함정중의 하나인데, '화자' 라고 하는 것은 때때로 이야기할 것에만 열중해 버리고 듣는 것을 소홀히 하기 쉽다. 질문을 받았을 때에는 먼저 상대의 질문을 주의 깊게 들어야 만 청중이 만족해하는 응답을 할 수 있다.

둘째, 질문을 들으면서 질문의 의도와 성격을 파악하도록 한다.

질문을 자세하게 들어보면, 정말 알고 싶어서 하는 질문, 프레젠터보다 더 많이 알고 있다는 것을 과시하기 위한 질문, 프레젠터를 곤경에 빠뜨리고 싶어서 하는 악의적 질문, 질문이 아니라 아이디어나 의견제시와 같은 발언도 있다. 이러한 의중을 파악하면서 응답을 달리해보자.

셋째, 질문 내용을 확인한다. 서둘러서 말할 필요는 전혀 없다. 답변을 하기 전에 질문 내용을 확인하는 것이 좋다. 그 이유는 모든 사람이 질문을 파악하지 못했을 수도 있고, 프레젠터 자신이 올바르게 이해했는지 확인하기 위해서이며, 확인하는 사이에 답변을 준비할 수 있는 시간도 벌 수 있기 때문이다. 아울러 질문에 대해서는 칭찬을 해주는 것이 좋다.

 화법

예를 들면, 확인해 보는 의미에서 "지금 하신 질문은 …, 맞습니까?" 또는 "제가 이해한 바에 의하면 질문을 하신 분은 …것에 관심이 있으신 것 같은데, 맞습니까?"하며 질문자를 쳐다보며 되물어 확인한다. 질문자가 응답을 하면, 이어서 칭찬을 한다. "참 좋은 질문을 해 주셨습니다." 또는 "평소 이러한 주제에 대하여 많이 생각해 보신 것 같습니다.", 아니면 "이러한 질문을 해 주셔서 감사합니다."라고 칭찬한다.

◯ 간결하게 대답한다

질문에 대한 답변에 특별한 방법은 없지만, 지침사항으로 다음의 2가지 사항을 염두에 두면 좋다.

> • 질문에 대한 대답은 필요한 것만을 말한다.
> • 동시에 3단계 구성에 따라 대답한다.

아무리 긴 답변이라도 2~3분을 초과하지 않도록 한다.

'네' 또는 '아니오'로, 간단하게 대답할 수 있는 경우를 제외하고는, 통상 응답은 서론·본론·결론으로 구성하는 것이 일반적이다. 서론에서는 회의장에 있는 다른 듣는 사람을 위해서도 다시 한 번 질문 내용을 정리·확인하고 이 질문의 중요성 등에 대해 코멘트 한다. 본론에서는 적절한 정보를 제시하면서 질문에 직접 대답한다. 그리고 마지막으로 회답의 포인트를 짧게 정리하고, 질문자에게 이것으로 좋은지를 확인한다.

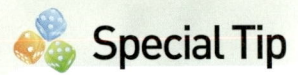 **Special Tip**

질문에 대답하는 요령

프레젠테이션이 끝나면 질의응답 시간에 다양한 질문들이 나올 수 있다. 프레젠터는 이때에도 긴장을 풀어서는 곤란하다. 끝까지 성심껏 질문에 답하는 자세가 필요하다. 다음은 여러 상황에서 나올 수 있는 질문 유형을 파악하여 미리 준비할 수 있는 가상의 답변서로 쓸만한 부분만 간추려 보았다.

프레젠테이션에 임하기에 앞서서 반드시 가상 답변지를 준비하자. 이는 프레젠테이션이 끝나고 질의 시간에 어떤 질문이 나올지를 예상하고 그 대안을 준비하는 것이다. 프레젠터 스스로가 청중의 입장이 되면 비교적 쉽게 만들 수 있다.

1. 가격문제에 대하여
싸다, 비싸다. 어째서 이런 가격이 산출된 것인가? 상담인 경우에는 가격협상에 대한 질문도 빠지지 않고 나올 것이다.

2. 경쟁사 및 유사상품에 대해서
타사와는 어떻게 다른가, 기존 상품이나 서비스와는 어떤 차별성이 있는가? 유사 상품을 예로 드는 경우도 많다.

3. 시기에 대하여
제품의 판매시기 등을 구체적으로 질문할 수도 있다.

4. 목표에 대하여
분기 혹은 연간 매출 목표와 출하 목표 등을 질문할 수 있다. 간혹 업계의 시장 규모를 질문할 수도 있으므로 미리 파악해두는 것이 좋다.

5. 실적에 대하여
회사 전체를 포함한 과거의 실적을 묻기도 한다. 물론 프레젠테이션 내용에 관계없이 회사의 경영 상태에 대해서도 질문한다.

6. 정보의 근거에 대하여
보다 자세한 정보의 출처 및 근거에 대해 질문해온다. 상담이라면 카탈로그나 자료를 원하기도 한다.

7. 대답할 수 없는 질문이라면
질문에 대답할 수 없는 경우도 많다. 여러 가지 이유가 있겠지만, 조사 부족이나 데이터를 확보하지 못한 경우가 대부분이다. 또한 답변하기 곤란한 제작원가나 원재료 등에 대해 묻기도 한다. 이러한 질문에 대한 대처 방법도 염두해두자. 아울러 답변이 곤란한 질문은 분명하게 거절하는 것이 좋다. 혹여 지식이 부족해서 답변할 수 없으면 "죄송합니다. 다음에 꼭 알려드리겠습니다." 라고 말하는 것이 낫다. 물론 나중에 확실히 처리해야 한다.

Part 10

프레젠테이션의 유형과 사례

프레젠테이션 대상과 발표 성격에 따른 사례들을 소개한다. 가령, 임원을 대상으로 한 발표나 자사 고객을 대상으로 하는 프레젠테이션, 기업 설명회, 그리고 프레젠테이션의 대가로 알려진 애플사의 스티브잡스 프레젠테이션 테크닉 등에 대해서도 분석해본다.

거래처 임원에게 프레젠테이션 할 때

핵심인물을 파악하고 준비한다

수주를 목적으로 한 비즈니스 프레젠테이션은 결국 계약서에 사인을 얻기 위한 것이다. 프레젠터는 청중 가운데서 'yes'라고 할 수 있는 핵심 인물(key man)과 그 인물에게 어드바이스 하는 사람이 누구인지 알고 설득해야 목적을 달성할 수 있다. 행여 직함만으로 판단한다면 그것은 초보 수준이다.

예를 들어, 새로운 거래처에게 새로운 컴퓨팅 기술을 제안하고자 프레젠테이션을 준비하고 있다고 하자. 상대편에서는 최고경영자인 사장을 비롯하여 전무, 담당 임원, 담당 기술과장이 참석 예정이다. 누가 핵심인물이라고 생각하는가. 이 경우 사장이 핵심 인물이라고 추정되지만, 보이지 않는 실력자는 전무일지도 모른다.

그 조직 내 역학구조가 어떻게 되어 있는가를 파악해서 핵심 인물과 어드바이서를 찾아내서 그에 대한 정보를 입수하여 프레젠테이션 내용과 연결 짓는다면 그 핵심 인물이나 어드바이서는 놀라워하며 프레젠테이션에 보다 많은 관심을 기울일 것이다.

이에 대한 정보의 입수는 평소에 신문인사란이나 미디어 정보와 그 회사에 정통한 채널을 이용하여 얻거나, 처음 접촉한 담당자와 인간관계를 맺어 평판을 듣는 등 비공식 정보를 얻도록 한다.

주안점을 확실히 하며 실행한다

(1) 간결한 설명을 해야 한다

임원 등의 기업 간부는 복잡하게 얽혔던 이야기나, '자기만족적'인 프레젠테이션에 대해서는 매우 거북해 한다. 따라서 이야기를 너무 자세히 하는 프레젠테이션이나, 화제를 너무 넓게 잡은 프레젠테이션은 열심히 설명해도 당신의 의도와 반대로, 오히려 역효과가 난다.

그렇지 않아도, 임원급인 비즈니스맨에게는 어려운 일이 산적해 있다. 거기에다 당신의 어려운 프레젠테이션을 접하게 되면, 무의식적으로 당신이 설명하고 있는 상품·서비스가 자신의 일을 한층 더 복잡하게 할 것이라고 경계해 버린다. 따라서 간결하게 설명하도록 해야 한다

(2) 제안형의 설명을 한다

임원급을 상대할 때, 상품 데이터나 사회 현상으로서도, 사실 그 자체를 내세우는 것은 충분하지 않은 경우가 상당히 많다. 거기서, 임원급 기업 간부는 표면적 사실 그 자체보다, 그 사실을 의미하는 바에 관하여 설명해 주기를 바라고 있다.

그러므로 당신은 자신이 그때까지 소개한 사실에 입각해서 상대에게 '플러스가 되는 제안'을 해야 한다. 혹여 이렇게 제안하는 것이 실례가 되거나 건방지게 비춰질까 두려워 겁을 먹고 말을 하지 못하면 안 된다. 그들은 의외로 당신의 그러한 제안을 기다리고 바라고 있다.

(3) 상대의 메리트를 강조한다

지금과 같은 글로벌 경쟁 시대에 있어서 어느 회사에서든 조금이라도 싸고, 질 높은 상품이나 서비스를 제공받고 싶어 한다. 따라서 자신이 소개하는 상품이나 서비스가 보다 적은 코스트로, 보다 많은 메리트를 거래처에 가져다줌을 강조해야 한다.

특히, 상대가 폭넓은 경험을 쌓은 기업 간부라면, 누구나 알고 있는 당연한 정보의 상품이나 서비스 설명을 하는 방법을 취해서는 안된다. 거래처의 요구를 충분히 파악 한 다음, 당신의 회사가 이러한 상품·서비스를 이용하면, 어느 정도의 저렴한 비용으로 얼마나 빠르고 간단하게, 얼마만큼의 메리트(merit)를 가져 올 것인가를 알기 쉽게 설명해야 한다.

02 기술적 내용의 프레젠테이션일 때

Chapter

⬤ 지루한 프레젠테이션은 금물

지금 당신이 기억장치에 관한 전문 학회에 참석하고 있다고 가정하자.

발표자가 첨단 레이저 기억장치의 개발 상황에 관하여 방대한 실험 데이터를 잇달아 발표하고 있다. 너무 무기물적인 내용 발표를 지속하고 있어 당신은 점점 관심이 식어 버리고, 결국 이야기를 듣지 않고 내일에 있을 자신의 발표에 관해 속으로 연습하기 시작한다.

한편, 당신은 '만약, 내 프레젠테이션도 그처럼 지루하면 어떻게 하지…' 라는 생각도 들 것이다. 이러한 상황은 학회 발표뿐 아니라 일상 비즈니스 프레젠테이션에서도 일어날 수 있다. 다른 프레젠터의 발표가 시시하게 느껴진다면, 좀 더 다양한 사람들이 모인 비즈니스 현장에서 기술적 내용의 프레젠테이션을 행할 때는 도대체 어떻게 하면 청중과 함께 할 수 있을까?

⬤ 청중을 끌어당기는 5가지 테크닉

자칫 재미없을 것 같고 무미건조하게 되기 쉬운 기술적인 화제를 가지고 프레젠테이션 할 경우에, 청중의 관심을 프레젠터 쪽으로 끌어당기고 프레젠테이션을 성공시키기 위해서는 다음을 유념하도록 하자.

- 프레젠테이션의 목적을 설명한다.
- 청중의 욕구(needs)에 입각해서 이야기한다.
- 정보를 너무 담지 말아야 한다.
- 감정을 움직인다.
- 몸을 움직이거나 연상하게 한다.

(1) 프레젠테이션의 목적을 설명한다

당신의 프레젠테이션 목적은 무엇인가?

단지 정보를 전달하는 것인가. 그렇지 않으면, 실험 데이터의 분석 결과를 발표하는 것인가. 또는, 새로운 시제품의 성능을 소개하기 위한 것인가.

어느 것이든 숫자를 나열하는 것만으로는 청중을 질리게 하고 만다. 프레젠테이션을 시작할 때에는 우선 처음에 '지금부터 당신이 이야기하는 내용이 왜 사회에 중요한 것인가.' 이 점을 명확하게 전달하지 않으면 안 된다. 다 알고 있는 것이기 때문에 생략해서는 안 된다.

'지금, 왜, 나는 여기에 있습니까? 나는 왜 당신의 이야기를 듣지 않으면 안 됩니까?' 라고 하는 청중의 질문(물론, 실제로 이러한 것을 묻는 경우는 없지만)에 간절하게 대답하는 기분으로 시작하도록 한다. 이 질문에 대답하는 것에 의해 기술적 내용의 적절한 위치를 부여할 수 있고 동시에, 청중의 흥미를 상기시키는 말을 할 수 있다.

(2) 청중의 욕구에 입각해서 이야기한다

당신이 지금부터 발표하려고 하는 연구 성과는 확실히 훌륭한 것일지도 모른다. 그러나 데이터의 나열만으로는 청중을 끌어당길 수 없다. 그러면, 모처럼의 귀중한 데이터를 청중의 관심에 잘 결부시키도록 궁리해야 한다.

청중 누구라도 공통되는 '관심사항'이 있을 것이다. 엄밀히 말하면, 인생에 있어 얼마나 유효한 시간을 보낼 수 있을까, 얼마나 풍부한 생활을 보낼 수 있을까(경제적 측면만이 아니고, 건강, 감정이라고 하는 육체적 · 정신적 풍요함도 포함된다.) 하는 사항이다. 이러한 인간의 기본적 욕구와 연관시켜 프레젠테이션을 하는 것에서 청중이 흥미를 가질 수 있다.

(3) 정보를 너무 담지 말자

실패 원인 중 하나는 정보를 지나치게 많이 담는다는 것이다. 그 결과, 방대한 데이터나 너무 세부적인 것에 집착해서 전체를 놓치는 장면을 종종 볼 수가 있다.

정보를 많이 담으면 비록 청중이 전문가라고 해도, 소화불량을 일으킨다. 하물며 청중이 전문가가 아니라면 그 증세는 더욱 심할 것이다. 아무리 어려운 기술이라도 평이한 말로 하나씩 단계를 밟아 설명해 나가면, 대강은 이해할 수 있다. 조심해야 할 것은 극히 간단한데, 슬라이드를 작성할 때 잘못해서, 1장의 슬라이드에 10가지 내용을 포함시키지 않는 것이다.

10가지의 내용을 설명할 경우, 약간의 수고는 들겠지만, 먼저 1 개의 내용에 대해 1 장의 슬라이드씩 총 10장을 작성한다. 그리고 필요에 따라 각각의 내용을 포함시키면서 전체적인 이해로 연결된 슬라이드를 별도로 준비한다.

바꾸어 말하면, 내용의 수에 따라 각각 시각적인 슬라이드를 준비하여 개개의 내용에 관하여 설명하고, 다음에 별도 준비한 포인트를 정리한 슬라이드를 사용해 다음 화제로 연결해 가는 방법을 취하는 것이다.

(4) 감정을 움직인다

엔니지어가 가지고 있는 데이터의 양은 엄청 많다. 그렇다면, 그 많은 데이터를 청중에게 효과적으로 결부시키려면 어떻게 해야 할까?

청중의 흥미에 결부시킬 수 있는 간단하면서 효과적인 방법은 일화나 우화를 이용하는 것이다. 청중의 (감정적) 공감을 얻기 위해서, 이야기하려는 화제와 당신과 가까운 사건을 비교하여 예를 들어 보라.

아이에 관한 것이나 애완동물에 관한 것, 혹은 취미인 골프에 관한 것 등 뭐든지 청중이 자기와 가깝게 느낄 것 같은 것과 대비하여 보도록 한다. 이것만으로도, 특히 청중은 너그럽게 받아드리고 마음을 한 곳에 집중하며, 당신의 이야기를 자기와 가깝게 느끼면서 흥미를 갖게 된다.

부서(팀)의 프레젠테이션 협동 시스템

03
Chapter

◯ 평소 시스템을 갖춘다

자신만의 자료를 활용하는 사람도 없지 않으나, 부서 전체, 회사 전체의 프레젠테이션 자산을 공유할 수 있어야 한다. 팀 구성원이 편리하게 활용할 수 있도록 해서 과거의 프레젠테이션 자료를 넘겨보도록 하는 시스템을 갖추어야 한다.

파워포인트 디지털 데이터는 부서의 서버에 올려 두고, 프린트 자료는 동일한 캐비닛에 보관한다. 가능하면 텍스트나 화상을 하나의 데이터베이스로 등록하여, 작성자나 작성일, 테마 상품 등으로 검색할 수 있게 한다. 소재로 사용한 통계의 표나 사진, 일러스트 등도 다음에 누군가 사용하고 싶을 때, 소재를 알기 쉽게 보관한다. 서류뿐 아니라 프레젠테이션 자료는 큰 그림이나 CD, 상품 샘플 등을 한 자리에 모아 보관해 두도록 한다. 리필 파일이나 박스 파일 등 수용력이 큰 도구를 사용하면 편리하다.

자료를 보관할 때는 반드시 일자와 자료 작성자의 이름을 붙이도록 한다. 그것만 있으면, 다음에 사용할 사람은 「그 자료는 어디서 찾아낸 것입니까?」, 「청중의 반응은 어땠어요?」라고 추적하여, 경험을 쌓아올릴 수 있다.
기회를 마련하여 구성원들이 회사에 어떤 제본기나 프로젝터가 있는지를 알고 있도록 한다. 물론 교대로 프로젝터를 한번 컴퓨터에 연결하여 보고, 그 조작을 익혀 보도록 한다.

◯ 프레젠테이션 준비 단계

(1) 시작 전에 브리핑한다

직접 참가하는 멤버 이외의 팀원에게도 누가 어떤 요지로 어떤 규모의 프레젠테이션을 행하는지, 브리핑 하고 나서 작업을 시작한다. '먼저 말해 주었으면 좋았을

텐데, 좋은 자료를 가지고 있었는데' 라는 말이 나중에 들린다면 낭패이다. 이 때, 직접 참가하지 않은 멤버에게 유의해야 할 것은 '어떤 자료를 찾는 것이 필요할까' 를 알아내는 것으로, '자신이 전에 했던 프레젠테이션에서는 이런 일이 있었기 때문에 조심해라' 라고, 생생한 경험을 배울 수 있는 이점이 있다.

막연히, '어떤 프레젠테이션으로 하면 좋겠습니까?' 와 같은 논의는 시간이 너무 걸리는 것으로 보다 구체적으로 말하는 것이 좋을 것이다. 안타깝게도 실제로 비즈니스맨은 바빠서 과거의 경험을 피드백 할 수 있는 상황이 좀처럼 되지 않는다. 부서 전체의 경험을 피드백 하면, 작업 수준을 올리기 쉽고, 쓸데없이 우왕좌왕 할 시간의 여지를 남겨두지 않게 된다.

(2) 자료 만들기에 힘을 모은다

자료 만들기의 단계에서는 프레젠테이션 참가 멤버 외의 팀원이 가지고 있는 자료를 프레젠테이션 준비 팀에 건네주도록 한다. 또, 그림이 능숙한 사람, 엑셀의 그래프 만들기에 능숙한 사람, 특별한 분야인 잡지나 신문을 구독하고 있는 사람 등 자신의 자원을 제공하도록 한다. 이러한 자원 공유는 부서 전체를 프레젠테이션의 명인 군단으로 만들어 준다.

(3) 리허설에도 참관자를 정한다

프레젠테이션 실행 '3일전' 을 리허설 하는 날로 정한다. 여기서 문제가 발견되어도 3일 내에 해결할 수 있을 것이기 때문이다. 가능하다면 4명 정도를 '청중역' 을 맡겨 프레젠테이션 회의장에 우단, 중앙 맨 앞줄, 좌단, 중앙안쪽으로 앉아 듣도록 한다.

프레젠터가 침착하게 눈을 회의장 전체로 보면서 하는지 등 여러 보디랭귀지를 지켜보며, 스크린에 나타난 영상과 말이 조화되는지, 도중에 질문이 갑작스럽게 끼어들어도 당황하지 않고 진행될지 어떨지 등을 살피도록 한다. 청중역은 확실히 듣고 피드백 하도록 한다.

◯ 프레젠테이션의 진행

실행 시에는 프레젠테이션에 동행한 모두가 힘을 합하여, 상대 청중에게 적절하고 효과적으로 정보를 전하는 것이 중요하다. 청중을 둘러쌀 만큼 멤버가 몰려 갈 수는 없지만, 팀워크로 프레젠테이션 실행을 운영하는 것은 중요하다. 이러한 역할 분담을 교대로 행할 수 있게 되면, 프레젠테이션에 상당히 강한 부서가 될 것이다.

프레젠테이션을 행하기에 앞서서 당일 역할 분담을 하자. 발표하는 사람, 프로듀스를 하는 사람, 기록하는 사람과 같이, 대체로 3가지 파트를 설정해, 본 실행을 향한 각본을 짜고, [그림]과 같이 회의장 안에 빈틈없이 위치를 정한다. 발표는 제안의 세부까지 숙지한 사람으로 정하고, 보충으로 그 프로젝트의 상사가 프로듀서를 담당한다.

(1) 프레젠터의 역할

프레젠터는 앞에 나가서 프레젠테이션을 진행하는 '배우'이다. 바로 옆의 자료, 노트북, 시계 등을 잘 배열하여 자신이 있을 곳을 만드는 것이 우선이다. 그리고 실행 준비를 한다.

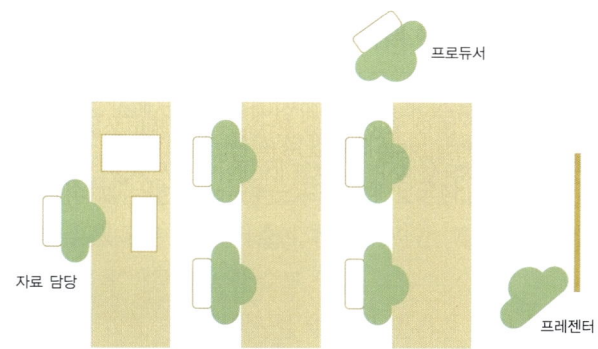

(2) 프로듀서(producer)의 역할

본격적인 프레젠테이션 실행 전에, 간단한 인사말로 프레젠테이션 중심이 되는 의미를 확인하고, 프레젠터를 소개한다. 좌석 위치는 청중 전원을 바라보면서 메모를 할 수 있는 장소가 좋다. 가장 중요한 역할은 프레젠테이션이 시작되기 직전의 몇 분간 청중과의 대화로 분위기를 부드럽게 하는 것이며, 시작 후에는 청중을 아군으로 만드는 '토크'이다. 또한, 예리한 질문에 프레젠터가 곤경에 처해 있을 때, 구조신호를 보내는 것도 프로듀서의 역할이라고 말할 수 있다.

(3) 기록 담당의 역할

기록 담당은 현 프레젠테이션 상황을 다음에 활용하기 위해서(2차 제안이나 다른 제안으로), 기록으로 남겨 두어야 할 책임이 있다.

처음에 자료를 배포하고 나면, 가급적 회장의 가장 안쪽에 자리를 잡고, 프레젠터에게 얼굴을 들고 이야기하기 쉽도록 한다. 난처했을 때「눈길이 갈만한 곳」도 좋다. 시간이 없을 것 같으면, 집게손가락을 돌려, 서두르라는 신호를 보낸다.「좀 더 큰 소리로」,「천천히」등의 수신호도 미리 결정해 두면 좋을 것이다.

기록 담당은 발표자의 프레젠테이션이 끝난 후에 청중의 반응이 좋았던 부분, 보충 설명해 두면 좋은 것 같은 부분을 발표자에게 간략히 전달한다.

제안형 영업 프레젠테이션

○ 상대에 맞게 프레젠테이션 한다

자동차 판매나 보험 판매 등 개인영업에서부터 공사 수주 등 대기업 영업에 이르기 까지 상담을 할 때는 제안서를 만들어 하는 이른바 '제안형 영업' 이라는 방법이 몇 년 전부터 유행하고 있다. 이 방법은 단순히 상품을 PR하는 것이 아니라, 상품의 사용법·구입 메리트를 사용자에 맞게 생각하여 제안하게 된다.

현장을 보면, 책상을 사이에 두고 하는 1대1의 상담에 있어서도 파워포인트로 컬러 프린트한 제안서나 노트북에 화면을 띄워 놓고,「어떻습니까! 깨끗하고, 비주얼 하여 알기 쉬울 것입니다」라고 말하는 사람이 많다.

프레젠테이션의 목적은 '이해 받고 구입을 결단 받는다' 는 것이고, '프레젠테이션을 처음부터 끝까지 완벽하게 발표한다' 는 것이 아니라는 점을 명심하기 바란다.

이런 목적에서 보면, 파워포인트가 아니라, 워드(word)나 엑셀(excel)로 작성한 자료가 오히려 알기 쉬울 때도 있고, 자료 없이 말만으로 프레젠테이션을 하는 것으로 간단하게 수주가 정해지는 경우도 있다.

(1) 상대의 요구에 맞추어 구성을 생각한다

특히 영업과 영업 기술, 세일즈 엔지니어, 영업 사무 등 조직 업무가 분업화되어 있고, 자료 작성이 분담되어 있는 경우에는 제안서 구성이 실패하기 쉽다. 즉, '좋은 자료는 어느 기업이나 어느 고객에서도 수주할 수 있는 자료' 라고 생각하기가 쉬운 것이다. 그런데 상대인 고객의 요망은 '이미 상품을 구입한 타사 제품의 사용 효과는 어떠할까?', '그 중에서 구입한다면 무엇이 어떻게 변할 것인가?' 라는 점을 알고 싶은 것인데, 그러한 내용은 일체 없고,

'지금의 귀사는 문제투성이예요!'

'이 상품을 사지 않으면 손해 봐요!'

라고 하는 내용뿐이어서 엇갈린 내용이 많다. 이 상태로는 고객에게 무시당하거나 더 나아가 거부감이나 반감을 사게 된다.

최근에는 고객이 구입을 검토하는 상품에 대해서는 비즈니스맨보다 더 자세하게 조사, 연구하고 있는 고객도 많다. 이런 상황에서 고객이 생각하고 있는 이상의 내용을 제안하려고 하면, 적어도 고객의 입장에 서서 프레젠테이션을 하는 것이 중요하다.

고객은 가격보다 품질을 더 중요하게 생각할 수도 있을 것이다. 옵션 등으로 고급 사양이어도 고객이 필요하다고 생각될 때는 "손님께서 싼 기종을 살 정도라면, 사지 않는 편이 좋습니다. 그래도 싼 것이 좋다고 말씀하신다면 타사에서 구입하여 주세요. 저는 무책임한 영업을 하고 싶지는 않습니다."라고 말해야만 한다. 그러나 여기까지 말할 수 있는 비즈니스맨은 거의 찾아 볼 수 없다. 「뭐야 이사람!」이라고 생각하면서 영업이 되지 않을지도 모르나, 이것이 진정한 기획 제안이다.

고객의 관점에서 제안서를 생각해야 한다.

- 지금, 정말로 그것을 구입(도입)할 필요가 있는 것인가?
  → 구입(투자)할 여유가 없을 것 같다면 거절한다.
- 구입(도입)한 비용 이상으로 효과(이익)는 얻을 수 있는 것인가?
  → 효과는 얼마만큼 기대할 수 있는지에 대한 시뮬레이션.
- 그 상품 선정이 올바른 것인지? 그 밖에 선택사항은 없는 것인지?
  → 경우에 따라서는 타사 상품을 추천한다.

---

(2) 상대의 레벨에 맞추어 용어를 선택한다

프레젠터인 비즈니스맨은 고객의 관점에서 용어와 설명을 사용해야 한다. 예를 들면, 업무 시스템 소프트웨어를 프레젠테이션 하는 장소에 IT를 잘 모르는 사장이 출석하고 있을 때, 프레젠테이션 담당의 세일즈 엔지니어(SE)가 어려운 말을 나열하며 말하고 싶은 것을 이야기하고 스스로 잘 했다고 만족해한다면 큰 실수가 되고 결국 수주에 실패하기 마련이다.

(3) 결론을 먼저 말한다

바쁜 비즈니스 세계에서는 '프레젠테이션은 간결하게! 또한 가능한 빨리, 결론을 말한다'는 것이 환영받는다.
"이 시스템을 도입하신다면, 귀사의 작업 효율을 약 30% 향상 됩니다. 왜 그렇게 될까 말하면…"와 같은 정도로 결론, 결과의 내용을 최초로 제시하도록 한다.

결론을 말하고 끌어당긴 뒤에 "도입을 하면…"라고 보충 설명에 들어가서 사례를 들더라도 도중에 상대가 잠시 퇴석하더라도, "이봐요, 조금 전의 이야기의 계속은 어땠어요?"라고, 나중에 검토 받을 수 있는 가능성이 크다.

보충 설명 부분에서는 그래프나 일러스트, 플로 차트를 잘 활용 하는 것도 이해를 깊게 하는 데에 중요한 키가 된다. 그러나 필요 이상의 일러스트나 관계가 없는 사진은 오히려 방해가 된다.

05
Chapter

고객을 위한 마케팅 행사와 프레젠테이션

기업이 대외적으로 벌이는 마케팅과 관련된 행사로서, 신제품 발표회, 기업설명회 (IR), 제작발표회, 판촉행사, 전시회 참가 등이 있다.

◯ 신제품 발표회 등 판촉행사 프레젠테이션

각 기업에서는 신제품 개발을 하면 판매에 들어가기 전에 청중들을 모아 놓고 신제품 발표회를 개최한다. 이 발표회에서는 비주얼 프레젠테이션과 데몬스트레이션이 반드시 중심을 이루고 있다.

우리가 잘 알고 있는 MS사의 빌게이츠 회장, 애플컴퓨터 스티브 잡스 회장만 보아도 신제품 발표회에서 직접 프레젠테이션을 하고 있다. 국내 기업의 경우, 신제품 발표회에 CEO가 인사말만 하고 신제품에 관한 프레젠테이션은 실무자가 하는 경우가 대부분이나, 점차 CEO가 직접 하는 일이 확산되고 있다.

실제 기업의 운명을 책임지는 CEO와 실무자가 하는 프레젠테이션을 비교해보면 포인트와 그 열정이 다르다. 대부분은 기존 제품과 비교, 타사 제품과 비교에만 치중되어 있고 유저인 고객에게 어떠한 이익을 가져주는 점에 대한 설명이 부족하고 지나치게 슬라이드만 화려하여 이벤트성에 그치는 경우가 많다. 자화자찬은 자기만족에 불과하다. 보다 청중 중심, 고객 중심으로 행사와 프레젠테이션이 기획되어야 할 것이다. 기업의 행사는 매출이나 이익의 창출을 위한 행사가 아닌가.

또한 행사 기획에 있어서 속성이 다른 청중을 모으는 것도 문제이다.

기업의 아이템에 따라 초대 청중을 정하겠지만, 또한 행사의 특성을 무시해서는 안 된다. 예를 들어 일반 소비자와 전문가가 한 자리에 청중으로 모여서 프레젠테이션을 하는 것은 원칙적으로 피해야 한다. 소구하는 방법, 즉 프레젠테이션의 내용이 다르기 때문이다.

⦿ 기업설명회(IR)

투자 유치 내지 주주, 투자자 확보를 목적으로 기업 성과를 알리는 기업설명회(IR)를 할 경우, 청중을 모아놓고 하는 경우도 있으나, 자사 홈페이지에 분기마다 실적보고를 게시하는 '웹 프레젠테이션'을 한다. 기업의 비밀 유지상 공개를 다 못하는 특성을 이해할 수 있으나, 지나쳐서 각종 수치 데이터만 제시하고 있는 기업도 있다. 절대적으로 불리한 정보는 노출시키지 않는 것도 현재의 실정이다. 프레젠테이션의 목적이라는 측면에서 본다면 시정할 문제라고 본다.

⦿ 제작 발표회

제작하기 전에 영화나 뮤지컬, 드라마 제작 발표회가 PR행사의 일환으로 행하여지고 있다. 주인공이 배석한 가운데 작품에 대한 설명과 제작자와 출연진이 소개된다. 메이킹 필름을 제작하여 보여주기도 하고 취재진과 출연진 사이의 간단한 질의응답의 시간을 갖는다. 이 프레젠테이션은 주최 측이 일반 관객보다는 각 신문사나 방송관계자 등을 일차적인 타깃으로 삼고 있고, 아울러 투자자를 모으기 위한 목적도 지니고 있다.

여기서는 미디어 매체의 관계자들을 위한 프레젠테이션을 효과적으로 해야 앞으로 들어갈 광고비를 줄일 수가 있다. 임팩트하게 한다고 지나치게 쇼처럼 운영되지만, 이른바 '기삿거리'를 마련할 수 있도록 구성되어야 매체에 보도된다. 또한 질의응답은 중요하다. 단순히 취재진의 질문에만 대답할 것이 아니라 보다 답변을 연구하여 행사의 목적을 달성해야 한다. 막대한 비용이 들어가는 행사가 속빈 강정이 되어서는 안된다.

보고 프레젠테이션 테크닉

보고는 중요하다

일반적으로 보고(oral report)란 자신이 조사하거나 연구한 결과를 다른 사람 앞에서 프레젠테이션 하는 것으로, 소수인 또는 다수인에게 보고하는 등 그 형태가 매우 다양하다. 직장인의 최대 고민은 각종 조사에서 나타나듯이 상사에게 보고 프레젠테이션을 잘 하는 것이라고 한다.

회사의 조직은 지시와 진행(추진), 보고 그리고 제안으로 운영이 된다고 해도 과언이 아닐 것이다. 직장인은 자신이 속한 부서나 상사의 지시, 그리고 직무의 성격상 스스로 각종 조사나 업무 추진, 기획안 작성 등을 실시하여 그 결과를 보고한다.

의사결정에 대한 정의는 많지만, 일반적으로 '의사결정자가 문제를 인식하여 이를 체계화하고 문제 해결에 필요한 정보를 수집하고 편집하여 최종 대안을 찾아내는 일련의 과정이라 할 수 있다. 조직의 의사결정자가 이러한 일련의 과정을 하는 동안 하급자의 각종 정보에 대한 보고를 받아 의사 결정의 토대로 삼기 때문에, 특히 조직의 운명을 좌우할 핵심적 정보에 대한 보고 프레젠테이션은 매우 중요하다고 할 수 있다.

보고의 전달상의 문제

보고 커뮤니케이션에서 보고자인 프레젠터의 의도가 정확하게 상대(수신자)에게 전달되지 못하게 하는 방해요인들이 여럿 있다.

■ 왜곡
보고자나 수신자의 능력, 의도하는 바와 생각하는 관점의 차이 때문에 전달자의 의도가 원래의 뜻이 제대로 전해지지 않고 왜곡되는 경우이다. 특히 불리한 보고가 되는 경우 상대적 불이익을 피하기 위하여 의도적으로 왜곡되는 경우가 있다.

2 생략

수신자가 판단에 필요로 하는 모든 정보를 전달자가 제대로 전달하지 못할 때 또는 않을 때에 '생략(누락)' 현상이 발생한다. 경우에 따라서는 능력이나 지식이 짧아서 정보를 누락시키는 경우도 있다.

3 커뮤니케이션 과중

전달해야 하는 정보나 지식이 너무 많아서 합리적 의사결정이 어렵거나 전달의 효과가 기대한 만큼 나타나지 않는 경우이다. 이 경우 사소한 정보를 모두 다루려 하다가 정작 중요한 문제에 대해서는 별로 시간을 할애하지 못하는 경우가 생긴다.

4 타이밍

보고의 생명은 타이밍이다. 정보가 아무리 중요하다고 하더라도 수신자가 필요할 때 전달되어야 의미가 있다.

5 수용성

이상의 장애를 모두 적절히 극복했다 하더라도 궁극적으로 수신자가 정보를 수용하지 않으면 보고 커뮤니케이션의 유효성을 기대할 수 없다. 특히 보고자를 수신자가 신뢰하고 있지 않은 경우에는 수용 가능성은 크게 낮아질 수밖에 없다.

객관적으로 보고한다

직장 상사는 보고자가 알고 하는지 모르고 하는지를 금방 알아차린다. 보고에 사용할 자료나 증거의 선택에 신중을 기해야 한다. 자료가 적절한가, 신뢰할 수 있는 것인가 여부를 기준으로 하여 선택한다. 자료의 선택 여부가 보고의 질을 결정한다. 청중의 이해를 돕기 위해 각종 시각 자료를 활용하되, 숫자는 가급적 도표나 그래프로 만든다. 그리고 별도의 문서 형식이 필요한지도 살펴야 한다.

자신의 생각만을 담지 말고, 사실을 바르게 전하도록 내용을 마련해야 한다. 남의 의견과 자신의 의견을 확실하게 구별하고, 자신의 생각이라는 점을 밝히도록 한다. 그리고 자기 생각만으로 쉽게 결론을 내리지 않도록 한다.

보고는 그 내용에 따라 객체, 과정, 사건, 결과에 대한 보고로 나눌 수가 있다. 보고는 실제의 모습을 그대로 전달해 주는 것이므로 객관성을 지녀야 한다. 보고자의 주장이나 의견은 자신의 의견이라고 밝히고 나서 말해야 한다.

보고는 정보를 제공하는데 그 목적이 있으므로 체계적이면서 일관성 있게 서론·본론·결론의 순서로 정보를 설명해야 한다. 일반적으로 보고는 귀납적인 구성보다는 연역적인 구성이 더 효과적이다.

분석·비교와 대조 방법을 적절히 사용하여 설명하면 효과적인 보고가 된다.

분석은 사물의 구조를 성분에 따라 구분하여 밝히는 것으로, 원인과 배경, 결과로 구성된다.

비교는 두 대상의 공통점을 찾아 견주어 설명하는 방법이며, 반대로 대조는 차이점을 내세워 두 대상의 다른 점을 설명하는 방식이다. 비교와 대조를 하는 경우에는 그 기준을 먼저 설정하고, 그 기준에 따라 두 대상의 속성을 요약·정리하면 효과적이다.

○ 사례 발표회

발표회의 사전적 의미는 연구, 창작, 활동 따위의 결과를 공개적으로 드러내어 알리는 모임이라고 정의한다. 학술단체의 학술 발표회가 많이 있지만, 기업이나 정부기관에서도 구성원을 상대로 업무와 관련한 사례 발표회를 개최하고 있다.

이러한 발표회에서는 선발된 여러 발표자가 프레젠테이션을 하고 시상까지도 하는 경우도 있다. 사례 발표는 우수 사례를 프레젠테이션 함으로써 구성원들이 이를 받아들여 더 많은 성과를 달성해 달라는데 그 목적이 있다.

사례 발표 프레젠테이션도 위에서 설명한 보고 프레젠테이션과 방법은 똑같다. 다만 주의할 것은 자화자찬으로 내용이 꾸며져서는 아니 되며, 보다 사실적이고 객관적으로 서술해야 한다. 여러 프레젠터가 있으므로 주최자나 프레젠터 본인은 서로 내용이 중복되지 않도록 주의해야 할 것이다.

스티브 잡스의 프레젠테이션 테크닉

07
Chapter

애플社 스티브 잡스 회장의 프레젠테이션 테크닉은 미국뿐만 아니라, 동영상을 통하여 국내에서도 21세기의 최고 프레젠터라고 평가되고 있다.

신제품을 소개할 때에도 요란하지 않게 자연스럽고 자신감 있는 표정과 몸짓을 보여주며,

간결한 비주얼 화면, 간결한 스피치와 청중이 생각하게 하는 짧은 침묵 등은 많은 프레젠터들이 어떻게 프레젠테이션을 하는지에 대하여 시사하는 바가 크다. 신제품을 소개하는 프레젠테이션을 위주로 그의 프레젠테이션 테크닉을 살펴보기로 한다.

Note

동영상은 애플 컴퓨터사의 홈페이지에서 볼 수 있다.
http://www.apple.com/quick-time/qtv/mwsf07/

(1) 도입부의 음악 도입과 간결한 키워드

신제품 '아이폰'을 설명하는 프레젠테이션에서 그는 음악이 울려 퍼지는 가운데 무대 위로 올라왔고 관객은 환호하며 박수를 보냈다. 음악으로 청중에게 이제 프레젠테이션이 시작된다는 것을 알린 것이며, 아울러 청취할 수 있는 분위기를 조성한 것이다.

그 음악도 기발하다. 애플사나 신제품과 관련이 전혀 없고, 미국 사람이라면 잘 아는 대중음악인 제임스 브라운의 'I Feel Good'이었다. 이는 청중과의 친근감을 조성한 의미로 자칫, 경직될 수 있는 분위기를 완화시키는 의도가 아닌가 싶다.

무대에 오른 그의 뒤에 비치는 첫 슬라이드는 애플 기호였고, 다음 슬라이드는 'Mac World'란 단순한 글자였다. 여기서 오늘의 주제가 무엇인지 말하지 않고, "오늘 우리는 함께 역사를 만들어갈 것(Together today, we're going to make history)"이라고 했다.

(2) 자연스러운 몸짓 언어와 스피치

캐주얼한 복장을 한 그는 무대에 있을 때 너무나 자연스럽고 청중의 시선을 끌며 이동한다. 그는 내용에 맞추어 능수능란하게 감정을 실어 몸짓 언어와 높낮이가 있는 스피치를 한다. 그가 프레젠테이션 마지막에 애플사 직원에게 감사를 표시할 때 목이 메이기도 했다.

(3) 프레젠테이션의 진행

이야기를 전개할 경우, 먼저 새로운 개념을 소개하고 세부적인 설명을 하며 마지막으로 총체적인 관점에서 요약을 한다. '아이폰'을 설명하는 프레젠테이션에서는 그 핵심이 되는 부분인 아이팟, 전화 그리고 혁명적인 인터넷 통화의 3가지 기능을 모두 강조해서 설명한다. 그리고 그는 청중으로 하여금 3가지 개념을 반복해서 말하도록 요청했는데, 이는 청중이 확실하게 기억하도록 유도하는 테크닉이다.

TV 광고로 사용된 장면이나 사진들, 심지어 비디오와 같은 영상물을 보여주며, 청중을 가만히 보고 듣게 만들지 않았다. 심지어 2~3초마다 슬라이드를 넘기기도 한다.
또한 자신이 가장 강조하고 싶은 말을 할 때는 모든 청중의 관심을 모으기 위해 내용이 없는 슬라이드를 켜놓고 자신의 메시지를 전달한다. 이 빈 슬라이드는 다음에 나타날 이미지에 더 강한 인상을 준다. 어느 순간에는 짧게 침묵한다.

(4) 슬라이드 구성

그의 여러 프레젠테이션에서 보여주는 슬라이드 화면은 아주 단순해서 놀랍기도 하다. 암시하는 그림과 화살표들, 절제된 텍스트로 매우 간결하다. 심지어 단어 한 개만 있는 슬라이드를 보여주든지, 상징적인 그림 하나를 보여주기도 한다. 이런 단어와 그림은 설명하는 내용이라기보다는 말할 것을 암시할 뿐이어서 청중이 슬라이드에서 읽으려고 노력을 기울일 필요가 없어 그의 말을 경청할 수밖에 없다.

 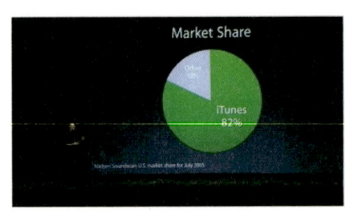 

프레젠터는 모임의 성격을 잘 알고 프레젠테이션을 해야 한다. 물론 주최 측에서 미리 공문으로 밝히겠지만, 일반적 의미로 해석하여 임하면 낭패를 보게 된다.

대외적으로 벌어지는 행사의 성격을 지닌 회의에서는 여러 프레젠터에 의해 다양한 프레젠테이션이 실행되고 토론이 벌어지기도 한다. 그러나 회의 명칭 용어는 외국어여서 혼란을 가져오기도 한다. 또한 진행방식도 서로 혼합되어 진행하기도 한다. 정리를 해보면 다음과 같다.

회의 종류와 특징

'회의(미팅)'는 모든 종류의 모임을 통칭하는 가장 포괄적인 용어로서 이는 컨벤션, 컨퍼런스, 포럼, 세미나, 워크숍 등으로 나눌 수 있다. 회의의 명칭 부여는 모임의 성격, 참석자의 수, 프레젠테이션의 유형, 참가 청중의 수, 회의 형식(형식적 또는 비형식적)에 따라 이루어진다.

① 회의(Meeting)

모든 종류의 모임을 총칭하는 가장 포괄적인 용어이다. 크게는 국내회의, 국제회의로 나눌 수 있다.

② 컨벤션(Convention)

컨벤션은 회의분야에서 가장 일반적으로 사용되는 용어로, 대회의장에서 개최되는 일반단체 회의를 말하며 그 뒤에 소형의 브레이크아웃 룸에서는 위원회를 열기도 한다. 브레이크아웃(breakout)이란 큰 단체가 몇 개의 작은 그룹으로 나누어질 때 사용되는 용어이다. 기업의 시장조사보고, 신상품 소개, 세부전략 수립 등 정보전달을 주목적으로 하는 정기집회에 많이 사용되며 전시회를 수반하는 경우가 많다.

③ 컨퍼런스(Conference)

컨퍼런스는 회의라고 해석하기도 하지만, 행사적 측면에서 보면 컨벤션과 유사하나 일반적 성격의 문제보다는 좀 더 전문적인 문제를 다룬다. 즉, 컨벤션은 다수 주제를 다루는 업계의 정기회의에 자주 사용되는 반면, 컨퍼런스는 주로 과학이나 기술, 학술분야의 새로운 지식습득 및 특정 문제점의 연구를 위한 회의에 사용되고 있다.

④ 컨그레스(Congress)

컨퍼런스와 유사하나, 이 용어는 유럽에서 국제회의를 지칭하는 것으로써 일반적으로 사용되고 있다.

⑤ 포럼(Forum)

포럼은 제시된 한 주제에 대해 상반된 견해를 가진 동일분야의 전문가들이 사회자의 주도하에 청중 앞에서 벌이는 공개토론회로써 청중이 자유롭게 질의에 참여할 수 있으며 사회자가 의견을 종합한다. 심포지엄의 경우는 연사가 먼저 강연을 한 뒤에 청중이 질의응답을 통해 참여하지만, 반면 포럼은 처음부터 청중의 참여가 이루어지는 형식이다. 실제에 있어서는 단체명으로 사용하기도 한다.

⑥ 심포지엄(Symposium)

대개 학술 발표 등이 취하는 심포지엄은 포럼과 유사하나 제시된 안건에 대해 전문가들이 청중 앞에서 벌이는 공개토론회로써 특정의 문제(또는 주제)의 일부 또는 전체에 대하여 해당분야의 권위자나 전문가 3~6명이 강연식(講演式)으로 발표하고, 이를 토대로 사회자의 사회에 의거하여 청중으로부터 질문을 받고 응답하는 과정에서 참여자간에 토론을 벌인다. 여기서는 사전에 몇몇 전문가에게 특정한 화제를 주고 그에 대해 연설하도록 요청하여, 각 연설자로 하여금 해당 화제의 어떤 한 부분이나 그 전체에 대해 이야기를 준비하도록 한다.

7 렉처(Lecture)

렉처는 심포지엄보다 더욱 형식적이며 한 연사가 강단에서 청중에게 연설을 한다.

8 세미나(Seminar)

세미나는 대면토의로 진행되는 비형식적 모임이다. 주로 교육 목적을 띤 회의로서 30명 이하의 참가자가 어느 1인의 지도 하에 특정분야에 대한 각자의 경험과 지식을 발표하고 토론한다.

9 워크숍(Workshop)

워크숍이란 최대 35명, 보통 30명 정도의 인원이 참가하는 훈련 목적의 소규모 회의로써 특정 문제나 과제에 관한 아이디어나 지식, 기술, 통찰방법 등을 서로 교환한다.

10 클리닉(Clinic)

클리닉은 소그룹을 위해 특별한 기술을 훈련하고 교육하는 모임이다.

11 패널토의(Panel Discussion)

이 방식에서는 다수의 청중 앞에서 3~7명의 참가자(패널리스트)들이 하나의 공통된 주제를 가지고 각자의 정보와 의견을 제시한다. 이 토론은 주로 대안검토 또는 여론 형성을 목적으로 한다고 할 수 있는데, 정책 토론회, 학술회의, 연구집회, TV토론 프로그램 등 다수의 청중이 참석하는 자리에서 실시되는 토의 방식으로 일명 '배심(陪審)식 토의'라고도 한다. 자유토론과 다른 점은 공개성 때문에 발언시간이나 절차에 대해 보다 엄격한 제한이 가해진다는 점이다. 청중도 자신의 의견을 발표할 수 있다.

🔢 전시회(Exhibition)

전시회는 전시참가업체에 의해 제공된 상품과 서비스의 전시 모임을 말한다. 무역이나 산업, 교육 분야 또는 상품 및 서비스 판매업자들의 대규모 전시회로서 회의를 수반하는 경우도 있다. 전시회는 컨벤션이나 컨퍼런스의 한 부분에 설치된다. 엑스포지션(exposition)은 주로 유럽에서 전시회를 말할 때 사용되는 용어이다.

🔢 무역박람회(Trade Show 또는 Trade Fair)

무역박람회(교역전)는 부스(booth)를 이용하여 여러 판매자가 자사의 상품을 전시하는 형태이다. 전시회와 매우 유사하나 다른 점은 컨벤션의 일부로서 열리지는 않는다.

행사의 실제 예로 보면, 행사 명칭과 진행 방식이 혼합되어 행하여 진행되고 있다. 정보통신부가 국내 IT 기업의 해외 증시상장 관련 투자유치 지원을 위한 세미나인 '글로벌 IPO Opportunities(GIO) 2007'에서는 행사 첫날에 세계의 여러 증권 시장을 소개하는 한편, 기업의 특성과 수요에 맞는 적합한 증시를 선별하여 해외 상장을 추진하도록 제안하는 내용의 패널토의 및 만찬간담회 형식으로 진행하고, 다음날에는 희망 기업을 중심으로 해외벤처투자자와의 1:1 비즈니스 상담 기회를 마련할 계획으로 행사가 꾸며져 있다.

Note

IPO(Initial Public Offering, 주식공개상장) : 기업이 최초로 외부투자자에게 주식을 공개, 매도하는 것으로 보통 주식시장에 처음 등록하는 것을 의미

사례로 보는 프레젠테이션

삼성전자, LG그룹, 마이크로소프트 등 국내외 기업에서 사용한 프레젠테이션 내용을 살펴보고
어떠한 방식으로 전개해 나가는 지를 간략하게 살펴볼 수 있도록 하였다.

삼성전자의
『디지털 컨버전스 시대의 기업 전략』

이 프레젠테이션 자료는 다양한 그래픽을 사용하면서도 복잡한 느낌을 주지 않는다. 특히 제품 사진을 넣어 청중들이 쉽게 이해할 수 있게 하는 점이 돋보인다. 발전 방향 슬라이드에 시대의 흐름을 단계적으로 보여주는 아이디어도 창의적이다.

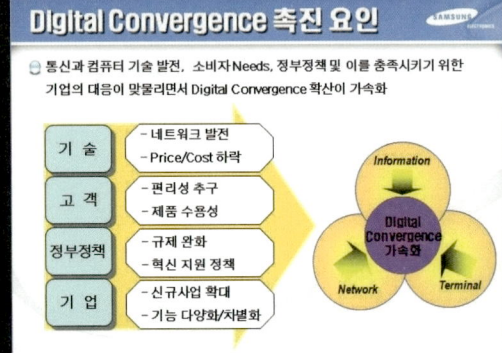

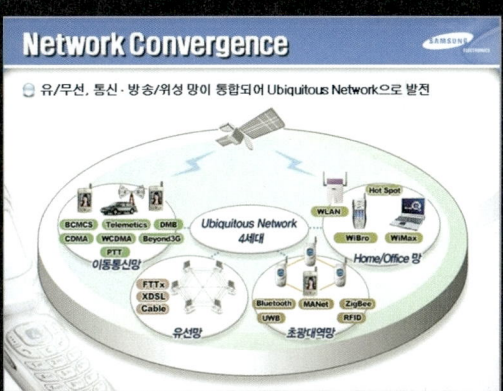

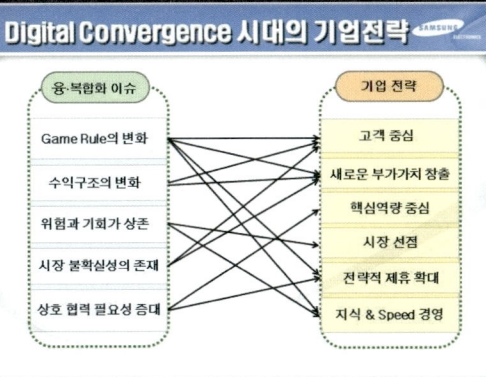

Chapter 02

한국전기연구원의
『경영혁신 추진계획』

이 자료는 '혁신' 이란 의미를 이미지로 전달하기 위하여 표지 및 내용의 배경 그림을 역동적인 것으로 사용한 점이 주목할 만하다. 내용 슬라이드에서 표 안에 텍스트를 넣어 처리한 점은 문자의 나열보다 청중에게 보다 집약시켜 체계적으로 전달하려는 의도가 깔린 듯하다.

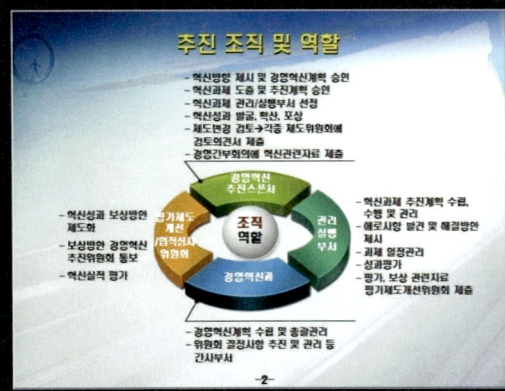

혁신활동 모니터링 체계

구분	경영회의제 보고	인자 혁신 경진대회	자율혁신 중간점검

혁신 점검체계 내용	- 업무보고 양식 개정
	- 자율혁신 추진실적
	  보고란 추가
	- 매주/매월 업무보고시 점검
	  및 토의
		- 부서자율혁신에 의한 혁신계획
		  평과 및 우수계획 포상
		- 반년 년간 실적 평가 및
		  포상 예정
			- 혁신 실적 중간점검을 통하여
			  혁신 추진 독려, 지원 및
			  우수 사례 확산

혁신점검 대상 및 주요 점검활동	- 부서별 추진실적	- 단위조직그룹, 실, 과별
		  혁신계획을 4대 평가요소
		  (공리, 가치, 임무와, 부서장 역할)
		  에 평과 평가
		- 단위조직별 자율혁신 실적
			- 혁신목표의 일치화
			  (기관, 부서, 개인)
			- 우수사례 발굴, 확산
			- 혁신추진시 Bottleneck 도출
			  및 해결

혁신점검 시기, 횟수 등	- 매주/매월 1회	- 연간 1회	- 반기 1회(연간 2회)

혁신 점검 피드백 및 주요 사후조치	- 외부환경 변화 및 우수사례
	  전파를 통한 성과제고
	- 실적미달 부서 독려
		- 총 38개 부서의 혁신 계획을
		  KMS내 "경영혁신방"에 게시,
		  우수사례 전파 및 확산
		- 실적평가의 기준이 되는
		  혁신계획의 수정을 통한
		  혁신실행 제고 유도
			- 자율혁신 추진실적의
			  중간 점검 결과를 부서장
			  개인평가에 반영

-4-

혁신유인 체계

구분	주요 내용	비고

보상 프로그램	- 자율혁신 우수상 : 부서별 자율혁신 계획 우수성 평가, 확산, 공유
	- 홍해의/미달의 KPI 연상 : 전문분야에서 탁월한 성과를 도출한
	  직원에게 수여
	- Best Practice 상 : 포탈 시스템(KPOS)의 활용성 극대화 및
	  효과적 변화관리를 위해 수여	

혁신제안제도	- 목적별(주제별) 제안 및 혁신제안온라인 시행
	  - 혁신제안을 통해 경영혁신, 업무개선, 운영효율화, 사기진작 등에
	    유익하고 창의적인 아이디어 발굴 및 확산
		- 선정 : 제안심의위원회
		- 제복 포상금 : 5등급으로
		  구분 지급

혁신성공사례 발굴, 확산	- 온라인 시스템
	  - 경영혁신방 : 혁신제안, 혁신사례, 혁신뉴스, 혁신관제 등
	    사례 발굴 및 확산
	- 오프라인 시스템
	  - 혁신대부분의 발표 1회 : 부서별 자율혁신 실적 기술 및 확산
	  - 혁신경진대회내년 1회 : 자율혁신 발표대회를 통해 우수 계획
	    및 실적 전파	

-5-

홍보관리 혁신

구분	주요 내용
내부	- 인터라넷(KPOS) : 웹기반 종합포탈 시스템 활용 - 월간 KPI내 혁신브리핑 홍보 등 - 경영(확대)간부 회의 : 매주(매월) 주요 현안사항 보고, 설명, 토론

외부	- 언론 홍보 : 방송, 월간지, 전문지 등 292회
	- 전시회 홍보 : 각종 단로사 제작 홍보
	- 기술 Fair 개최 : 산업계 기술개발 수요 파악 및 연구개발 성과 소개
	- 과학기술 체험 프로그램 운영
	- 기고/인터뷰/전문가 활동
	- 혁신 우수기관 포상 및 초청 경연
	  - 과기부 혁신사례 발표대회 : 혁신 우수사례로 선정
	  - 산업기술연구회 직무교육 워크샵 : 혁신 우수기관으로 선정 및 사례 발표
	  - 산업기술연구회 소관기관 혁신부서상 수상

-6-

고등과학원의 『KIAS 혁신전략』

Chapter 03

이 자료는 분석이 뛰어난 프레젠테이션이다. 대안 제시나 기획을 목적으로 하는 프레젠테이션의 경우 어떻게 현상분석을 제시하느냐가 매우 중요하다. 이 자료에서는 혁신의 필요성을 인식시키려는 노력이 슬라이드에 베어 나온다.

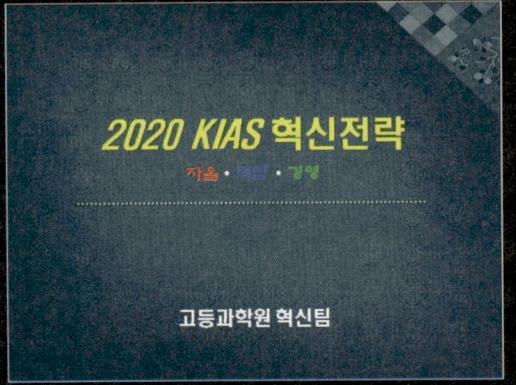

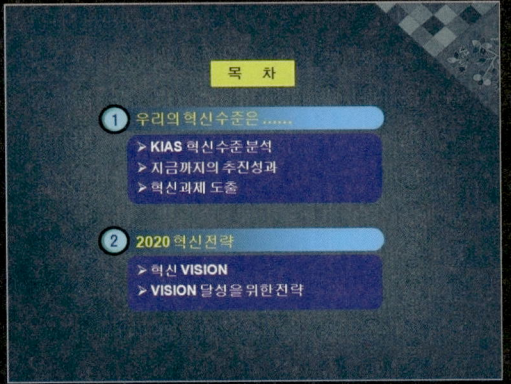

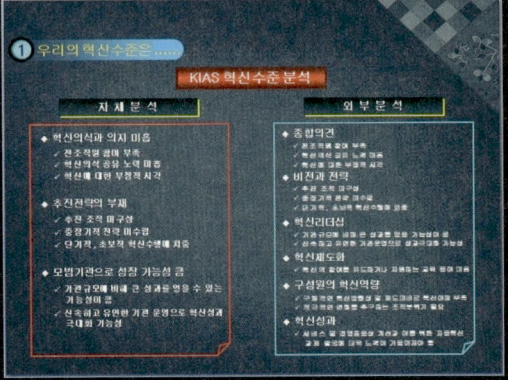

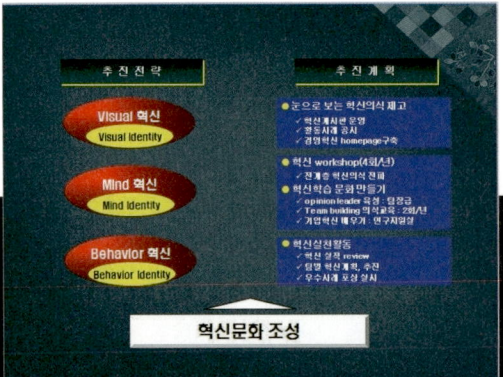

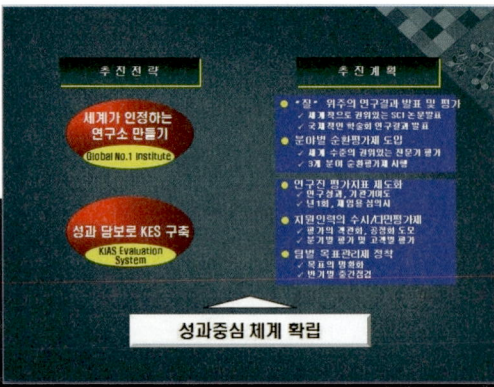

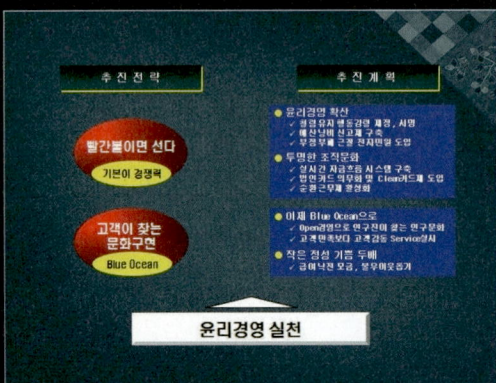

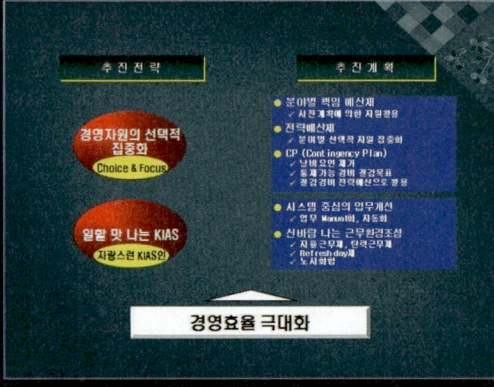

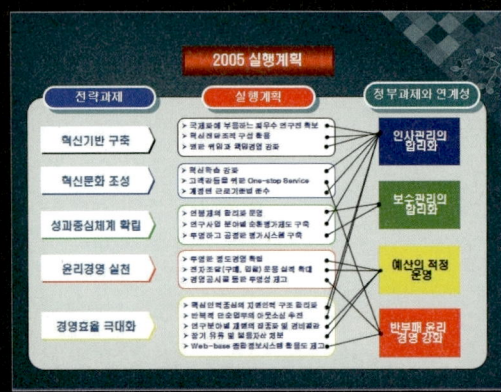

대우인터내셔널의
『우리사주 대상 기업 사례』

Chapter 04

사례 발표는 조직 내에 하는 것과 조직 외에서 하는 경우에 도입부문에서 프레젠터 측의 자기 소개를 하는 범위가 다르다. 사례 발표는 정보제공 보다는 교육 목적이 크다. 이 프레젠테이션의 자료에서 주목할 것은 질의응답에 대비하여 별도의 슬라이드를 준비하였다는 점이다.

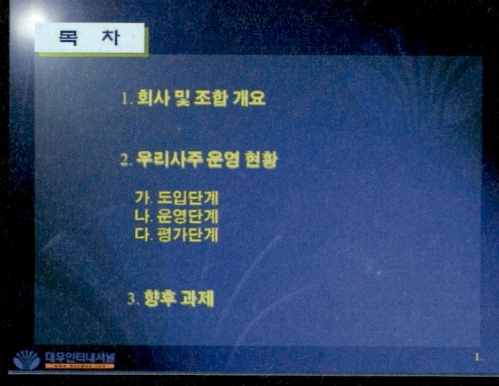

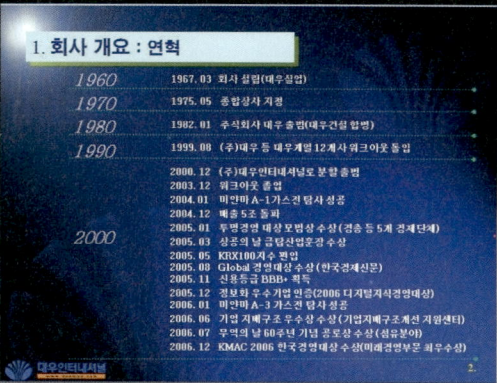

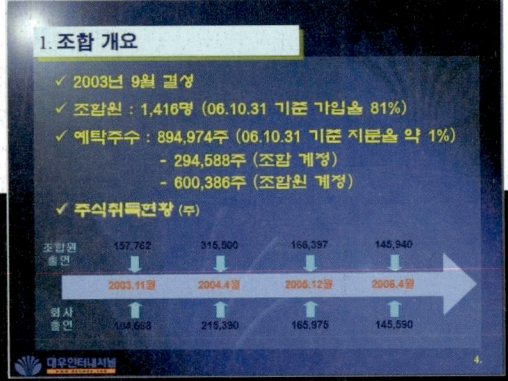

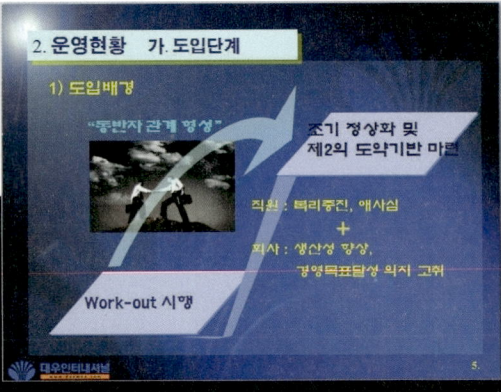

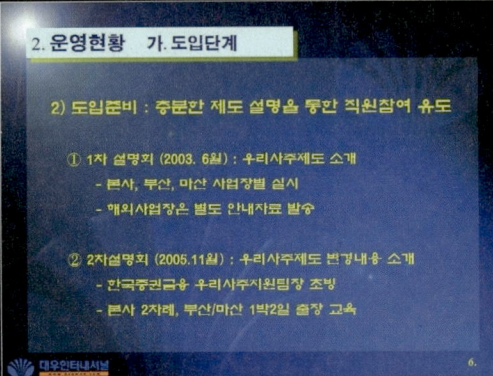

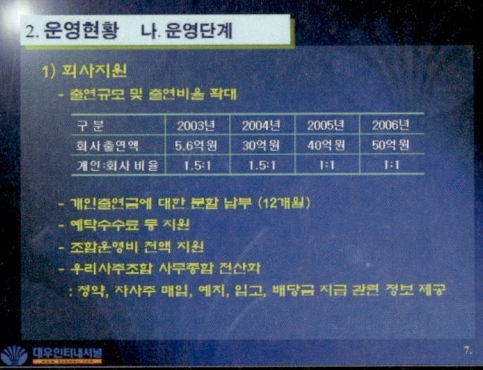

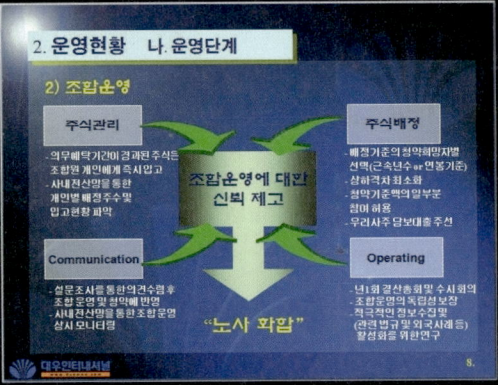

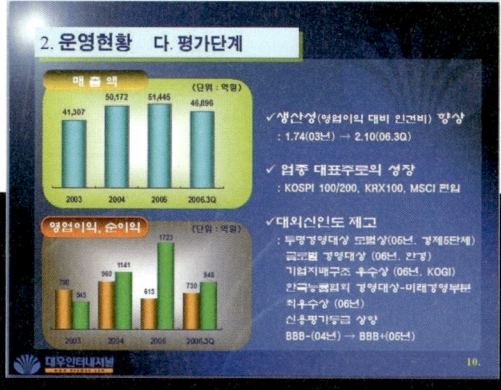

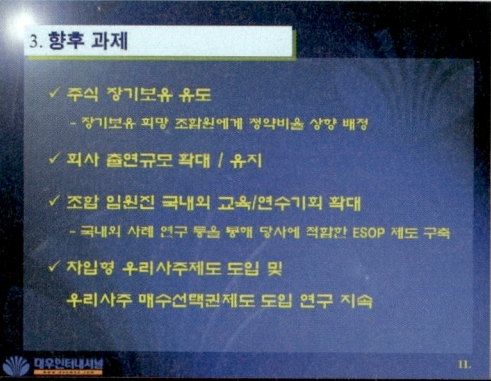

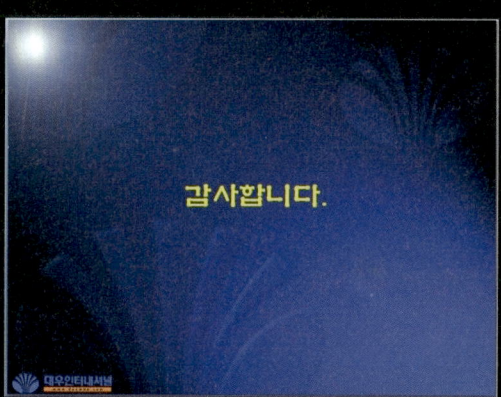

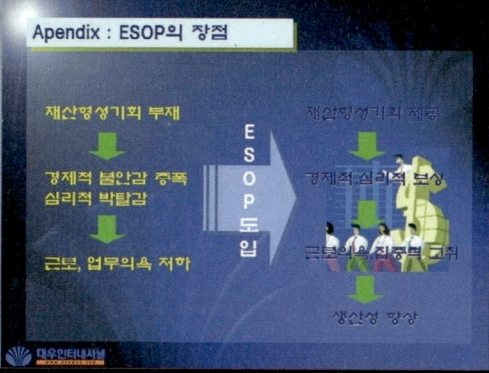

LG그룹의 『정도 경영』

Chapter 05

이 프레젠테이션 자료는 정도 경영을 소개하는 제목을 가지고 있지만, 소개를 넘어 강한 설득력을 추구하고 있다. 맺는말 슬라이드에 슬로건을 넣은 점이 주목할 만하다.

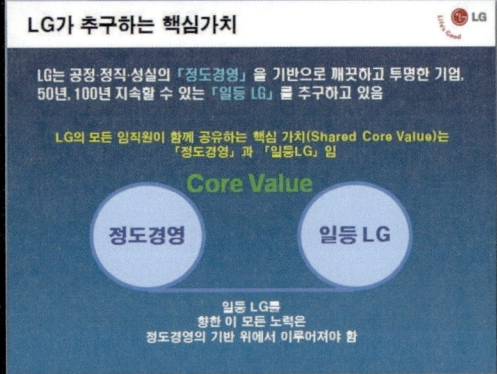

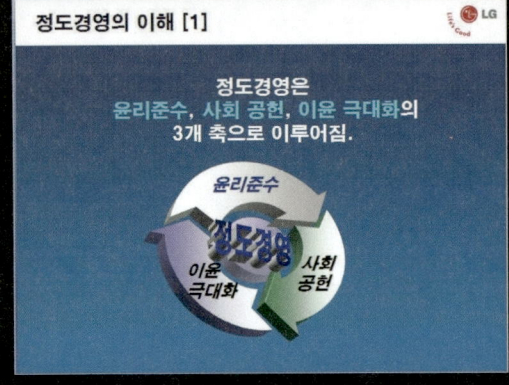

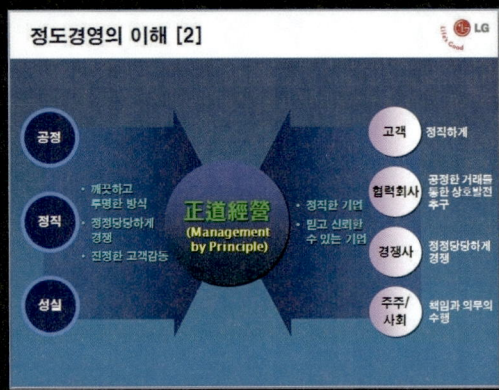

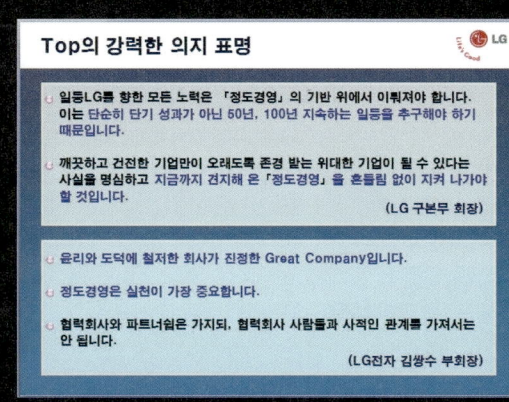

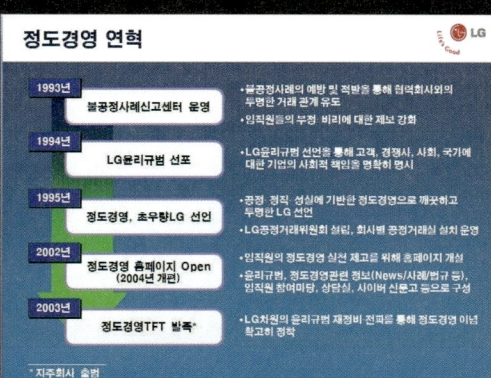

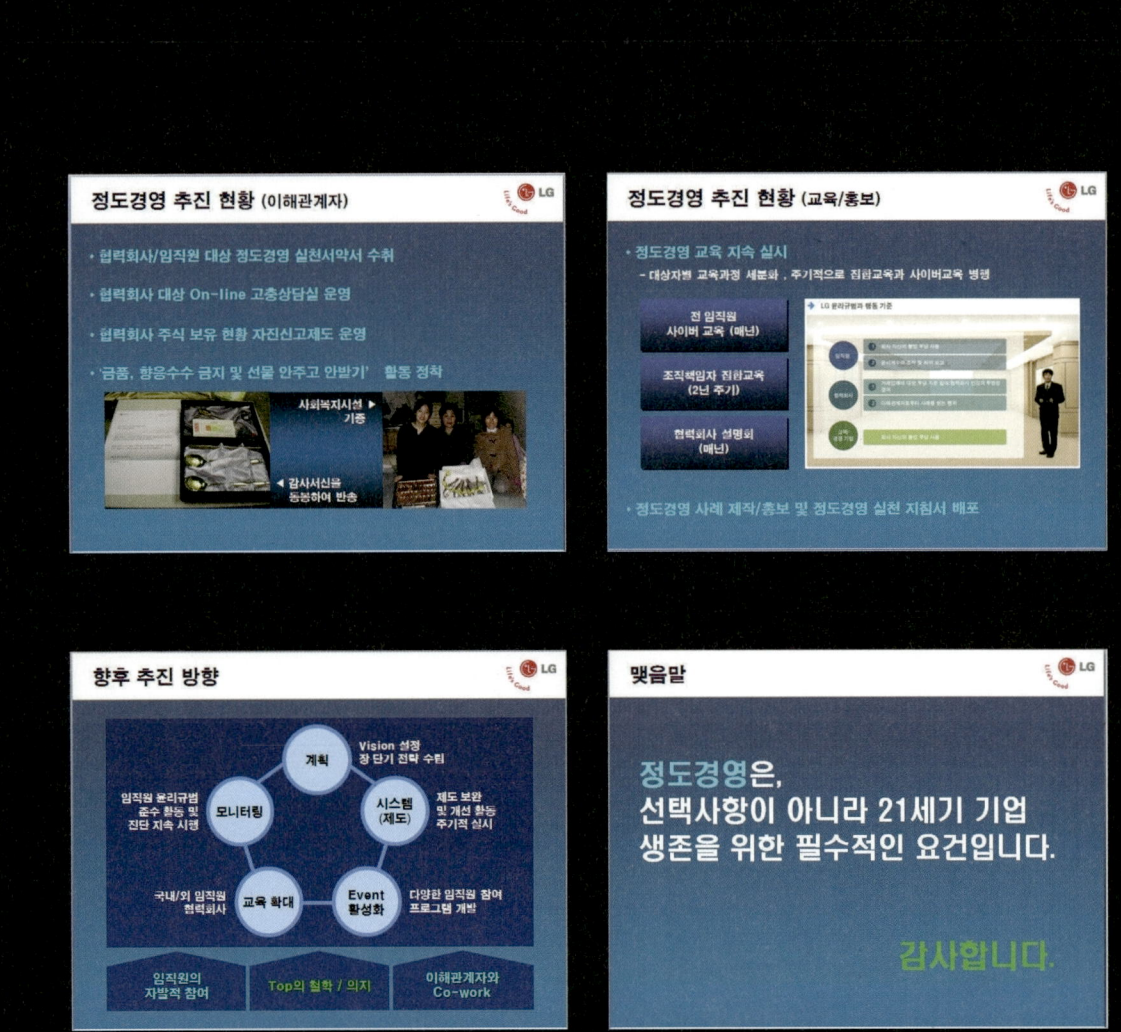

Chapter 06

마이크로소프트의
『MS Office 프레젠테이션』

이 프레젠테이션 자료는 'Microsoft Office System Developers Conference 2006' 에서 Microsoft의 빌 게이츠(Bill Gates)회장이 신제품으로 MS Office 2007시스템을 프레젠테이션 한 자료이다. 신제품을 소개하는 경우 데모(시연)를 하고 기억시키는 소구력은 주목할 만하다. 서구적인 디자인 감각도 신선한 느낌을 갖게 한다.

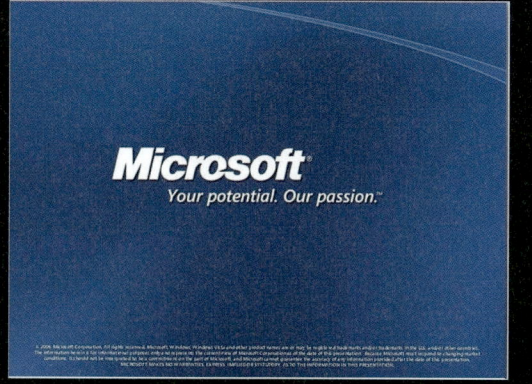

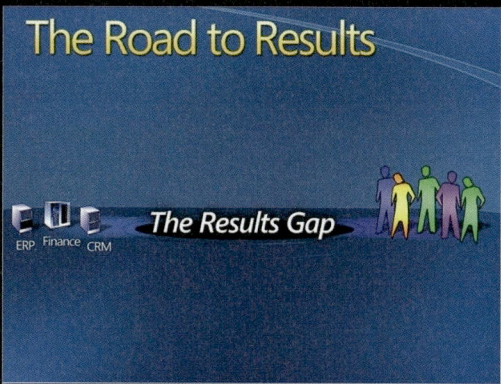

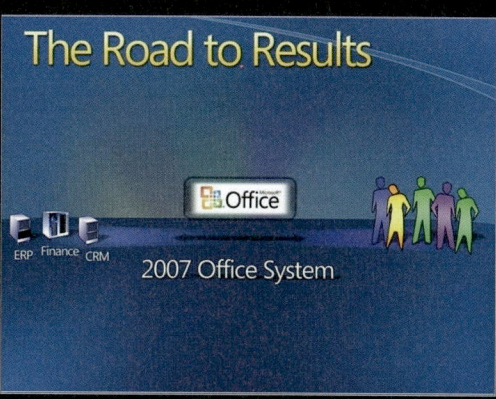

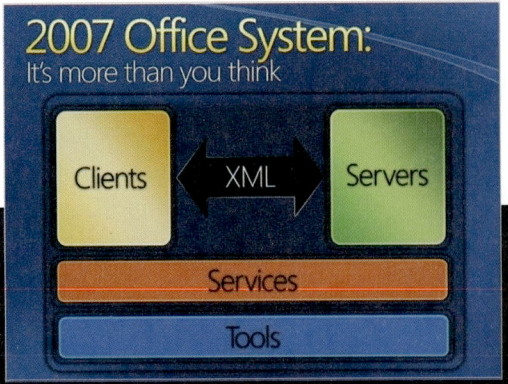

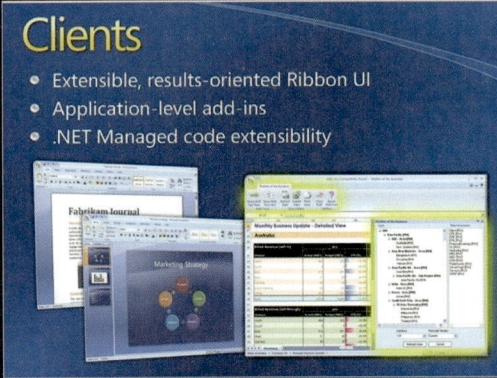

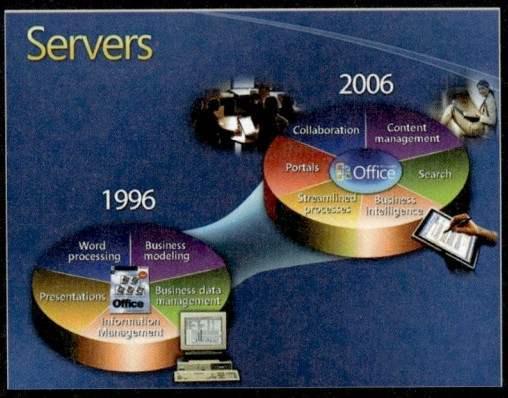

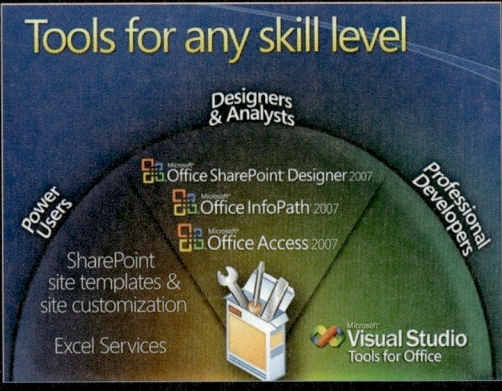

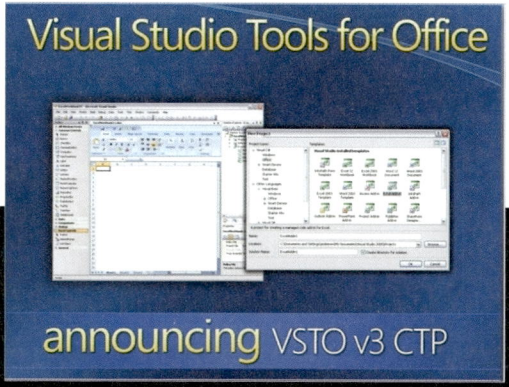

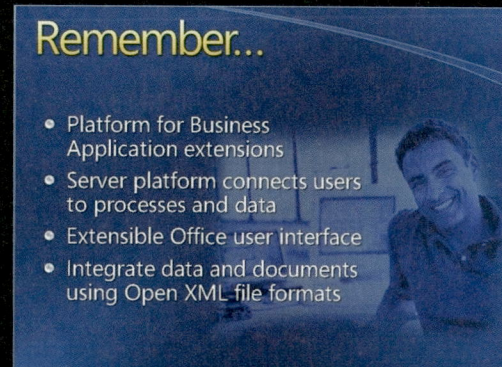

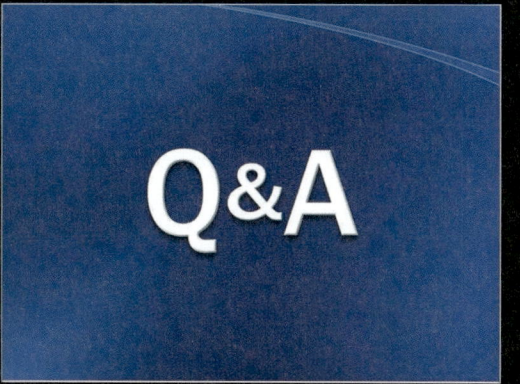

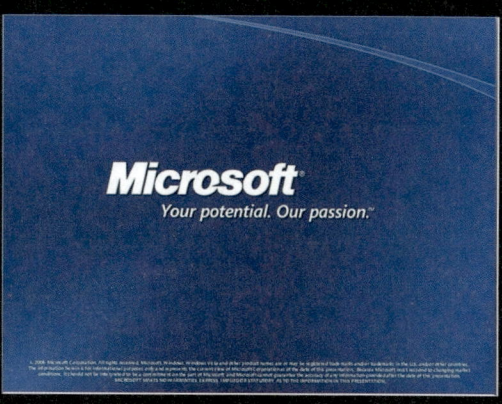

스피치 트레이닝센터 안내

1 ## 교육 내용

스피치 트레이닝 센터에서는 최신 SL 교육기법을 통해 대화기법, 유머기법, 연설, 발표, 강의기법, 면접기법 등을 익혀서 어떠한 상황과 장소에서도 당당하고 자신감 넘치는 스피커로 변화시켜 드립니다.

2 ## 교육 과정

전 문 교 육 과 정	
① 스피치 리더십 과정(초.중.고급)	⑥ 기업체 출장 교육 과정
② CEO 커뮤니케이션 과정	⑦ 강사 트레이닝 과정
③ 선거연설 과정	⑧ 이미지 메이킹 과정
④ 레크리에이션 과정	⑨ 프레젠테이션 과정
⑤ 언어클리닉 과정	⑩ 면접토론 과정

3 ## 개강 : 매월 초 개강

4 ## 당 센터 프로그램의 특징

1. 수강생과 상담하여 각종 테스트를 거쳐 교육과정에 배치
2. 전문 강사의 개별 평가와 학습 지도 실시
3. 최종 평가를 통해 수료증 발급
4. 수료 후에도 리콜제 실시
5. 각 단계마다 2~3개월 과정
6. 개인지도 실시
7. 최고의 강사진, 체계적인 최신 SL 교육 실시
8. 과학적이고 참신한 교육으로 스피치 능력 극대화

서울시 종로구 종로2가 12번지
Tel : 02) 737-3477
www.speech365.com
E-mail : speech365@hanmail.net

서울시 서초구 잠원동 57번지
Tel : 02) 533-1317
www.icanspeech.com
E-mail : icansl@hanmail.net